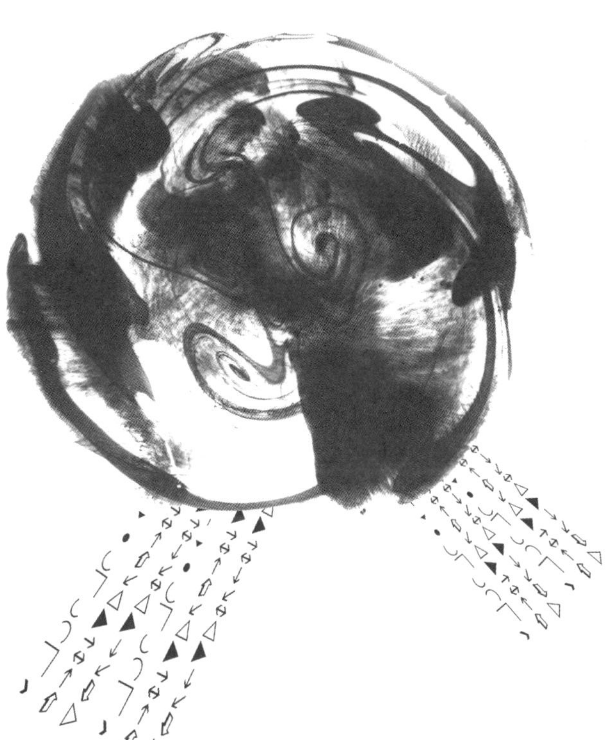

中国户籍制度的深入解析：现状、影响与改革路径

ZHONGGUO HUJI ZHIDU DE SHENRU JIEXI: XIANZHUANG，YINGXIANG YU GAIGE LUJING

宋 扬 著

中国人民大学出版社

·北京·

前言与致谢

本书旨在在我国建设新型城镇化的大背景下，深入剖析户籍制度的现状、全面考量户籍制度对中国劳动力市场以及劳动者福利的影响，并在理论与实证分析的基础上，提出我国户籍制度的改革路径与政策建议。本书分为三篇，共十一章。第一篇包括导论和户籍制度的现状分析，回答最新的户籍制度包含哪些内容、如何变换户籍类型等等。第二篇采用微观数据进行实证分析，全面考察户籍制度对中国劳动力市场和劳动者福利的影响。具体而言，我们将运用最新的调查数据量化分析户籍制度带来的劳动力市场歧视、户籍制度带来的机会不均等、户籍制度与农民工多维贫困、户籍制度对农民工健康的影响以及户籍制度给农民工养老带来的影响，力求从就业、医疗、养老、扶贫等多个维度考察户籍制度的深入影响，以期为政策分析提供可靠依据。第三篇探求户籍制度改革的路径。在这一部分，首先分析户籍制度改革的意义、现状与难点，

然后构建以当前户籍制度为特点的劳动力市场理论模型，模拟分析户籍制度改革的成本收益，最后提出政策建议。此外，户籍制度改革与其他许多改革需要配套进行，本书还将探讨户籍制度改革需要的联动改革措施，特别关注如何与农村土地改革相配套。

自从 2009 年在美国康奈尔大学经济系就读博士以来，我一直关注中国的户籍制度改革。

过去几年来，在很多老师、前辈的指引下，同事、朋友的支持下，以及中国人民大学学生的帮助下，我围绕着我国户籍制度改革开展了很多新研究，积累了关于户籍制度研究比较丰富的写作素材，最终使得本书能够问世。有不妥的地方，还望读者提出宝贵意见，我定会虚心接受。感谢中国人民大学经济学院各位老师、同学为本著作的最终成稿提供的巨大帮助。其中，吴若彤和张黎阳同学为第 3 章的写作做了大量的翻译工作，吴若彤同学还为本书的校对编辑做了大量工作。第 5 章关于户籍制度与农民工多维贫困的分析来源于我与经济学院孙咏梅老师的合作成果，感谢孙老师提供的数据支持。第 6 章是我与经济学院孙文凯老师的合作成果。第 7 章关于农民工养老保险状况的分析来源于我指导的“大学生创新实验计划”项目，项目组负责人徐琪同学以及组员肖雅欣、王度州、王田和遨、于嘉傲同学为第 7 章的数据分析和初稿写作做了大量工作。冯宇辉、荆英两位同学为第 8 章的户籍制度改革现状分析做了很多政策文件的收集整理工作，周围同学为第 9 章做了研究助理工作，中国人民大学博士生崔琳同学为第 10 章的成稿搜集了大量文献资料并完成了初稿写作工作。中国人民大学杨其静老师为第 11 章的写作思路和政策建议提出了非常有建设性的意见。再次感谢为本书做出贡献的各位老师和同学。

本成果受到中国人民大学 2017 年度“中央高校建设世界一流大学（学科）和特色发展引导专项资金”支持。

宋　扬
2017 年 9 月 19 日

目　录

第一篇　中国户籍制度简介

第二篇　户籍制度的全方面影响

第三篇 户籍制度改革的路径分析

第一篇 中国户籍制度简介

第1章 导论

户籍制度，是国家依法收集、确认、登记公民人口基本信息的法律制度。自从1958年户籍制度建立以来，我国户籍制度经历了很大的变革。尤其是从20世纪80年代开始，户籍政策的制定权限从中央向地方转移，不同城市制定了各自的户籍政策，很多中小城市放松了对落户的管制。户籍制度已失去了严格控制劳动力流动的作用。2014年7月24日，国务院印发《国务院关于进一步推进户籍制度改革的意见》。《意见》指出，要建立城乡统一的户口登记制度，取消农业户口与非农业户口性质区分和由此衍生的蓝印户口等户口类型。截至2017年，全国31个省区市（不含港、澳、台）已全部出台“地方版”户改方案，多地放宽户口迁移条件，主要设定了以下指标：常住人口城镇化率、户籍人口城镇化率、前两个城镇化率之差、农业转移人口数量、落户人数等等。例如，河南省提出，

到 2020 年，努力实现 1 100 万左右农业转移人口和其他常住人口在城镇落户，全省常住人口城镇化率达到 56%。河北省则提出，到 2020 年，力争实现 600 万城中村居民和 400 万农业转移人口及其他常住人口在城镇落户，全省户籍人口城镇化率达到 45%。

党的十九大报告明确指出，以城市群为主体构建大中小城市和小城镇协调发展的城镇格局，加快农业转移人口市民化。破除妨碍劳动力、人才社会性流动的体制机制弊端，使人人都有通过辛勤劳动实现自身发展的机会。可见，党的十九大报告为户籍制度描绘了清晰的蓝图。与此同时，我们也必须认识到户籍制度改革已进入深水区，未来的挑战与机遇并存，落户难度和阻力可能会更大。在这样的关键节点，户籍制度改革会对劳动者产生哪些影响？在改革中会面临哪些困难和挑战？改革需要哪些政策支持？这些问题都亟须学界提供更可靠的理论和实证支持。本书试图回答上述问题，深入剖析户籍制度的现状，全面考量户籍制度对中国劳动力市场以及劳动者福利的影响，并在理论与实证分析的基础上，提出我国户籍制度的改革路径与政策建议。

1.1 选题意义

自 20 世纪 90 年代以后，中国的劳动力市场经历了巨大的变革。在改革之前，劳动者被分配就业，缺乏决定自己工作的自主权（Fields and Song，2013）。随着市场化改革的逐步推进，真正意义上的劳动力市场开始产生，传统的制度壁垒被逐渐打破。然而，户籍制度作为传统制度壁垒的代表，在当前的中国依然存在。户籍制度虽然也经历各种改革，失去了最初严格限制劳动力流动的作用，但仍然在当前的劳动力市场中扮演重要角色，对劳动力市场运行、劳动者福利和宏观经济有着重要影响。

2014 年 7 月 24 日，国务院印发《国务院关于进一步推进户籍制度改革的意见》。《意见》指出，要建立城乡统一的户口登记制度，取消农业户口与非农业户口性质区分和由此衍生的蓝印户口等户口类型。四年多来，中央出台一系列重大户改政策，户籍制度改革的政策框架基本构建完成。其中，2016 年国务院先后下发《关于深入推进新型城镇化建设的若干意见》和《推动 1 亿非户籍人口在城市落户方案》两个重要户改文件，明确了到 2020 年约 1 亿农业转移人口和其他常住人口等非户籍人口在城市落户的任务单。文件要求，“十三五”期间户籍人口城镇化率年均提高 1 个百分点以上，年均转户 1 300 万人以上。到 2020 年，全国户籍人口城镇化率提高到 45%。为此，文件要求全面放开放宽重点群体落户限制，大中城市均不得采取购买房屋、投资纳税等方式设置落户限制。城区常住人口 300 万以下的城市不得采取积分落户方式。大城市落户条件中对参加城镇社会保险的年限要求不得超过 5 年，中等城市不得超过 3 年。至于超大城市和特大城市的落户政策，则要以具有合法稳定就业和合法稳定住所（含租赁）、参加城镇社会保险年限、连续居住年限等为主要依据，重点解决符合条件的普通劳动者落户问题。

本书旨在在我国建设新型城镇化的大背景下，深入剖析户籍制度的现状、全面考量户籍制度对中国劳动力市场以及劳动者福利的影响，并在理论与实证分析的基础上，提出我国户籍制度的改革路径与政策建议。

本书的研究成果不仅能帮助学术界更加清楚地认识当前中国的户籍制度及其影响，还具有重要的政策价值。基于深入的理论和实证分析，本研究将提出户籍制度改革的基本思路和政策建议。《中共中央关于制定国民经济和社会发展第十三个五年规划的建议》明确提出了到 2020 年户籍制度改革的目标，即“户籍人口城镇化率加快提高”。为了实现这一目标，考虑到我国当前户籍制度的复杂性、涉及人群的多元化以及不同规模城市的异质性特征，我们认为，户籍制度改革必须遵循分类原则。本研究按照不同地域、不同学历技能、不同户籍属性等特征将人群分类，给出针对每一人群的户籍改革政策建议，以期为我国户籍制度提供更加明确的改革路径。相信本课题的成果能为当下的户籍制度改革提供重要的政策思路和科学依据。

1.2 研究内容和本书框架

本书将分三篇进行，分别是户籍制度的现状分析、影响分析以及政策分析。

第一篇主要采用文献分析的方法，通过对最新文献以及历史文献的梳理、分析、评价，归纳出当前户籍制度的特点，并分析其对劳动力市场以及宏观经济的影响。

第二篇采用实证分析方法，运用几个具有全国代表性的微观数据库分析户籍制度对微观个体福利的影响，包括中国综合社会调查(CGSS)、中国城乡劳动力流动调查（RUMIC)、农村固定观测点数据（RCRE)。具体而言，本部分运用最新的调查数据量化分析以下五个问题：户籍制度带来的劳动力市场歧视、户籍制度带来的机会不均等、户籍制度与农民工多维贫困、户籍制度对农民工健康的影响、户籍制度给农民工养老带来的影响，力求从就业、医疗、养老、扶贫等多个维度考察户籍制度的深入影响。

第三篇采用理论分析和政策模拟分析方法。具体而言，构建以当前户籍制度为特点的二元劳动力市场理论模型，模拟分析不同户籍制度改革措施的成本收益，并探讨如何建立与户籍制度改革相配套的联动改革措施，进而提出系统化的户籍制度改革路径图。

为了更清晰地展示本书的写作框架和逻辑脉络，我们画出了全书的框架图，如图 1-1 所示。

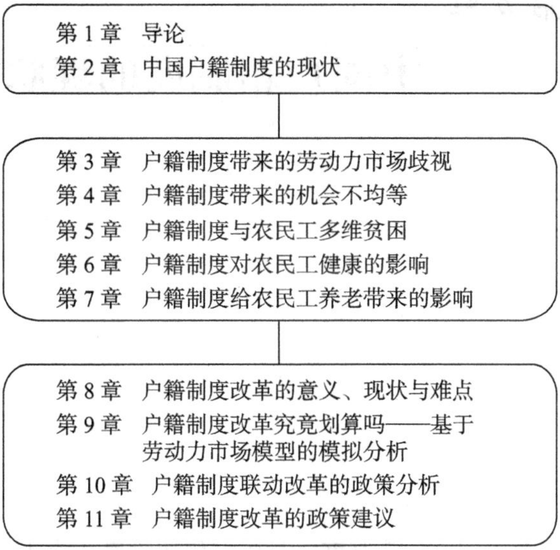

第 1 章　导论
第 2 章　中国户籍制度的现状

第 3 章　户籍制度带来的劳动力市场歧视
第 4 章　户籍制度带来的机会不均等
第 5 章　户籍制度与农民工多维贫困
第 6 章　户籍制度对农民工健康的影响
第 7 章　户籍制度给农民工养老带来的影响

第 8 章　户籍制度改革的意义、现状与难点
第 9 章　户籍制度改革究竟划算吗——基于劳动力市场模型的模拟分析
第 10 章　户籍制度联动改革的政策分析
第 11 章　户籍制度改革的政策建议

图 1-1　本书框架图

参考文献

Fields, G. S., Song, Y., 2013. A theoretical model of the Chinese labor market. IZA Discussion Paper Series, No. 7278.

第 2 章 中国户籍制度的现状

户籍制度，是国家依法收集、确认、登记公民人口基本信息的法律制度。20 世纪 80 年代以来，中国户籍管理的职能从中央划归地方（Chan，2010），地方政府可以在管理权限内制定当地的户籍政策。通常情况下，各省会制定省内户籍政策的指导思想和基本原则，各地区依据总的指导方针制定各自的户籍政策。这使得我国的户籍制度变得相当复杂，各地区的户籍政策可能大不相同。中国公民的户口分类维度有户籍属性和户口所在地。

1. *户籍属性*

户籍按照属性分为农业户口和非农业户口。1958 年，以《中华人民共和国户口登记条例》为标志，中国政府明确将中国出生的城乡居民区分为农业户口和非农业户口。从 20 世纪 60 年代开始，二元户籍制度在两者之间竖起了一堵高墙，对公民身份进行了不同的界定，使他们享有不同的地方福

利（Chan，2009），包括地方提供的住房、就业、粮食、教育及医疗服务等（Cheng and Selden，1994）。这种户籍属性的二元分类来源于 20 世纪 50 年代的职业分类，但是随着户籍制度的发展，现在所标识的"农业户口"和"非农业户口"与户籍人员的实际职业并不完全一致。

有时人们常把农业户口和非农业户口称为农村户口和城镇户口（Knight，et al.，2011；Naughton，2007），因为两者在字面上的意义很相近。但是这里所说的农村和城镇并不是指公民的实际所在地。随着劳动力的大规模转移，城市里居住的人群既有农业户口的也有非农业户口的，同样农业户口人群有的生活在农村，有的生活在城市。在这种复杂的户籍制度下，我们无法从一个人的居住地来判断他的户籍属性，也无法从一个人的户籍属性来判断他的居住地。

2. *户口所在地*

除了户籍属性以外，每个公民的户口簿都有唯一的登记所在地，这是公民官方的"永久"居住地（Chan，2009）。户口所在地通常在公民出生时根据父母的户口所在地来决定。如果父母双方是同一地方的户口，那么他们的子女就在该地落户；如果父母的户口所在地不同，那么子女可以选择其中一处落户（Huang，2012）。

根据每个户籍登记所在地的不同，一个地区的公民可以被分为本地户口和非本地户口，二者在享有当地的福利方面存在区别。在 20 世纪 80 年代以前，人口的流动非常少，大多数人的常住地等同于户口所在地。但是随着人口流动规模日益庞大，城市里的非本地户籍人员比例越来越大，尤其是在北京、上海等大城市。

考虑到户籍属性和户口所在地两个分类维度，一个行政区域内的人口可以分为四类：本地农业人口、本地非农业人口、非本地农业人口、非本地非农业人口（见表 2－1）。户籍制度的变革对这四类人口的影响是不同的，因此我们有必要对户籍的分类进行详细的阐述。以北京为例，持有北京非农业户口的人群称为北京常住人口

或简称城镇人口，持有北京农业户口的人群称为农村人口，持有外地非农业户口的人群称为外来城镇人口，持有外地农业户口的人群称为外来农村人口。在过去 20 年里，大量的外来农村人口涌入北京。表 2-2 列出了这四类人口的具体界定范围，本章将围绕这四类人口展开讨论。

表 2-1　同一地区的四种户籍类型

	农业户口	非农业户口
居住在户口所在地	本地农业人口	本地非农业人口
居住在非户口所在地	非本地农业人口	非本地非农业人口

表 2-2　同一地区四种户口类型的人口组定义

组名	户口类型
城市居民	本地非农业人口
农村居民	本地农业人口
城市移民	非本地非农业人口
农村移民（农民工）	非本地农业人口

2.1　户籍变更政策

本节主要介绍居民户籍变更的几种方式。公民的户籍不因其居住地的变更而自动变更，而是只有办理了户籍迁移的正式手续才能变更（Fleisher and Wang，2004）。鉴于户籍有两个分类的维度，本节将分别介绍户籍属性的变更和户口所在地的变更。

1. 户籍属性的变更

随着户籍制度改革的推进，户籍属性渐渐失去了其原有的身份

界定功能。12 个省、自治区、直辖市相继取消了行政区域内的农业户口和非农业户口的属性划分，这些地方的公民具有统一的居民户口。

其他省份虽然没有取消农业户口和非农业户口的划分，但是公民获得非农业户口较以往也越来越容易了。公民可以通过在城市就业、购房或接受高等教育等途径来实现户口“农转非”（Chan and Buckingham，2008）。总的来说，2000 年以来的户籍制度改革大大降低了户籍属性变更的难度。

从理论上来讲，户籍属性的变更还有另一种情况，即非农业户口转为农业户口，但是这种情况是极少的。原因有两点：一是在很多地方这种变更是不允许的（彭小辉，史清华，朱喜，2013）；二是尽管政府出台了很多惠农政策，城市工作的高收入水平和已经习惯的城市生活节奏让大多数城市人口不愿意从事农业劳动，继而不愿意“非转农”。因此，很少会有非农业户口转为农业户口的情况出现。

2. 户口所在地的变更

各地的户口所在地变更政策大不相同。20 世纪 80 年代以来，中国逐步推进财政分权和行政分权，地方政府对辖区内的社会经济事务具有高度的自主权，其中包括户籍管理。大多数地方政府可以自主制定当地的户籍准入条件和年度户籍新增人口数（Wang，2005）。

全国没有对户口所在地变更的统一规定，下面将分两种情况来讨论全国户口所在地的变更政策：一种情况是“户籍开放型”城市，主要包括人口少于 50 万的中小型城市，这些城市的户籍政策相对宽松，户口迁入比较容易；另一种情况是“户籍控制型”城市，主要是国内的大城市，包括北京、上海、广州等，这些城市控制人口规模，户口迁入比较困难。

1997 年以来，“户籍开放型”的中小城市陆续实行了一系列措施来降低户口迁入的难度（Chan，2009）。例如，在一些地方政府

的规定里，只要公民在本地有收入稳定的工作或住房，或者具备一定的职业技能，就可以将户口迁入当地（Chan and Buckingham，2008）。不过，尽管政府采取了这样的激励措施，选择迁居中小城市的人数还是不多，这主要是因为中小城市在提供就业机会、公共服务和社会福利等方面相对薄弱。

与此相反，“户籍控制型”的大城市因为拥有更多的就业机会和政府福利而吸引了很多人，但是政府却制定了苛刻的户籍准入条件。比如在北京、上海、广州、深圳、南京等人口密集城市，市政府制定的户籍政策只允许富豪（比如购买得起顶级豪宅的百万富翁或者巨额投资者）、高等学历者（如硕士以上学历）或者国有企业、大型私企的职员等优秀人才将户口迁入当地。

广东省的户籍制度改革采用了积分制入户政策，学历、技能、参保情况、做义工、献血等都可以积分，累计达到足够积分就可以申请落户当地。2010 年 6 月，广东省人民政府出台了《关于开展农民工积分制入户城镇工作的指导意见（试行）》，并在中山市率先试点，后在全省范围内普及。目前国内很多大城市（包括广州、上海、天津等）都借鉴了这种积分制的入户政策。

然而“积分制”并不等于“准入制”，在这些实施积分制的大城市中，获得户口指标不仅要获得合格的积分，还要受户口配额的限制。积分的获得可以通过个人努力达到各项标准，但是户口配额限制了可以入户的总人数（Zhang，2012）。对所有达到落户资格的申请者，要按照多个维度的指标进行评价打分，然后通过总积分从高到低排序确定谁能落户。一旦年度指标完成了，即使达到了申请入户的基本资格，仍然不能获批落户。

在实际情况中，大城市每年的户口配额只能解决外来人口落户难题的冰山一角。2010 年是广州开始推行积分制的第一年，户口指标仅有 3 000 个，但是外来人口却有 7 000 000 人。深圳的外来人口有 10 000 000 人，但是每年的户口指标只有 4 600 个。在这些地方，户口的供需严重不平衡，只有极少数的外来人口能够成功

落户。

可以说，在“户籍控制型”的大城市，现行的户籍政策只能满足高收入人群和高学历人群的落户需求，大多数外来人口都与当地户口无缘。例如，对一个来到北京从事打字工作的普通人来说，他无论在北京工作多长时间，按照现行的户籍制度都不可能获得北京户口。

综上所述，尽管中国的户籍制度改革逐步放宽了对人口流动的限制，但是并没有真正打破这种户籍隔离的格局。大量的农民工涌入到大城市中生活和工作，但是却很难落户，他们的户口仍然在原所在地，仍然是农业户口。

2.2　与户籍挂钩的公共服务和社会福利

当前的户籍制度是与一系列公共服务和社会福利挂钩的，如子女教育、医疗、购房、社保等（Chan，2013；李娟，邱宝华，2010）。能否享受这些公共服务和社会福利取决于户籍身份，而不是实际居住地。下面我们将按照户籍的分类来讨论与户籍挂钩的福利。

与农业户口挂钩的最重要的福利是土地使用权，农业人口自动享有土地分配的权利。1979 年国家推行土地家庭联产承包责任制改革之后，土地虽然还是集体所有，但是使用权按照人数平均分摊到每个家庭。由于土地使用权是与户口挂钩的，即使迁移到城市居住和工作，只要户口没有变更，农业人口都享有土地分配的权利（Wang，et al.，2013）。2008 年党的十七届三中全会通过了关于土地承包经营权可流转的决定，允许农民以转包、出租、互换、转让、股份合作等形式流转土地承包经营权（Ash，2009）。该决定意味着农民将土地转包给他人（包括公司）是合法的。因此，很多

地方政府制定了土地改革的实施细则，允许农民将土地短期转包。目前国内的土地转包大都是村民之间的非正式的短期转租（Feng，et al.，2010；Jin and Deininger，2009）。

近年来，国家为了支持农业发展为农民提供各种农业补助和农村社会保障项目，这些也成为农业人口的特殊福利（唐亮，2013）。尽管如此，彭小辉、史清华、朱喜（2013）的调查仍然显示89%的受访者倾向于非农业户口，因为在大多数地方非农业户口能够享有的福利更多。

非农业户口所享有的福利与户口所在地有很大关系，大城市和小城市的非农业户口享有的福利水平不同。诚然，各城市都是自行制定当地的户籍政策，大城市和小城市在此并没有明显的界限，但是我们希望通过大体的分类阐述让大家了解全国的整体情况。

在小城市中社会福利相对较少。中国大多数好的学校和医院都分布在大城市中，小城市的公民无论户口在何地，一般都可以将子女送到公办学校读书，外地人只需要多付一些赞助费。另外，小城市提供的社会保障也不及大城市，例如住房补助、最低生活保障水平等都较低。因此，小城市的户口与大城市相比吸引力很小。

相反，大城市的户口与一系列的社会福利和公共服务相挂钩，包括住房补助、子女教育、社会保障等。在大城市中，大量的外来人口及他们的子女都无法享受与城镇居民同等的福利。

1. 住房

当前，国内大城市的房价“高烧不退”，对大多数国人来讲已经是难以承受的价位。很多地方政府对持有当地户口的低收入人群给予一定形式的住房补助，包括廉租房、经济适用房、限价房等（Logan，et al.，2009）。这些当地的城镇居民能以相对便宜的价格租住廉租房，或者以低于市价30%的价格购买小套住房（Stephens，2010）。但是，很多农民工虽然工作和生活在这些大城市，却不能享受住房补助（Hui，et al.，2012）。

除此以外，外来人口在购房时要面临更多的限制。2011年1

月以来，为了控制房价的过快上涨，国内有超过30个城市颁布了“限购令”，规定外来人口禁止在当地购买住房。例如，北京市的非本市户籍人口必须提供五年以上正式工作的证明（连续五年以上缴纳社会保险或个人所得税证明），才可以在北京购买一套住房。因此，很多外来人口无法在北京购买住房。

2. 子女教育

关于学生教育，国务院于2001年5月颁布了《关于基础教育改革与发展的决定》（国发〔2001〕21号），提出地方人民政府要充分发挥公办中小学的作用，解决流动人口子女接受九年义务教育的问题（Chan and Buckingham，2008）。近年来，一些大城市为解决流动人口子女教育的问题做出了很多尝试，但仍然存在很多问题。

Wang和Holland（2011）对上海的调查研究发现近40%的外来人口子女无法接受义务教育，因为上海市公办学校的入学条件非常严格。外来人口必须提供在本地正式工作的有效证明（劳动合同）或社会保险缴费记录，其子女才可以在上海市的公办学校就读。但是，很多外来人口无法获得稳定的正式工作，也没有缴纳社会保险（Chan，2012），他们的子女就只能在打工子弟学校接受教育，而这些学校大多学习条件简陋，老师水平低，教学不稳定（Chen and Yang，2010）。

除此以外，义务教育只包括小学和初中教育，外来人口的子女在高中入学的问题上面临更加严格的程序、更加苛刻的条件和更加沉重的经济负担。按照高考制度，外地务工人员的子女不能在当地参加高考，所以这些外来人口的子女即使在当地就读高中，也要回到户口所在地参加高考（彭小辉，史清华，朱喜，2013；许庆，2013）。

3. 社会保障

中国的社会保障体系包括三个方面：社会救助、社会福利和社会保险。社会救助是政府给予生活在社会底层的人的救助，例如最

低生活保障，对于家庭人均收入低于当地最低生活标准的本地人口由政府给予一定的现金资助，但是非本地户籍人员是无法享受的（许庆，2013）。社会福利包括给残疾人、老年人、儿童等特殊群体提供的保障性福利措施，如残疾人救助金、老年人免费公园卡等。但是外来人口不在社会救助和社会福利的覆盖范围内（Zhang，2012）。

2010年中国的《社会保险法》颁布，加快了覆盖城乡居民的社会保险体系建设，该体系主要包括两类：一类是基于劳动合同的覆盖城市就业人群的职工基本社会保险制度，一类是基于户口的覆盖城市非就业人群的城镇居民保险制度和覆盖农村人群的新型农村社会保险制度。

职工基本社会保险与职工的户口无关，只要用人单位愿意，都可以为在岗职工缴纳社会保险。换言之，户口制度对职工基本社会保险没有影响（郭菲，张展新，2013）。2007年颁布的《劳动合同法》和2010年颁布的《社会保险法》规定，用人单位应该为所有职员缴纳社会保险。尽管如此，用人单位的执行情况并不理想，并非所有的城市就业人员都参加了职工基本社会保险。由于大多数农民工都从事低收入的工作，很少有雇主为他们缴纳社会保险，农民工的参保率只有10%左右（Chan，2012）。

对未被职工基本社会保险覆盖的人群，各地方政府会制定当地的居民社会保险制度。以医疗保险为例，除了职工基本医疗保险以外，城镇未就业的居民可以参加城镇居民基本医疗保险，农村居民可以参加新型农村合作医疗。各地方政府制定的保费费率和保险赔偿存在差异（郭菲，张展新，2013）。

因此，外来人口如果没有参加职工基本社会保险，就只能在户口所在地参加社会保险，而不能在居住地参保。这给外来人口带来了很多问题，比如异地医疗费用不能报销，即使能够报销，他们也需要先自行垫付（Trieu，2013）。

综上所述，过去几年中国的户籍制度尽管发生了很多变革，但

是仍然对人们的生活发挥着重要的作用。户口所在地关系到公民的住房、子女教育、社会保险等一系列公共服务和社会福利的分配。与小城市相比，大城市的社会福利更加具有吸引力，每个大城市之间也存在差异。

2.3 户籍制度改革迎来新突破

2017年7月28日，一场针对“无锡市进一步调整放宽市外户籍准入政策着力深化户籍制度改革”的新闻发布会吸引了社会各界的广泛关注。无锡市政府在发布会上公布了新修订的《无锡市户籍准入登记规定》。《规定》改变了原有落户条件中对购房面积的要求，还增设了租赁住宅落户政策。增设专门条款明确规定，凡在无锡市租住经房产管理部门办理租赁登记备案的合法租赁住宅，同时具备参加无锡市城镇社会保险、申领（签注）《江苏省居住证》均满五年（宜兴市为均满三年）条件的，准予本人、配偶和未成年子女来无锡市落户。

事实上，无锡的户籍制度改革绝非个例。2017年以来，常州、珠海等热点城市也通过修改地方法规的方式进一步降低落户门槛，并对租房群体敞开落户的大门。常州市的户籍制度改革文件中删去了在本市投资30万元以上人民币、20万美元以上外资或连续2年纳税均达1.5万元以上人民币等限制，改为“参加社会保险满5年”。此外，新规定还扩大了合法稳定住所的定义，增加“在本地房产管理部门办理租赁登记备案的租赁住房，连续居住5年以上，并征得房屋所有权人同意的”。珠海市也在2017年进行了户籍制度改革，根据《珠海市户口迁移管理规定（修订稿）》，符合条件的外地务工人员租房也可直接入户。

2017年以来各大中城市相继出台的落户新规标志着自2014年

以来中央关于户籍制度改革的顶层设计已经落地生根，户籍制度改革终于迎来新突破。自 2001 年公安部发布《关于推进小城镇户籍管理制度改革的意见》以来，小城镇的户籍大幅放开。在小城镇，只要公民在本地有收入稳定的工作或住房，就可以将户口迁入当地。但是小城市的户籍制度改革并没有达到预想的效果，选择迁居小城市的人数很少，这主要是因为小城市在提供就业机会和公共服务等方面相对薄弱，而大中城市的落户门槛依然很高。进入 21 世纪以来，越来越多的学者认识到城市中外来人口无法享受迁移地的公共服务，是对社会公平的严重损害，是制约我国城镇化进程的主要因素。户籍制度改革已经成为社会各界的共识。然而，户籍制度改革雷声大、雨点小。外来务工人员的主要迁移地仍然设立严格的入户条件。制约户籍制度改革进程的根本原因在于我国户籍管理上的严重分权，权力主要集中在地方政府，而地方政府会从当地的切身利益出发，给那些高学历、高收入、高资产的群体当地户籍，而把大量农民工排除在城市的公共服务之外。

2014 年 7 月 24 日，国务院印发《国务院关于进一步推进户籍制度改革的意见》，标志着本轮中央关于户籍制度改革顶层设计的正式开启。《意见》提出要建立城乡统一的户口登记制度；建立居住证制度，并以居住证为载体，建立健全与居住年限等条件相挂钩的基本公共服务提供机制；对建制镇和小城市、中等城市、大城市、特大城市，分类提出全面放开落户限制、有序放开落户限制、合理确定落户条件、严格控制人口规模等渐进放开的改革要求；提出户籍制度改革的制度保障，重点包括完善农村产权制度以及加强基本公共服务财力保障。

2016 年国务院先后下发《关于深入推进新型城镇化建设的若干意见》和《推动 1 亿非户籍人口在城市落户方案》两个重要户改文件，明确了到 2020 年约 1 亿农业转移人口和其他常住人口等非户籍人口在城市落户的任务单。文件要求，“十三五”期间户籍人口城镇化率年均提高 1 个百分点以上，年均转户 1 300 万人以上。

到2020年，全国户籍人口城镇化率提高到45%。为此，文件要求全面放开放宽重点群体落户限制，大中城市均不得采取购买房屋、投资纳税等方式设置落户限制。城区常住人口300万以下的城市不得采取积分落户方式。大城市落户条件中对参加城镇社会保险的年限要求不得超过5年，中等城市不得超过3年。至于超大城市和特大城市的落户政策，则要以具有合法稳定就业和合法稳定住所（含租赁）、参加城镇社会保险年限、连续居住年限等为主要依据，重点解决符合条件的普通劳动者落户问题。

可见，中央密集出台的户改文件正是针对此前地方政府户籍制度改革动力不足的问题，对地方政府户籍制度改革提出了明确的要求。截至2017年，全国31个省区市已全部出台“地方版”户改方案，多地放宽户口迁移条件，主要设定了以下指标：常住人口城镇化率、户籍人口城镇化率、前两个城镇化率之差、农业转移人口数量、落户人数等等。例如，河南省提出，到2020年，努力实现1 100万左右农业转移人口和其他常住人口在城镇落户，全省常住人口城镇化率达到56%。河北省则提出，到2020年，力争实现600万城中村居民和400万农业转移人口及其他常住人口在城镇落户，全省户籍人口城镇化率达到45%。

实际上，曾引发广泛关注的无锡落户新规正是按照上述两个中央户改文件中的要求而施行的，这标志着大中城市户籍制度改革的破冰。对全国31个省区市出台的户改文件研究发现，大部分省份都规定了落户政策中的“租购同权”，即合法租赁住房与购买住房的居民在落户中享受平等的待遇。例如，太原市规定，在太原市具备合法稳定就业并有合法稳定住所（含租赁），同时按照国家规定参加城镇社会保险满一年的，可以在当地申请登记常住户口。辽宁省规定，在鞍山、抚顺、本溪等市的城区有合法稳定就业并有合法稳定住所（含租赁），同时按照国家规定参加城镇社会保险的可以在当地申请登记常住户口。吉林省则规定，在长春市、吉林市具有合法稳定住所（含租赁房屋两年以上）、合法稳定职业，并按照国

家规定在当地参加社会保险（同时参加养老保险、医疗保险、失业保险）两年以上的准予落户。外来人口较多的福建省规定，居住在福州市辖区、厦门市、平潭综合实验区之外的其他设区市的城区，有合法稳定住所（含租赁），与居住地用人单位依法签订劳动（聘用）合同或者依法持有工商营业执照的，均可将户口迁入居住地。可见，户籍制度改革终于迎来突破，2016 年全国户籍人口城镇化率已达到 41.2%。

当然，我国户籍制度改革还远未结束，下一步需要与其他改革联动推进。举例来说，无锡新的落户政策规定只要在当地参加五年以上社保，租房即可入户。这是否意味着在无锡工作五年以上的农民工都可以落户无锡，享受当地的公共服务呢？事实恐怕并非如此。根据《2016 年度人力资源和社会保障事业发展统计公报》提供的数据，农民工参加迁入地职工社会保险的比例非常低。例如，2016 年末参加当地职工基本养老保险的农民工人数仅为 5 940 万人，参加当地职工基本医疗保险的农民工人数为 4 825 万人，这与 2.8 亿农民工的总量相去甚远。也就是说，大部分农民工都没有按照《劳动合同法》的规定在就业地缴纳社会保险，这将制约我国户籍制度改革的进程。总之，户籍制度改革是一个长期的系统工程，需要中央政府的顶层设计和政策激励，还需要很多与户籍制度改革相配套的政策措施，如区域政策、产业政策、财政政策、土地政策、社保政策等等。只有这些政策同步改革，户籍制度改革才能有序推进，取得实效，才能真正推进“人的城镇化”。

参考文献

陈宪，黄健柏，2010. 扩大农民工就业的路径选择：基于治理劳动力市场分割的视角. 价值工程（28）：230－231.

陈宪，黄健柏，2009. 劳动力市场分割对农民工就业影响的机理分析. 生产力研究（20）：33－35.

党夏宁，2010. 我国的农业劳动力配置与农村经济发展. 西安交通大学学报（社会科学版）(3)：29－34.

邓曲恒，2007. 城镇居民与流动人口的收入差异：基于 Oaxaca-Blinder 和 Quantile 方法的分解. 中国人口科学（2）：8－16.

郭菲，张展新，2013. 农民工新政下的流动人口社会保险：来自中国四大城市的证据. 人口研究（3）：29－42.

李娟，邱宝华，2010. 不同户籍人口的社会保障差异：基于对某市养老社会保险的分析. 经济问题探索（10）：111－114.

彭小辉，史清华，朱喜，2013. 城乡二元户籍制度的认知、现实影响与改革取向：基于上海的实证调查. 中国软科学（5）：27－44.

唐亮，2013. 我国户籍制度改革综述. 商业经济（2）：43－45.

王美艳，2005. 城市劳动力市场上的就业机会与工资差异. 中国社会科学（5）：36－46.

许庆，2013. 从农民工进城住房入手改革户籍制度. 科学发展（5）：14－18.

Ash，R.，2009. Quarterly chronicle and documentation. China Quarterly，197：236－282.

Cai，F.，2011. Hukou system reform and unification of rural-urban social welfare. China & World Economy，19（3）：33－48.

Chan，K. W.，2009. The Chinese hukou system at 50. Eurasian Geography and Economics，50（2）：197－221.

Chan，K. W.，2010. The household registration system and migrant labor in China：notes on a debate. Population and Development Review，36（2）：357－364.

Chan，K. W.，2012. Crossing the 50 percent population Rubicon：Can China urbanize to prosperity? . Eurasian Geography and Economics，53（1）：63－86.

Chan，K. W.，2013. China internal migration//Ness I.，Bellwood P.. The encyclopedia of global migration，Blackwell Publish-

ing.

Chan, K. W., Buckingham, W., 2008. Is China abolishing the hukou system? . China Quarterly, 195: 582－606.

Chen, G., Yang, J., 2010. Access to compulsory education by rural migrants' children in urban China: a case study from nine cities. Journal of Education for International Development, 4 (3): 1－12.

Chen, Y., Hoy, C., 2011. Explaining migrants' economic vulnerability in urban China. Asian Population Studies, 7 (2): 123－136.

Cheng, T., Selden, M., 1994. The origin and social consequences of China's hukou system. China Quarterly, 139: 644－668.

Demurger, S., Gurgand, M., Li, S., et al., 2009. Migrants as second-class workers in urban China? A decomposition analysis. Journal of Comparative Economics, 37: 610－628.

Demurger, S., Li, S., Yang, J., 2012. Earnings differentials between the public and private sectors in China: exploring changes for urban local residents in the 2000s. China Economic Review, 23: 138－153.

Feng, S., Heerink, N., Ruben, R., et al., 2010. Land rental market, off-farm employment and agricultural production in southeast China: a plot-level case study. China Economic Review, 21: 598－606.

Fields, G. S., Song, Y., 2013. A theoretical model of the Chinese labor market. IZA Discussion Paper Series, No. 7278.

Fleisher, B. M., Wang, X., 2004. Skill differentials, return to schooling, and market segmentation in a transition economy: the case of mainland China. Journal of Development Economics, 73: 315－328.

Gagnon, J., Xenogiani, T., Xing, C., 2011. Are all migrants really worse off in urban labour markets: new empirical evidence from

China. IZA Discussion Paper, No. 6268.

Guo, F., Iredale, R., 2004. The impact of hukou status on migrants' employment: findings from the 1997 Beijing Migrant Census. International Migration Review, 38 (2): 709-731.

Huang, Y., 2012. "Jumping out of the Agricultural Gate" (tiaochu nongmen): social mobility and gendered intra-household resource distribution among children in a central Chinese village, 1950-2012. China perspectives, 4: 25-33.

Hui, E. C. M., Yu, K. H., Ye, Y., 2012. Housing preferences of temporary migrants in urban China in the wake of gradual hukou reform: a case study of Shenzhen. International Journal of Urban and Regional Research, 38 (4): 1384-1398.

Jiang, S., Lu, M., Sato, H., 2012. Identity, inequality, and happiness: evidence from urban China. World Development, 40 (6): 1190-1200.

Jin, S., Deininger, K., 2009. Land rental markets in the process of rural structural transformation: productivity and equity impacts from China. Journal of Comparative Economics, 37: 629-646.

Knight, J., Song, L., Huaibin, J., 1999. Chinese rural migrants in urban enterprises: three perspectives. The Journal of Development Studies, 35 (3): 73-104.

Knight, J., Yueh, L., 2004. Job mobility of residents and migrants in urban China. Journal of Comparative Economics, 32: 637-660.

Knight, J., Deng, Q., Li, S., 2011. The puzzle of migrant labor shortage and rural labor surplus in China. China Economic Review, 22 (4): 585-600.

Lee, L., 2012. Decomposing wage differentials between migrant workers and urban workers in urban China's labor mar-

kets. China Economic Review，23（2）：461－470.

Liu，Z.，2005. Institution and inequality：the hukou system in China. Journal of Comparative Economics，33（1）：133－157.

Logan，J. R.，Fang，Y，Zhang，Z.，2009. Access to housing in urban China. International Journal of Urban and Regional Research，33（4）：914－935.

Lu，M.，Chen，Z.，2006. Urbanization，urban-biased policies and urban-rural inequality in China：1987－2001. Chinese Economy，39（3）：42－63.

Naughton，B.，2007. The Chinese economy. Cambridge：MIT Press.

Stephens，M.，2010. Locating Chinese urban housing policy in an international context. Urban Studies，47（14）：1－18.

Trieu，H. T.，2013. Building a welfare state：a case study of rural migrant medical insurance in urban China. Ann Anbor，MA：University of Michigan.

Wang，F. L.，2005. Organizing through division and exclusion：China's hukou system. San Francisco，CA：Stanford University Press.

Wang，L.，Holland，T.，2011. In search of educational equity for the migrant children of Shanghai. Comparative Education，47（4）：471－487.

Wang，X.，Weaver，N.，You，J.，2013. The social security function of agriculture in China. Journal of International Development，25（1）：1－10.

Zhang，H.，2010. The hukou system's constraints on migrant workers' job mobility in Chinese cities. China Economic Review，21（1）：51－64.

Zhang，L.，2012. Economic migration and urban citizenship in

China: the role of points systems. Population and Development Review, 38 (3): 503 - 533.

Zhao, Z., 2005. Migration, labor market flexibility, and wage determination in China: review. The Developing Economies, 43 (2): 285 - 312.

Zhao, P., Howden-Chapman, P., 2010. Social inequalities in mobility: the impact of the hukou system on migrants' job accessibility and commuting costs in Beijing. International Development Planning Review, 32 (3): 363 - 384.

户籍制度的全方面影响

第3章 户籍制度带来的劳动力市场歧视

3.1 引言

中国城市比农村更为富裕。国家统计局2012年数据显示，中国城镇人均年收入为24 564.7元，而农村人均年收入仅为7 916.6元①。因为城镇工人实际年收入远高于农村，所以大量农村人口不断向城市迁移。然而自2003年以来，中国沿海城市的部分工厂因雇用不到所需劳动力而面临着劳动力短缺的问题。2003年起，劳动力短缺不断向其他城市扩散（Chan，2010）。对比之下，我们发现仍然有数亿人口留在农村赚取较低的工资。一些学者将这些农村低工资劳动力称为农村剩余劳动力

① 中华人民共和国国家统计局．中国统计年鉴：2013．北京：中国统计出版社，2013.

(Fields and Song, 2013; Knight, Deng, Li, 2011)。为什么这些剩余劳动力选择留在农村从事低工资的工作，而不是迁移到大城市来寻找工资更高的工作呢?

之前的研究已经提供了农村劳动力剩余与城市劳动力短缺共存的几个理由，比如说：中国信用市场的缺陷导致移民成本较高；户籍制度导致农村移民在城市的生活成本较高；等等 (Chau, Kanbur, Qin, 2012; Knight, Deng, Li, 2011)。但是之前的文献忽略了导致这种现象的另外一个可能的原因，那就是由于户口属性不同，农村移民可能面临着劳动力市场歧视，尤其是在国有企业等高薪部门。

当前的户籍制度要求每位中国居民在其登记所在地被分配为城市户口或者农村户口。人们在出生时继承其父母的户口属性。而且除非个人经过法定的户籍变更程序，否则他的户籍状况是不随其变更居住地而发生改变的 (Fields and Song, 2013)。但是现行的大城市户口变更政策规定了只有高收入和高学历者才能将户口迁入当地，这排除了绝大多数农村居民。

本章试图为中国城市中劳动力市场对农村户口持有者的歧视提供新的实证依据，进而为城市劳动力短缺和农村劳动力剩余并存的现象提供进一步的解释。具体来说，本章研究了两种所有制部门，即国有部门和私营部门对农村户口持有者的劳动力市场歧视程度。

根据现有文献，中国政府对国有企业的工资仍然有很大的影响力，这使国有企业相比于私营企业能够提供更高的工资福利和更好的就业保障，而私营企业的工资主要取决于市场力量 (Song and Li, 2010; Dong and Xu, 2009; Chen, et al., 2005)。因此，如果对农村户口的歧视主要发生在市场竞争激烈的私营部门，那么这种歧视可能是短暂的，不会持续很长时间 (Dulleck, Fooken, He, 2012; Becker, 1971)。而且因为私营企业工资相对较低，私营部门的歧视也不会阻碍农民工迁移到城市。相反，如果这种歧视在国有部门更为严重的话，那歧视将会持续很长的时间，成为一个比较严重的问题。因为国有企业可以被看作政府的一部分，政治力

量将会加剧国有企业的户口歧视。而且，国有企业的歧视将降低农民工向城市迁移的预期收益，从而限制城乡移民的规模。因此，分别研究两个所有制部门的户口歧视可以帮助我们分析歧视是否会持续很长时间，是否会阻碍城市化以及还有哪些政策可以用于进一步推动城市化进程。

除了估计不同所有制部门的歧视程度外，本章的另一个重要贡献是通过使用分位数回归和工资分解技术来研究不同收入群体遭受工资歧视程度的异质性。本章首次尝试探讨在工资分布不同分位数上农村户口工资歧视程度的差异。

最后，本章的方法论贡献是采用双重选择的方法来解决部门分配和户籍属性中的选择性问题。

双重选择问题分别来源于国企就业和户籍属性的非随机分布。虽然人们在出生时继承了其父母的户口属性，但是他们也有可能通过满足移民地政府提出的户口变更条件来改变其户口属性。一些地方政府规定，只要公民在本地有收入稳定的工作或住房，或者具备一定的职业技能，就可以将户口迁入当地（Chan and Buckingham，2008）。而大城市则制定了更为苛刻的户口准入条件。例如，在广州等其他的几个大城市制定了积分制入户政策，学历、技能、参保情况、做义工、献血等都可以积分，累计达到足够积分就可以申请落户当地（Cai，2011）。

本章结构如下：3.2节回顾以往文献并阐述本章贡献；3.3节介绍研究二元所有制下户籍歧视所用的方法；3.4节汇报本章采用的数据和回归结果；3.5节进一步讨论和总结。

3.2　文献综述

Arrow（1973）将劳动力市场歧视定义为在劳动力市场上对劳

动者与劳动生产率无关的个人特征的估价。研究工资歧视的一个常用计量方法是 Oaxaca-Blinder 分解技术，很多研究运用这种方法验证了中国城市的劳动力市场存在对外地农业户口的歧视（Song，2014；Meng，2012）。Oaxaca-Blinder 分解技术将两组人群的平均工资差异分解为两个部分：一个是个人特征（即禀赋）差异造成的可解释部分，另一个是个人特征回报（即系数）差异带来的不可解释部分。后者通常被用作歧视的估计（Oaxaca，2007）。

例如，Lee（2012）使用 2005 年中国城市劳动力市场调查（CULS）数据研究发现，城市的本地非农业人口的平均小时工资为 7.75 元，而外地农业人口的平均小时工资为 4.4 元，其中约有 28％无法用个人特征来解释。Gravemeyer、Gries 和 Xue（2011）比较了深圳市的非农业户口和农业户口之间的工资差异，发现这一工资差异有 52.9％无法用与劳动生产率有关的个人特征差异来解释。

Deng（2007）使用 2002 年中国家庭收入项目（CHIP）调查的数据研究发现，本地非农业人口与外地农业人口的收入差距中有 60％无法解释。Wang（2005）使用 2000 年中国人口普查（census）的一部分数据进行计量分析发现，在控制了行业和职业因素后，本地非农业人口与外地农业人口的收入差距中有 57％可以用人力资本变量来解释，剩下的 43％无法解释。

在之前的研究中，只有一篇探讨了在不同的经济部门中户口属性对工资影响的异质性。Gagnon、Xenogiani 和 Xing（2011）利用了 2005 年中国人口普查数据，分析了正规部门、自营职业部门和“无合同”部门中城乡户口工人的工资差异。“无合同”部门被定义为没有书面劳动合同的工作；正规部门被定义为具有书面劳动合同的工作。通过这一划分，他们发现，正规部门中的城乡户口工资差距要大于其他两个部门。

上述研究虽然比较了不同部门间的工资歧视，但并没有考虑到国有企业与私营企业之间的区别。非常多的私营公司都与他们的员

工签订正式的劳动合同，属于 Gagnon、Xenogiani 和 Xing（2011）定义的正规部门。因此，我们可以说，之前的研究并没有提供在不同所有制部门中农村户口持有者受到的劳动力市场歧视的定量证据。

本章旨在填补这一空白，通过采用双重选择性方法，分别研究国有企业和私营企业对农村户口的工资歧视程度。此外，我们将采用分位数回归和分解技术相结合的方法来研究不同收入群体的工资歧视程度的异质性。

3.3 研究方法和模型

这一部分采用基于回归的分解技术，检验不同所有制部门对农村户口的工资歧视程度。我们按照所有制部门（国有或私营）和户口状况（农村或城镇）两个维度将工人分为四组。相应地，考虑到每组工人不同的工资结构，还需要进行四组独立的工资回归。

另外，由于不同户口状态及在不同所有制部门中的工人并不是随机分布的，因此还需要分别建立两个确定部门分配和户口状态的选择方程以保证对四个工资方程的一致性估计。总之，我们建立了一共包括六个方程在内的系统，两个选择方程和四个工资方程如下所示：假设 S_i^* 和 U_i^* 分别表示决定个人所在所有制部门和户口状态的潜在连续的不可观测变量，其中 i 表示个人；让 W_j^i（其中，i=U 或者 R，j= S 或者 P）分别表示国有部门和私营部门的城乡户口工资，上标表示户口状态，下标表示个人所在的所有制部门。

$$S_i^* = \boldsymbol{X}'_{1i}\boldsymbol{\delta}_{1i} + u_{1i}, \text{国有部门决定因素} \tag{3-1}$$

$$U_i^* = \boldsymbol{X}'_{2i}\boldsymbol{\delta}_{2i} + u_{2i}, \text{城镇户口决定因素} \tag{3-2}$$

$$\ln W_S^U = \boldsymbol{X}_S^U \boldsymbol{\gamma}_S^U + v_S^U \tag{3-3}$$

$$\ln W_S^R = \boldsymbol{X}_S^R \boldsymbol{\gamma}_S^R + v_S^R \tag{3-4}$$

$$\ln W_P^U = \boldsymbol{X}_P^U \boldsymbol{\gamma}_P^U + v_P^U \tag{3-5}$$

$$\ln W_P^R = \boldsymbol{X}_P^R \boldsymbol{\gamma}_P^R + v_P^R \tag{3-6}$$

假设上述六个方程中的误差项具有以下方差-协方差矩阵：

$$\boldsymbol{\Sigma} = \begin{bmatrix} \sigma_{u1} & \rho & a_{11} & a_{12} & a_{13} & a_{14} \\ \rho & \sigma_{u2} & a_{21} & a_{22} & a_{23} & a_{24} \\ a_{11} & a_{21} & \sigma_S^U & 0 & 0 & 0 \\ a_{12} & a_{22} & 0 & \sigma_S^R & 0 & 0 \\ a_{13} & a_{23} & 0 & 0 & \sigma_P^U & 0 \\ a_{14} & a_{24} & 0 & 0 & 0 & \sigma_P^R \end{bmatrix} \tag{3-7}$$

3.3.1 无选择性修正

在不考虑自选择问题的情况下，我们就可以用最小二乘法来估计方程（3-3）～（3-6）中的四个工资回归。这种简单的情况要求方程（3-7）中所有的对角线项均为0。给定了最小二乘法的回归结果，工资对数的差异就可以被分解为可以用与生产率相关的特征解释的禀赋效应和可以用来估计工资歧视的不可解释变量的效应。具体而言，给定所属的所有制部门，农村户口与城镇户口劳动者之间的工资差异可以用下面的公式来进行分解：

$$\begin{aligned} \overline{\ln W_j^U} - \overline{\ln W_j^R} &= \overline{\boldsymbol{X}_j^U}'\hat{\boldsymbol{\gamma}}_j^U - \overline{\boldsymbol{X}_j^R}'\hat{\boldsymbol{\gamma}}_j^R \\ &= (\overline{\boldsymbol{X}_j^U} - \overline{\boldsymbol{X}_j^R})'\boldsymbol{\gamma}_j^* + [\overline{\boldsymbol{X}_j^U}'(\hat{\boldsymbol{\gamma}}_j^U - \boldsymbol{\gamma}_j^*) + \overline{\boldsymbol{X}_j^R}'(\boldsymbol{\gamma}_j^* - \hat{\boldsymbol{\gamma}}_j^R)] \end{aligned} \tag{3-8}$$

在上面的方程中，$\overline{\ln W_j^U}$ 和 $\overline{\ln W_j^R}$ 分别表示在部门 j（$j=S$ 或 P）中城镇户口和农村户口劳动者预期的平均工资；$\overline{\boldsymbol{X}}$ 表示包含了决定

工资的变量的平均向量；$\hat{\boldsymbol{\gamma}}$ 是表示估计系数（工资结构）的向量；$\boldsymbol{\gamma}^*$ 代表没有歧视的工资结构。上述第一项 $(\overline{\boldsymbol{X}^U}-\overline{\boldsymbol{X}^R})'\boldsymbol{\gamma}^*$ 被称为禀赋效应；第二项 $[\overline{\boldsymbol{X}^U}'(\hat{\boldsymbol{\gamma}}^U-\boldsymbol{\gamma}^*)+\overline{\boldsymbol{X}^R}'(\boldsymbol{\gamma}^*-\hat{\boldsymbol{\gamma}}^R)]$ 通常被解释为由两组之间特征的差异所导致的工资差距的一部分，可以作为歧视的估计（Oaxaca，2007）。

与 Oaxaca-Blinder 方法相关的现实问题被称为指数问题（index number problem），这意味着分解结果依赖于非歧视性工资结构的选择，即 $\boldsymbol{\gamma}^*$ 的选择是不唯一的。Oaxaca-Blinder 方法的原始版本假设 $\boldsymbol{\gamma}^*$ 在研究中采用与一个参照组的工资结构相同的值。例如，如果 $\boldsymbol{\gamma}^*=\hat{\boldsymbol{\gamma}}^U$，那么在非歧视的情况下，城镇户口工人的工资结构将会被使用（Liu，Meng，Zhang，2000）。优势群体的工资结构通常被认为是无歧视情况下的工资结构，这是一个非常普遍的假设。但是，如果有人认为，农村户口工人的现行工资结构才能代表无歧视的竞争性工资结构，那么 $\boldsymbol{\gamma}^*=\hat{\boldsymbol{\gamma}}^R$。如前所述，大部分关于中国劳动力市场的研究都使用 Oaxaca-Blinder 分解方法的原始版本（Gagnon，Xenogiani，Xing，2011；Gravemeyer，Gries，Xue，2011；Liu，Meng，Zhang，2000），并采用这两种极端的工资结构来近似估计无歧视的工资结构。

Cotton（1988）认为，使用两组系数平均值的派生权重要比一个参考组的系数更准确。根据这种想法，j 部门的非歧视性工资结构为 $\gamma_j^*=f_j^U\hat{\gamma}_j^U+f_j^R\hat{\gamma}_j^R$，$f_j^U$ 和 f_j^R 分别代表城镇和农村户口持有者在部门 j 中的比例。因此，Cotton 的这种方法有时被称为人口加权的非歧视性工资结构（Liu，Meng，Zhang，2000）。

分解工资差异的另一种方法是从混合样本的回归中获得竞争性工资结构（γ^*）（Oaxaca and Ransom，1994）。他们认为，如果无歧视就意味着完全停止现有的歧视行为，那么假设混合样本估计出的参数向量代表竞争性工资结构就是合理的。

然而，在目前关于歧视的文献中，对于哪种加权方案显著优于

其他方案并没有达成共识（Powers，Yoshioka，Yun，2011）。因此，本章将使用四种非歧视性工资结构，即城镇户口劳动者的工资结构、农村户口劳动者的工资结构、人口加权工资结构，以及混合样本工资结构分别进行分析，并报告分解结果。从下一节所示的结果可以看出，主要结果对于不同的加权方案是稳健的。因此，本章的主要结论将基于歧视文献中最常用的加权方案，即高收入群体（城镇户口劳动者）的工资结构。

3.3.2 双重选择方法

本节考虑两个选择问题，并假设两个选择过程是相关的（也就是说$\rho \neq 0$），故采用双重选择的方法来估计方程（3-1）～(3-6)。Tunali（1986）表示，如果误差项服从联合正态分布①，则可以应用两步估计过程来纠正双选择性问题，这与 Heckman 的两步法（Heckman，1979）非常相似。具体来说，用双变量概率模型估计两个选择性方程，并且在四个工资方程中导出扩展的选择性修正项作为附加回归自变量。给定扩展的工资回归的估计结果，按照 Reimers（1983）的建议，分别分解国有企业和私营企业的城乡户口劳动力之间选择性修正后的平均工资差额。修正后的工资差额可以再次分解为禀赋效应和系数效应，后者是对工资歧视的估计。本章附录 1 提供了 Tunali 模型的具体介绍。

虽然选择性方程的非线性原则上可以区别上述系统中的方程式，但是最好在每个选择性方程中加入一些仅与该选择性方程相关，而排除另一个选择性方程和工资方程的变量（Rabe，2011）。识别部门决定方程式的工具变量是一个虚拟变量，即个人是否被政府推荐某一工作。由于中国国有企业与政府有着密切的关系，政府

---

① 在实证分析中，我们使用由 Doornik 和 Hansen（2008）开发的技术，验证了两个误差项实际上服从联合正态分布的假设。Stata 使用的命令是“mvtest normality”，具体结果可从作者处获取。

有时会向国有企业推荐人才，但这种政府推荐在私营企业中是非常罕见的。因此，工作安排中是否存在政府推荐成为部门确定的一个很好的指标。此外，由于国有企业通常为不同特征，例如不同学历和经验的劳动者提供不同的工资计划，因此政府推荐也不太可能直接影响到国企部门工人的工资。

此外，户籍决定方程中排除其他工资方程的变量是一个连续变量，代表在过去十二个月内个人从父母处获取的资金总额。如前所述，许多城市将城镇户口给予在该城市有投资，或购买房屋等固定资产的人（Song，2014）。因此，如果一个人在过去的一年中从父母处获得了更多的资金，那么他更有可能达到当地政府规定的标准，从而获得城镇户口。这个变量被排除在工资方程之外，因为雇主不会知道一名工作人员在过去一年中从父母那里收到多少钱，因此也不能根据这一未知信息而支付不同的工资①。

3.3.3　分位数回归和工资分解

为了更深入地了解中国城市中的户口歧视，本章通过组合分位数回归和分解技术的方法，探讨工资分布中不同分位数处的工资歧视程度。也就是说，我们想知道在中国城市中，是高工资的农村户口持有者还是低工资的农村户口持有者受到了更多的歧视。

众所周知，Koenker 和 Basset（1978）引入的分位数回归模型将位置模型中普通分位数的概念扩展到条件分位数具有线性形式的更一般的线性模型。几项值得注意的研究已经结合了分位数回归和分解技术来研究私营部门的工资差异（Mueller，1998；Melly，2005）。本章将采取同样的方法来确定在工资分布不同分位数上农村户口持有者遭受工资歧视的程度。

---

① 为了进一步证实两个排除限制的有效性，我们遵循 Giulietti 等人（2012）采用的方法：计算每个工资方程的残差（在选择校正后），并对每个排除的变量进行回归。估计的系数显示并不存在显著的相关关系。

3.4 数据描述和计量结果

本章使用2008年中国城乡劳动力流动调查（RUMIC）数据来分析提出的问题。中国城乡劳动力流动调查（RUMIC）由城市居民调查、农村居民调查和移民住户调查三部分组成①。这项调查涵盖三类中国家庭：在九个省或大都市地区的15个指定城市工作的5 000个移民家庭（移民调查）；相同城市中5 000个城市本地家庭（城市居民调查）；8 000个农村家庭（农村居民调查）。大多数移民有农村户口，而城市样本主要是城镇户口。这项数据特征保证了城镇户口和农村户口的样本数量是足够大的。出于本章的研究目的，我们仅使用了2008年移民调查中的城市样本和移民样本。

无论是在地理上还是在经济上，样本中的九个省份涵盖了中国广泛的地区，因此用它们可以代表整个国家。具体来说，位于中国东部的上海、广东、江苏、浙江相对较为富裕，位于中国西部的四川和重庆地区相对贫穷，位于中国中部的安徽、湖北、河南处于收入水平分布的中间位置。据我们所知，对城市移民工人的RUMIC调查是中国移民工人的唯一随机样本。这项调查记录了详细的个人信息，例如每月收入、工作时数、人口特征和其他工作相关信息。本章中使用的每个变量的详细定义见本章附录2。

样本仅限于城市地区18～60岁的员工。此外，在外资企业和个体经济中工作的人员不包括在样本中。筛选后的样本由5 012个城镇户口持有者和3 795个农村户口持有者组成。样本总数为8 807。数据关键变量的描述性统计汇总结果如表3-1所示。

---

① 这项调查由澳大利亚国立大学、昆士兰大学和北京师范大学的一些研究人员发起，并得到了提供科学使用文件的劳动研究所（IZA）的支持。RUMIC调查的财政支持来自澳大利亚研究委员会、澳大利亚国际开发署（AusAID）、福特基金会、IZA和中国社会科学基金会。

表3-1　　　　　主要变量的描述性统计

	国有部门		私营部门	
	城镇户口	农村户口	城镇户口	农村户口
年龄	40.18 (40; 9.75)	32.08 (30; 10.79)	38.01 (38; 10.16)	30.73 (29; 10.24)
受教育年限	12.53 (12; 3.28)	9.65 (9; 2.57)	11.88 (12; 3.23)	9.36 (9; 2.48)
工作年限	21.67 (22; 11.41)	16.25 (13; 11.64)	20.12 (20; 11.79)	15.12 (13; 11.13)
月收入	2 294.63 (1 985; 1 969.25)	1 529.76 (1 400; 748.40)	2 018.49 (1 500; 2 450.10)	1 500.99 (1 300; 957.43)
每小时收入	15.08 (11.25; 23.36)	7.40 (6.25; 4.28)	12.76 (8.75; 22.54)	6.72 (5.60; 4.47)
男性	0.58 (1; 0.49)	0.65 (1; 0.48)	0.55 (1; 0.50)	0.61 (1; 0.49)
从父母处获得收入	683.23 (0; 3 641.76)	361.57 (0; 2 150.14)	668.40 (0; 2 617.13)	214.02 (0; 1 158.24)
政府推荐	0.45 (0; 0.50)	0.03 (0; 0.163)	0.16 (0; 0.362)	0.003 (0; 0.056)
企业规模	1 261.06 (164; 14 867.35)	61.62 (7; 454.73)	254.48 (50; 1 017.34)	15.03 (5; 132.07)
社会资本	35.58 (25; 46.51)	28.72 (18; 46.86)	33.19 (20; 44.03)	31.93 (20; 44.89)
样本量	3 198	658	1 814	3 137

注：本表中的主要数据为各变量的样本均值，括号中数据分别为中位数和标准差。变量的具体含义详见附录2。

从表 3－1 中可以看出，在 5 012 个城镇户口持有者中，其中一半以上（3 198 人）在国有部门工作，而只有一小部分农村户口持有人在国有部门这个高工资部门工作。另外，在国有部门中工作的城镇户口持有者和农村户口持有者平均月收入分别为 2 294.63 元和1 529.76 元，收入相差 50％。私营部门中城镇户口持有者和农村户口持有者平均月收入相差 30％。同样，国有部门中城市职工和农村职工中位数工资差距也大于私营部门。

表 3－1 显示，平均而言，城镇户口持有者比农村户口持有者年龄大，这表明城市中大多数农村移民是 30 岁左右的年轻人。此外，60％以上的农村户口持有者是男性，而城镇户口持有者的性别比例更为均衡。在人力资本变量方面，城镇户口持有者受教育程度高于农村户口持有者，国有部门职工平均上学年限略高于私营部门职工。数据集还包含一个社会资本变量，以在过去的中国春节中发送的祝福短信数量来衡量①。从表 3－1 可以看出，在国有部门工作的城镇户口持有者社会资本最多，在每一个部门中城镇户口持有者的人均社会资本都比农村户口持有者更多。最后，就工作相关特点而言，城镇户口职工往往比农村户口职工选择规模更大的企业工作。

用于识别部门选择方程的排除变量是一个虚拟变量，含义是个人是否由政府推荐到某一工作。表 3－1 显示，国有部门的城镇户口持有者中有近一半是政府推荐工作的，而这一比例在私营部门中要小得多。此外，在每个部门中，城镇户口持有者在过去一年中从父母那里获得的收入都比农村户口持有者多，这可以部分地验证有必要在户籍决定方程中使用这个识别变量。

正如 Giulietti 等人（2012）所指出的，在 RUMIC 数据库中，小时工资率更容易出现测量误差（通过结合每月工资和每周工作时数计算）。所以每月工资被选为主要的因变量。在稳健性检验中，

---

① Zhang 和 Zhao（2011）对中国的社会资本变量采取了同样的度量方法。

工资方程是使用小时工资估算的，结果将在下一节中给出。

3.4.1　没有选择性校正的结果

首先在每个所有制部门分别估计城镇户口持有者和农村户口持有者的四个工资方程，先不考虑自选择问题。估计结果报告在表3-2中。所有工资方程中的因变量是以中国2007年名义货币（元）衡量的月收入的自然对数。自变量包括潜在的劳动力市场经验及其平方、受教育年限、社会资本、公司任职年限、健康状况、体重、身高、学习成绩、性别、婚姻状况、表示职业培训的虚拟变量、企业规模，以及一系列虚拟变量，包括职业、行业和省份虚拟变量，来控制不同地区的生活成本差异。

表3-2　　不考虑自选择的工资回归方程

	国有部门		私营部门	
	城镇户口	农村户口	城镇户口	农村户口
受教育年限	0.025*** (0.005)	0.022*** (0.008)	0.028*** (0.007)	0.036*** (0.004)
工作年限	−0.003 (0.005)	0.018*** (0.006)	0.009 (0.006)	0.021*** (0.003)
经验平方	−0.000 1 (0.000 1)	−0.000 5*** (0.000 1)	−0.000 5*** (0.000 1)	−0.000 5*** (0.000 1)
男性	0.247*** (0.038)	0.091* (0.047)	0.343*** (0.052)	0.092*** (0.023)
社会资本	0.001 6*** (0.000 3)	0.000 2 (0.000 3)	0.001*** (0.000 4)	−0.000 1 (0.000 2)
公司任职年限	0.013*** (0.001)	0.015*** (0.004)	0.009*** (0.002)	0.019*** (0.002)

续前表

	国有部门		私营部门	
	城镇户口	农村户口	城镇户口	农村户口
常量	8.425*** (0.532)	5.582*** (0.581)	6.748** (0.716)	5.704*** (0.271)
样本量	2 679	639	1 455	3 040
修正 R^2	0.215 5	0.253 6	0.224 1	0.172 5

注：*** 表示在 1%水平上显著，** 表示在 5%水平上显著，* 表示在 10%水平上显著。括号中是标准误差。回归的因变量为 2007 年月工资的对数，所有回归都控制了孩子数量、健康状况、身高、体重、学习成绩、性别、婚姻状况、是否接受职业培训、企业规模以及行业、职业、省份虚拟变量。

表 3－2 列出了主要人力资本变量的系数。如表所示，接受教育的回报比例约为 3%，这在所有回归中都非常相似。在这里，接受教育的回报大小与近些年的研究一致（Song，2012；Demurger，et al.，2012）。另外，其他人力资本变量的系数对农村户口持有者来说都是统计上显著的，并且在两个部门中大部分都大于城镇户口持有者的系数，而社会资本的系数则相反，这可能表明农村户口持有者的工资结构更为市场化，而社会网络在城镇户口劳动者工资确定方面发挥更大的作用。将国有部门与私营部门进行比较，我们可以看出，这两个部门的农村户口持有者的工资结构相当。对于城镇户口持有者，私营部门的主要人力资本变量回报率高于国有部门，包括受教育年限和工作年限，但值得注意的是，国有部门的社会资本和公司任职年限的回报率高于私营部门。

分析表 3－2 的另一个发现是，对于城镇户口持有者，具有相同观察特征的男性收入比女性多出 30%，这表明存在性别歧视。对农村户口持有者而言，性别工资差距约为 10%。我们可以得出结论，城镇户口居民中的性别歧视比农村户口更严重。

表 3－3 报告了以对数差异的形式将总体工资差异分解为可解

释部分和不可解释部分的结果。国有部门中城镇户口持有者和农村户口持有者的原始对数工资差距高于私营部门。请注意，私营部门中城镇户口持有者和农村户口持有者的全部工资差距是人们的生产率相关特征所导致的，这意味着私营部门没有歧视。相比之下，在国有部门存在着一定比例的不能由可观察的特征解释的工资差异，尽管并不是很大。

表3-3　　不考虑自选择问题时的工资分解结果

		城镇户口工资结构	农村户口工资结构	混合样本工资结构	人口加权工资结构
国有部门	总差异	0.294 (0.022)	0.294 (0.022)	0.294 (0.022)	0.294 (0.022)
	可解释部分	0.287 (0.063)	0.289 (0.101)	0.292 (0.021)	0.287 (0.055)
	不可解释部分	0.008 (0.065)	0.005 (0.103)	0.003 (0.013)	0.007 (0.058)
私营部门	总差异	0.162 (0.020)	0.162 (0.020)	0.162 (0.020)	0.162 (0.020)
	可解释部分	0.289 (0.031)	0.226 (0.090)	0.170 (0.016)	0.250 (0.058)
	不可解释部分	−0.126 (0.035)	−0.064 (0.092)	−0.008 (0.009)	−0.087 (0.060)

注：表中的主要结果为对数月工资差异的分解值，括号中为标准误差。

3.4.2　具有双重选择性校正的结果

表3-4报告了具有双重选择性校正的分解结果[①]。如表3-4

① 由于篇幅的限制，二元概率回归和增加工资回归的中间结果没有在文中报告。这些中间结果如有需要可请作者提供。

所示，不论非歧视性工资结构采用哪种加权方式，国有部门的工资歧视都明显比私营部门更严重。例如，如果把城镇户口持有者的工资结构作为非歧视性的工资结构，国有部门中不可解释的对数工资差距为 0.384，私营部门中只有 0.049。如果我们将对数差异转化为百分点，结果表明，对于观察性相当的工人，城镇户口持有者在国有部门中的收入比农村户口持有者多出 50%，而私营部门则只有 5%。

表 3-4　　双重选择校正后的工资分解结果

		城镇户口工资结构	农村户口工资结构	混合样本工资结构	人口加权工资结构
国有部门	总差异（修正的）	1.096 (0.393)	1.096 (0.393)	1.096 (0.393)	1.096 (0.393)
	可解释部分	0.712 (0.311)	−0.071 (0.205)	0.877 (0.316)	0.579 (0.260)
	不可解释部分	0.384 (0.200)	1.167 (0.449)	0.218 (0.082)	0.517 (0.219)
私营部门	总差异（修正的）	0.322 (0.112)	0.322 (0.112)	0.322 (0.112)	0.322 (0.112)
	可解释部分	0.273 (0.118)	−0.038 (0.252)	0.263 (0.057)	0.077 (0.165)
	不可解释部分	0.049 (0.222)	0.361 (0.301)	0.060 (0.059)	0.246 (0.239)

注：表中的主要结果为经过选择性修正后对数月工资差异的分解值，括号中为标准误差。

与表 3-3 的结果相比，选择性调整加剧了工资歧视，特别是在国有部门。这是因为农村户口持有者被正向选择进入国有部门。换句话说，在国企工作的农村户口持有者人力资本比平均的农村户口人群更高。

3.4.3　工资歧视的稳健性检验

除了通过使用不同的非歧视性工资结构进行稳健性检验外，本节将使用小时工资率作为因变量来进行另一种稳健性检验，结果如表3-5所示。与预期一致，我们仍然观察到国有部门在工资方面比私营部门的歧视程度更严重。国有部门中城镇户口持有者和农村户口持有者不可解释的工资差距大于私营部门。在少数情况下，这两个部门之间城镇户口持有者和农村户口持有者不可解释的工资差距是相近的，但并没有发现私营部门的歧视程度明显高于国有部门的情况。总的来说，如果我们以小时工资率代替月收入来做检验的话，国有部门和私营部门之间的工资歧视程度差异较小。

表3-5　　双重选择校正后小时工资分解结果

		城镇户口工资结构	农村户口工资结构	混合样本工资结构	人口加权工资结构
国有部门	总差异（修正的）	1.013 (0.483)	1.013 (0.483)	1.013 (0.483)	1.013 (0.483)
	可解释部分	0.469 (0.382)	−0.075 (0.226)	0.800 (0.388)	0.376 (0.319)
	不可解释部分	0.545 (0.245)	1.088 (0.538)	0.213 (0.100)	0.637 (0.267)
私营部门	总差异（修正的）	0.809 (0.128)	0.809 (0.128)	0.809 (0.128)	0.809 (0.128)
	可解释部分	0.201 (0.135)	−0.258 (0.288)	0.580 (0.065)	−0.088 (0.188)
	不可解释部分	0.608 (0.253)	1.067 (0.344)	0.229 (0.067)	0.897 (0.274)

注：表中的主要结果为经过选择性修正后对数小时工资差异的分解值，括号中为标准误差。

3.4.4 基于分位数回归的进一步分析

表3－6报告了基于分位数回归和分解技术的结果。这些分析是针对男性和女性分别进行的①。首先处理男性劳动者数据。估计显示，以户口为主的歧视主要存在于中等收入阶层，特别是工资分布中的50％分位数和75％分位数。此外，在中等收入附近对劳动者的歧视在国有部门中也比在私营部门中更严重，这与我们的主要结果一致。分析表3－6的另一个有趣发现是，对于收入非常高的群体（90％分位数），私营部门对农村户口的歧视比国有部门更严重，这需要进一步的研究和探索。

表3－6　　　　不同分位数下的工资分解

	10％分位	25％分位	50％分位	75％分位	90％分位
男性劳动者					
国有部门					
总差异	0.104	0.202	0.327	0.473	0.578
可解释部分	0.172	0.206	0.238	0.389	0.569
不可解释部分	－0.068	－0.004	0.088	0.084	0.009
私营部门					
总差异	－0.058	0.085	0.237	0.385	0.516
可解释部分	0.119	0.176	0.229	0.309	0.400
不可解释部分	－0.178	－0.090	0.007	0.076	0.115

① 为了简单起见，我们报告分位数回归和分解的结果时没有处理选择问题。此外，我们使用城镇户口持有者的工资结构进行工资分解，使用其他权重进行工资分解的结果可联系作者获得。

续前表

	10%分位	25%分位	50%分位	75%分位	90%分位
女性劳动者					
国有部门					
总差异	−0.037	0.150	0.331	0.467	0.589
可解释部分	0.068	0.116	0.193	0.270	0.292
不可解释部分	−0.105	0.034	0.139	0.196	0.297
私营部门					
总差异	−0.102	0.023	0.109	0.235	0.353
可解释部分	0.158	0.239	0.314	0.383	0.488
不可解释部分	−0.261	−0.216	−0.205	−0.148	−0.135

注：表中的主要结果为以城镇户口持有者的工资结构为准在各分位数上对数月工资差异的分解值。

表3-6的下半部分显示了女性劳动者的结果。由于私营部门对于所有分位数的不可解释的工资差异都是负的，所以在私营部门中没有对农村户口的歧视。对于在国有部门工作的女性来说，随着工资收入的增加，歧视变得越来越严重。结合男性和女性的结果，我们可以得出结论，以户口为基础的工资歧视主要是针对中高收入劳动者，特别是在国有部门。而且，就歧视的程度而言，国有部门中女性劳动者遭受的歧视比男性劳动者更多。

3.5　讨论和结语

概括来说，研究表明，农村户籍的移民在中国城市高薪国企中面临工资歧视。国有部门相比私营部门会更多地歧视农村户籍劳动者，其中部分原因是受到政府的保护，不受市场竞争压力的影响。

此外，分位数回归和分解的结果告诉我们，基于户口的工资歧视主要是针对中高收入劳动者，特别是在国有部门。而且，就歧视的程度而言，国有部门中女性劳动者遭受的歧视比男性劳动者更多。

回到本章最开始提出的问题：为什么一些农村户口工人选择在农村从事低工资的工作，而不是在城市从事工资更高的工作？这个问题的另一面是为什么一些农村户口持有者选择在城市工作，尽管受到歧视。毫无疑问，原因不仅仅是工资歧视，但工资歧视确实是一个重要的解释。

不同的力量给予市场相反的作用力，使得内部均衡能够实现。在这个稳定的均衡中，有些人选择留在农村，而其他人选择迁移。中国城市的平均工资水平较高，这鼓励一些农村户籍人口迁移到城市。但是，并不是所有的农村户籍人口都能迁移到城市，因为户籍制度在中国劳动力市场上有两种作用，这限制了农村到城市的迁移。一方面，中国城市高薪国企对农村户口持有者有工资歧视，这降低了与迁移到城市相关的预期收益。另一方面，农村户口持有者在城市居住时必须承担较高的生活成本，但却无法和城镇户口居民一样享受各种政府项目和公共服务（Song，2014；Chen and Yang，2010）。这两方面共同作用使得一些农村户口持有者选择留在农村，接受较低的工资。

在一篇工作论文中，Fields 和 Song（2013）建立了一个理论模型，包含了上面提到的户籍制度的两种作用，并在理论上证明了内部均衡。本章从劳动力市场歧视的角度，为这一解释提供了坚实的经验证据。

由于中国政府仍然对国有部门的薪酬有一定影响，本章的一个重要政策意义在于减少国有部门对农村户口持有者特别是对中高收入女性劳动者的工资歧视。减少劳动力市场中高薪国有部门对农村户口持有者的歧视，将促进中国城市化进程的发展，从而推动中国经济的长期增长。

附录 1　Tunali 的双重选择模型

按照方程（3-1）～（3-8）的符号，令 S 为虚拟变量，当 $S_i^* \geqslant 0$ 时，$S=1$，否则 $S=0$。类似地，令 U 为虚拟变量，当 $U_i^* \geqslant 0$ 时，$U=1$，否则 $U=0$。S 和 U 分别表示个人是否在国有部门工作和是否有城镇户口。在估计两个选择方程的双变量概率模型后，我们可以得到以下选择性修正项。

令 $C_1 = \boldsymbol{X}'_{1i}\boldsymbol{\delta}_{1i}$，$C_2 = \boldsymbol{X}'_{2i}\boldsymbol{\delta}_{2i}$，$M_1 = \frac{C_1-\rho C_2}{\sqrt{1-\rho^2}}$，且 $M_2 = \frac{C_2-\rho C_1}{\sqrt{1-\rho^2}}$。$\Phi_2$ 是双变量标准正态分布函数。φ 是单变量标准正态密度函数，Φ 是累积标准正态分布。由双变量估计产生的选择性校正项是：

$$\hat{\lambda}_S^U = \frac{\varphi(C_1)\Phi(M_2)}{\Phi_2(C_1,C_2;\rho)};\ \hat{\lambda}_U^S = \frac{\varphi(C_2)\Phi(M_1)}{\Phi_2(C_1,C_2;\rho)}$$

$$\hat{\lambda}_S^R = \frac{\varphi(C_1)\Phi(-M_2)}{\Phi_2(C_1,-C_2;-\rho)};\ \hat{\lambda}_R^S = -\frac{\varphi(C_2)\Phi(M_1)}{\Phi_2(C_1,-C_2;-\rho)}$$

$$\hat{\lambda}_P^U = -\frac{\varphi(C_1)\Phi(-M_2)}{\Phi_2(-C_1,C_2;-\rho)};\ \hat{\lambda}_U^P = -\frac{\varphi(C_2)\Phi(-M_1)}{\Phi_2(-C_1,C_2;-\rho)}$$

$$\hat{\lambda}_P^R = -\frac{\varphi(C_1)\Phi(-M_2)}{\Phi_2(-C_1,-C_2;\rho)};\ \hat{\lambda}_R^P = -\frac{\varphi(C_2)\Phi(-M_1)}{\Phi_2(-C_1,-C_2;\rho)}$$

在第二步，我们估计如下所述的两个所有权部门的城镇户口持有者和农村户口持有者的四个增加工资方程。

$$\ln W_S^U = \boldsymbol{X}_S^U\boldsymbol{\gamma}_S^U + \alpha_{11}\hat{\lambda}_S^U + \alpha_{12}\hat{\lambda}_U^S + w_S^U \quad (\text{A3-1})$$

$$\ln W_S^R = \boldsymbol{X}_S^R\boldsymbol{\gamma}_S^R + \alpha_{21}\hat{\lambda}_S^R + \alpha_{22}\hat{\lambda}_R^S + w_S^R \quad (\text{A3-2})$$

$$\ln W_P^U = \boldsymbol{X}_P^U\boldsymbol{\gamma}_P^U + \alpha_{31}\hat{\lambda}_P^U + \alpha_{32}\hat{\lambda}_U^P + w_P^U \quad (\text{A3-3})$$

$$\ln W_P^R = \boldsymbol{X}_P^R\boldsymbol{\gamma}_P^R + \alpha_{41}\hat{\lambda}_P^R + \alpha_{42}\hat{\lambda}_R^P + w_P^R \quad (\text{A3-4})$$

Chan，K. W.，Buckingham，W.，2008. Is China abolishing the hukou system？. China Quarterly，195：582－606.

Chau，N.，Kanbur，R.，Qin，Y.，2012. Do public work schemes deter or encourage outmigration? Empirical evidence from China. CEPR Discussion Paper 8778.

Chen，Y.，Hoy，C.，2011. Explaining migrants' economic vulnerability in urban China. Asian Population Studies，7（2）：123－136.

Chen，G.，Yang，J.，2010. Access to compulsory education by rural migrants' children in urban China：a case study from nine cities. Educational Research，1（10）：512－519.

Chen，Y.，Démurger，S.，Fournier，M.，2005. Earnings differentials and ownership structure in Chinese enterprises. Economic Development and Cultural Change，53（4）：933－958.

Cotton，J.，1988. On the decomposition of wage differentials. Review of Economics and Statistics，70（2）：236－243.

Demurger，S.，Li，S.，Yang，J.，2012. Earnings differentials between the public and private sectors in China：exploring changes for urban local residents in the 2000s. China Economic Review，23：138－153.

Deng，Q.，2007. Earnings differential between urban residents and rural migrants：evidence from Oaxaca-Blinder and quantile regression decompositions. Chinese Journal of Population Science，2：8－16(in Chinese).

Dong，X.，Xu，L.，2009. Labor restructuring in China：toward a functioning labor market. Journal of Comparative Economics，37（2）：287－305.

Doornik，J. A.，Hansen，H.，2008. An omnibus test for univariate and multivariate normality. Oxford Bulletin of Economics and Statistics，70：927－939.

Dulleck, U., Fooken, J., He, Y., 2012. Institutional and individual labor market discrimination based on hukou status: an artefactual field experiment. Unpublished Results.

Fields, G. S., Song, Y., 2013. A theoretical model of the Chinese labor market. IZA Discussion Paper Series, No. 7278.

Gagnon, J., Xenogiani, T., Xing, C., 2011. Are all migrants really worse off in urban labour markets: new empirical evidence from China. IZA Discussion Paper, No. 6268.

Giulietti, C., Ning, G., Zimmermann, K. F., 2012. Self-employment of rural-to-urban migrants in China. International Journal of Manpower, 33 (1): 96－117.

Gravemeyer, S., Gries, T., Xue, J., 2011. Income determination and income discrimination in Shenzhen. Urban Studies, 48 (7): 1457－1475.

Heckman, J. J., 1979. Sample selection bias as a specification error. Econometrica, 47 (1): 153－161.

Knight, J., Deng, Q., Li, S., 2011. The puzzle of migrant labor shortage and rural labor surplus in China. China Economic Review, 22 (4): 585－600.

Koenker, R., Basset, G., 1978. Regression quantiles. Econometrica, 46: 33－50.

Lee, L., 2012. Decomposing wage differentials between migrant workers and urban workers in urban China′s labor markets. China Economic Review, 23 (2): 461－470.

Liu, P., Meng, X., Zhang, J., 2000. Sectoral gender wage differentials and discrimination in the transitional Chinese economy. Journal of Population Economics, 13: 331－352.

Melly, B., 2005. Public-private sector wage differentials in Germany: evidence from quantile regression. Empirical Economics,

30 (2)：505 - 520.

Meng, X., 2012. Labor market outcomes and reforms in China. The Journal of Economic Perspectives, 26 (4)：75 - 101.

Mincer, J., 1974. Schooling, experience, and earnings. New York：National Bureau of Economic Research.

Mueller, R., 1998. Public-private sector wage differentials in Canada：evidence from quantile regressions. Economics Letters, 60：229 - 235.

Oaxaca, R., Ransom, R., 1994. On discrimination and the decomposition of wage differentials. Journal of Econometrics, 61：5 - 21.

Oaxaca, R., 2007. The challenge of measuring labor market discrimination against women. Swedish Economic Policy Review, 14：199 - 231.

Powers, D. A., Yoshioka, H., Yun, M. S., 2011. Mvdcmp：multivariate decomposition for nonlinear response models. The Stata Journal, 11 (4)：556 - 576.

Rabe, B., 2011. Dual-earner migration：earnings gains, employment and self-selection. Journal of Population Economics, 24 (2)：477 - 497.

Reimers, C. W., 1983. Labor market discrimination against Hispanic and Black men. Review of Economics and Statistics, 65：570 - 579.

Song, Y., 2014. What should economists know about the current Chinese hukou system?. China Economic Review, 29：200 - 212.

Song, Y., 2012. Poverty reduction in China：the contribution of popularizing primary education. China & World Economy, 20 (1)：105 - 122.

Song, J., Li, S., 2010. Ownership and earnings inequality in

urban China. Frontiers of Economics in China，5（4）：582－603.

Tunali，I.，1986. A general structure for models of double-selection and an application to a joint migration/earnings process with remigration. Research in Labor Economics，8：235－282.

Wang，M.，2005. Urban labor market discrimination against migrants. Social Sciences in China，5：36－46 (in Chinese).

Zhang，J.，Zhao，Z.，2011. Social-family network and self-employment：evidence from temporary rural-urban migrants in China. IZA Discussion Paper，No. 5446.

第4章 户籍制度带来的机会不均等*

4.1 引言

中国的收入差距在过去十年一直居高不下。根据国家统计局公布的数字，2003 年以来中国的基尼系数一直在 0.47 以上，最高达到了 2008 年的 0.491。2014 年基尼系数尽管首次跌破 0.47，降为 0.469，但仍然远超过国际警戒线 0.4 的水平，中国收入差距持续过大的问题已成为学界关注的焦点（尹恒，等，2006；胡联合，胡鞍钢，2007；李实，等，2013；陈斌开，林毅夫，2013）。然而，中国的收入差距究竟是由人们面临的机会不均等导致的，还是由机会均等下市场竞争导致的？对于这个问题，已有文献尚没有给出明确的答案。

自 20 世纪 80 年代以来，很多学者提出，对于

* 本章的内容原发表于 2017 年第 1 期《财贸经济》，收入本书时有改动。

一个国家来说收入不平等未必是坏事。如果收入差距是由个人后天的努力程度不同造成的，则这样的收入差距是可以接受的，而且会激励那些低收入者努力工作。社会真正不能接受的是由个人后天无法控制的因素所造成的收入差距（Dworkin，1981；Sen，1985；Arneson，1989）。Roemer（1998）把上述观点融入到了经济学的模型中，将决定个人收入的因素归结为两大类：一是环境因素（circumstances），如家庭背景、性别、出生地等等。这类因素是人的后天努力无法控制的，或者说超出了人们主观控制的范围。二是个人的努力（efforts），是指受人们后天行为和选择的影响，属于某种程度上个人可以控制的因素。Roemer 把第一类环境因素导致的不平等称为“机会不均等”（inequality of opportunities），并认为机会不均等才是一个社会应该真正关注并解决的问题。世界银行在 2006 年的发展报告《公平与发展》中正式提出了机会均等的概念，即决定一个人成功与否的因素在于自身的努力程度和付出，而不应该是“外在环境因素”，如性别、人种、家庭背景、出生地等。庄臣忠和拉维·坎布尔（2013）、Zhuang（2010）都认为，机会均等是包容性增长理念的核心内容。

随着机会不均等概念的提出和发展，在过去十年间很多文章分别研究了美国、欧洲、拉丁美洲和阿拉伯国家的机会不均等问题，并提出了较为标准化地测量一个国家机会不均等程度的方法（例如，Ferreira，Gignoux，2011；Marrero，Rodríguez，2012；Bourguignon，et al.，2013）。这些研究表明，发达国家机会不均等程度普遍较低，一般占总收入差距的 20%以下，而发展中国家如拉丁美洲国家的机会不均等程度很大，能够解释总收入差距的 30%以上。然而，专门研究中国机会不均等程度的文献还非常有限。

我们按照国际上通用的定义，把机会不均等定义为由人们主观无法控制的因素引起的不平等。举一个简单的例子，家庭背景通常来说是个人无法控制的因素，比如父母学历、社会关系等。因此，如果人与人之间的收入差距完全是由家庭背景不同引起的，而不是

由相同家庭背景下个人努力程度不同引起的，就说明机会不均等程度非常高。

研究机会不均等问题至少有以下两点重要意义。

第一，研究机会不均等问题有助于我们找到收入差距背后的成因，进而制定有针对性的政策以降低不平等程度。白重恩（2006）指出，收入不平等究竟是由机会不均等导致的，还是由机会均等下市场竞争导致的，这一问题的答案对于理解中国收入差距成因及对策至关重要。夏晓华（2013）引用中国南宋时期的例子，也证明了机会均等的重要性。中国南宋时期的贫富差距相当严重，但是贫富差距本身并没有带来社会的不稳定，这主要归因于南宋的取士制度，南宋的科举登第者多数为平民。也就是说，对于每一个底层国民而言，社会都提供了在可预期的将来实现命运转变的机会。在我国基尼系数已持续十余年超过国际警戒线 0.4 的背景下，认清收入差距的本质和成因至关重要。

第二，研究机会不均等问题有助于我们建立社会的良性流动机制，促进经济的持续增长。著名发展经济学家 Ravallion 和 Lokshin（2000）提出过“隧道效应”（tunnel effect），指出如果每个穷人都能看到变富有的希望，这个社会就构造了一种社会阶梯（social ladder），使得每个人都充满希望进而努力工作，就比如那些在隧道中等火车的人，也许没赶上这班车，但是相信自己能赶上下一班列车。他们提出，只要构建了这种社会阶梯，一定程度的收入差距则无须社会担忧。可见，机会不均等不仅影响到社会公平，还对人们的工作积极性有重要影响，进而影响经济增长。最近的研究表明，只有由机会不均等产生的收入差距才会制约经济增长，而由人们后天努力差异产生的收入差距反而会刺激经济增长（Marrero and Rodríguez，2013）。因此，准确测量出中国收入差距中有多大比例是由机会不均等导致的，显得尤为重要。

本章将运用中国综合社会调查（China general social survey，CGSS）的数据，测量中国的机会不均等程度，并计算出由机会不

均等所造成的收入不平等占总收入差距的比例，进而探究造成中国收入差距过大的本质原因和解决思路。在已有文献的基础上，本章有如下四点主要贡献：

第一，本章增加了机会集合中包含的环境因素内容，特别是分析户籍差异造成的机会不均等。已有研究在测算机会不均等时，只用了少数几个环境因素，如父母受教育程度、性别。如果机会集合中含有的元素过少，则会低估机会不均等的程度（Ferreira and Gignoux，2011）。家庭背景是个人无法决定的因素，同时对收入又有重要的影响。鉴于 CGSS 数据提供了丰富的家庭背景数据，本章在环境因素中除了包括传统的性别变量，还包括其他众多反映家庭背景的变量，具体包括 14 岁时的家庭经济地位、父母各自的受教育程度、父母各自的工作性质以及职务。这些变量由于都是在个人 14 岁时的指标，所以不太会受个人努力程度的影响。

此外，本章的另一创新点是把出生时的户籍类型也作为家庭背景的一部分，加入到机会集合中。众所周知，每个人出生时的户籍类型和所在地主要是由父母的户籍类型决定的（Fields and Song，2013），而且户籍对个人的收入有重要影响。把户籍类型加入到机会集合在以前的研究中也是没有的。

第二，本章将运用新的测算机会不均等的方法，即采用泰尔指数的指标（Theil index）测量机会不均等的绝对和相对程度，这是在研究方法上的一大创新。已有的研究多用基尼系数来测算收入差距和机会不均等程度（Zhang and Erisson，2010）。但是，基尼系数并不具有可加可分解性（additively decomposable），因此采用基尼系数不能准确测算出总体收入差距中有多大比例是由机会不均等导致的（Shorrocks，1980）。本章将采用 Ferreira 和 Gignoux（2011）提出的方法，即通过分解泰尔指数（也就是平均对数偏差）来测算机会不均等导致的收入差距占总收入差距的比例。泰尔指数由于是可加可分解的测量指标（Shorrocks，1984），因而能更准确地测量出机会不均等的相对程度。

第三，本研究不仅要分析中国总体的机会不均等程度，还要对每个年龄组分别进行讨论，特别是测算在年轻人中，有多大比例的收入差距是由机会不均等造成的。年轻人作为未来中国发展的中坚力量，他们面临的机会不均等问题社会需要更加重视。试想，如果年轻人之间的收入差距主要是由个人无法控制的因素导致的，即机会不均等程度很大，那将使得年轻人看不到未来发展的希望，从而影响中国的长远发展和社会进步。

第四，本章还将深入分析机会不均等对收入不平等的影响路径，进而提出有针对性的政策建议。实证分析结果可以告诉我们收入差距在多大程度上是由个人不可控的因素导致的（即机会不均等），然而，这些个人无法控制的因素是怎样引起收入差距的？本章提出以下三种主要途径：劳动力市场歧视；教育代际固化；家庭背景的影响（即社会上通常讲的“拼爹”现象）。(1) 基于性别和户籍性质的劳动力市场歧视使得不同性别、不同户籍的人无法获得相同的劳动力市场回报。(2) 教育代际固化是指来自低收入家庭的学生群体很难接受优质教育，这使得不同家庭背景的人面临的教育机会与教育质量存在差异，这种教育机会的不均等进而导致收入差距（唐连才，2011)。(3) 良好的家庭背景不仅可以使子女接受优质教育，还可以通过社会关系帮助子女获得更好的就业机会和更高的收入。Li 等（2012）通过对刚毕业大学生的第一份工作调查分析得出结论：在剔除个人与家庭因素后，干部家庭的子女比非干部家庭出身的孩子第一份工作的工资平均高出 15%左右，这就体现了由于家庭“关系”的差异造成的收入差距。在测量了中国机会不均等的程度之后，本章将深入讨论机会不均等导致收入差距的几种原因，进而为中国降低机会不均等程度提供更可靠的政策建议。

本章下面的结构安排如下：4.2 节将对国内外研究机会不均等程度的文献进行回顾，并比较不同国家的机会不均等程度。4.3 节将介绍本章测算机会不均等的方法与模型。4.4 节将提供数据描述并得出计量分析的结果。4.5 节将深入探讨中国机会不均等的本质

原因，分别验证以下三个假设：基于户籍和性别的劳动力市场歧视、教育代际固化以及家庭背景的作用。4.6 节是本章的主要结论和政策建议。

4.2　关于机会不均等的文献回顾

自 20 世纪 80 年代以来，很多学者开始关注机会不均等问题，但大多停留在规范分析和定性分析的层面。直到进入 21 世纪，定量测量机会不均等程度的研究才逐渐展开，但是至今仍然处于相对短缺的状态。机会不均等的定量测量开始于代际收入流动性的研究，即子女的收入在多大程度上受父母收入的影响。Van de Gaer 等（2001）提出了测量代际收入流动性的方法，即计算代际收入弹性或者代际收入转换矩阵。代际收入弹性是度量子代收入相对于父代收入变化程度的常用指标，该数值越大说明代际收入相关性越强。由于父母收入是个人无法控制的，因此代际收入弹性越大说明机会不均等程度越高。据姚先国等（2006）估算，中国代际收入弹性已高达 0.7；陈琳（2011）计算了更长时期内中国的代际收入弹性，发现 1988 年至 2005 年间中国的代际收入弹性达到了 0.6 以上。相比之下，美国、德国、瑞典、英国和智利等 OECD（经济合作与发展组织）国家的代际收入弹性仅分别为 0.4、0.43、0.28、0.57 和 0.52（郭豫媚，陈彦斌，2015）。也就是说，从代际收入流动性的角度看，中国与其他国家相比机会不均等的程度明显更深。尽管测算代际收入弹性能在一定程度上反映机会不均等的程度，但是毕竟父母收入只是个人无法控制的若干因素之一，因而此类研究并不能准确地测量出收入差距究竟在多大程度上是由机会不均等导致的。因此，在过去十年间，一些学者分别提出了直接测量机会不均等程度的方法，并运用不同国家的数据进行了定量分析。

按照 Roemer（1998）的定义，总的收入不平等可以分解为由机会不均等导致的收入不平等（inequality of opportunities）和由个人努力差异导致的收入不平等（inequality of efforts）。最近定量研究机会不均等程度的文章基本都是按照这一框架进行的。在研究机会不均等程度的文献中，尽管不同研究对机会集合的定义有所不同，但是归纳一下，多数研究都把父母受教育程度、父母收入、个人出生地和种族等作为个人无法控制的因素，进而考察由这些因素所导致的收入差距占总收入差距的比例，用以测算机会不均等程度（林坚，杨奇明，2014）。

从计量方法看，测量机会不均等程度有参数估计（Bourguignon, et al.，2007；Ferreira and Gignoux，2011）和非参数估计（Checchi and Peragine，2010）两种方法。参数估计是基于回归方程的结果，把机会集合中的元素作为解释变量得到预测收入，这些预测收入（predicted income）的不平等程度即反映了由个人无法控制的因素所造成的机会不平等。非参数估计一般适用于机会集合中元素较少的情况。例如，假设所考察的个人无法控制的因素只有性别，那么男女平均工资差异即为由机会不均等导致的收入差距，而同性别个体之间的收入差距则被认为是由个人努力引起的。最近的研究大多采用参数估计的方法，考察多种个人不可控因素造成的机会不均等，这也是本研究将采用的方法。

测量机会不均等的研究在最近几年受到了学界的广泛关注，很多文章分别研究了欧洲、拉丁美洲和阿拉伯国家的机会不均等问题。也许由于拉丁美洲国家的收入不平等程度最高，所以 Bourguignon 等（2007）率先测算了巴西的机会不均等程度。通过把父母受教育程度、父亲职业、出生地和种族放入机会集合，该文得出如下结论：由以上这些个人无法控制的因素所造成的机会不均等导致的收入差距占总收入差距的 23％。也就是说，有 23％的收入不平等是由机会不均等导致的。此后，Ferreira 和 Gignoux（2011）使用类似的机会集合计算了拉丁美洲其他国家的机会不均等程度，

机会不均等大概解释总收入差距的 30%，其中哥伦比亚最低，占 23%，危地马拉最高，占到 34%。在最近的研究中，Hassine（2012）测算了埃及从 1988 年到 2006 年机会不均等造成的收入不平等占总收入不平等的比例，发现埃及的机会不均等程度有所降低，从 1988 年的 22%降低到 2006 年的 15%。

机会不均等的研究并非局限于发展中国家和地区，Lefranc 等（2008）分析了九个 OECD 国家的机会不均等程度，大都在 10%左右。此外，他们发现总收入不平等程度高的国家机会不均等程度未必高，反之，有些机会不均等程度高的国家总收入不平等程度可能较低。例如，比利时的收入不平等程度相对较低，可是机会不平等程度却较高。Marrero 和 Rodríguez（2012）运用欧盟的数据测算了欧洲 23 个国家的机会不均等程度。该研究采用参数估计的测算方法，发现欧洲国家的机会不均等程度相对较低，在 3%～15%。机会不均等程度最低是芬兰，只有 3%；最高的是爱尔兰，达到 15%。

在现有的研究中，只有两篇文献专门分析了中国的机会不均等程度。Zhang 和 Erisson（2010）运用 CHNS 的数据分析了从 1989 年到 2006 年的机会不均等程度。该文献运用基尼系数测算了中国的机会不均等程度，认为在 2006 年中国机会不均等导致的收入差距占到总收入差距的近 60%，比其他国家都要高。该文献所界定的个人无法控制的环境因素（即机会集合）包括父母收入、父母受教育程度，还有性别。另外，陈东和黄旭峰（2015）同样采用 CHNS 的数据，分析了从 1989 年到 2009 年的机会不均等程度。两篇文献结论类似。

虽然以上两篇文献都测算了中国的机会不均等程度，并认为其高于其他国家，但是由于他们皆运用基尼系数来测算收入差距，而基尼系数并不具有可加可分解性，因此采用基尼系数不能准确测算出总体收入差距中有多大比例是由机会不均等导致的（Shorrocks, 1980）。与现有研究不同，本章将采用 Ferreira 和 Gignoux（2011）

提出的方法，即通过泰尔指数来测算机会不均等导致的收入差距占总收入差距的比例。由于泰尔指数是可加可分解的测量指标（Shorrocks，1984），因而能更准确地测量出机会不均等的相对程度。此外，本章增大了环境因素的范围，能够更加全面准确地测量机会不均等程度。最后，之前研究中国机会不均等程度的文献都采用了 2006 年以前的 CHNS 数据。CHNS 的收入数据由于有很多遗漏值，在测量误差方面一直受到质疑。Gong（2008）指出，运用 CHNS 数据测算出的教育回报率要远小于使用中国其他数据测算出来的值。相比之下，CGSS 的数据在近几年广泛运用在中国问题的研究上，收入数据也更可靠。

本章将运用 CGSS 2012 年的数据，采用参数估计的方法测算机会不均等造成的收入差距占总收入差距的比例，并对不同年龄组进行细化分析，重点考察年轻人面临的机会不均等程度。此外，在测量中国的机会不均等程度之后，本章将深入讨论机会不均等导致收入差距的几种路径，进而为中国降低机会不均等程度，构建更加公平、平等的收入分配格局提供更可靠的政策建议。

4.3 实证方法介绍

为了使本章的研究成果能够与其他国家机会不均等程度相比较，我们将沿用国际通用的参数估计方法来测量机会不均等（Bourguignon，et al.，2007；Ferreira，Gignoux，2011；Marrero，Rodríguez，2012）。具体来说，按照 Roemer（1998）的定义，个人的收入由两类因素决定，分别是个人无法控制的环境因素（circumstances）和个人可以控制的努力程度（efforts）。因此我们有如下的公式：

$$w=f[C,E(C,v),u] \tag{4-1}$$

式中，w 代表个人的收入。C 代表个人不可控的环境因素，即机会集合的内容。E 代表个人努力程度，即个人可以控制的因素。u 和 v 代表其他一些影响收入的随机变量，如运气等[①]。根据定义，C 是个人无法控制的因素，因此是该模型中的外生变量。

这里需要特别强调的是，环境因素也可能影响个人努力程度。一个典型的例子就是受教育程度。已有研究机会不均等程度的文献一般把个人的受教育程度归结为 E，即个人可以控制的因素。但是在当前的中国，个人受教育程度在很大程度上受环境因素影响。富裕家庭、富裕地区的孩子拥有更多受教育选择权和接受优质教育的机会（Song，2012）。因此，我们认为受教育程度不仅受个人努力因素影响，还受环境因素影响，即式（4－1）中所表达的 E 是 C 的函数。

由于我们的研究目的是测量机会不均等的程度，并不是分析某些变量的因果关系，因此我们可以用最小二乘法（OLS）估计式（4－1）的简约形式（reduced form），即

$$\ln w = C\varphi + \varepsilon \tag{4-2}$$

下面我们将分三步构造本章对机会不均等的测量指标。

第一步，用 OLS 估计式（4－2），然后获得每个人的预测收入 $\hat{w}$。正如前面提到的，这里的环境因素包括性别、出生的户籍类型、14 岁时家庭的经济地位，以及父母工作单位的性质、受教育程度及担任的行政职务。

在获得每个人的预测收入 $\hat{w}$ 以后，第二步将计算由环境因素所导致的收入不平等程度，即求出 $\hat{w}$ 的泰尔指数。用泰尔指数来衡量不平等程度的一个最大优点是，它具有可加可分解性，因此可以测量出总的收入不平等中有多大比例是由机会不均等导致的（Shorrocks，1984）。泰尔指数（Theil index）只是普通熵标准

① 一篇文献专门研究了运气对个人收入的影响以及运气与机会不均等的关系，详见 Lefranc 等（2008）。

(generalized entropy measures）的一种特殊情况。当普通熵标准的指数取 0 时，测量结果即为泰尔指数，也就是平均对数偏差(mean log deviation)。把预测收入的泰尔指数用 $T(\hat{w})$ 来表示。

第三步，就是计算出机会不均等的相对程度，即占总收入不平等的比例。如果用 IO（inequality of opportunities）来表示机会不均等程度，则有

$$IO=\frac{T(\hat{w})}{T(w)} \tag{4-3}$$

式中，$T(w)$ 指每个人原始收入的泰尔指数。IO 即为本章所采用的测量机会不均等程度的指标①。

需要指出的是，本章尽管包含了几乎所有可能的环境因素(C)，试图最准确地测量机会不均等程度，但是由于数据中含有的变量有限，不可能囊括个人无法控制的所有因素。根据 Ferreira 和 Gignoux（2011）提供的严谨数学证明，我们所测量的机会不均等程度实际上是真正机会不均等程度的下限（lower bound)，而且这个结论并不依赖于线性函数形式的正确与否。由于本章包含了尽可能多的环境因素，因此结果更接近中国实际的机会不均等程度。

通过上述的方法，我们还可以进一步估计出每种环境因素所造成的机会不均等产生的收入差距占总收入差距的比例。例如，当我们测量由性别差异导致的机会不均等程度时，可以重新用 OLS 估计式（4-2)，但是解释变量不包括性别。然后就可以获得一个新的预测收入，用 $\hat{w}$ (no gender）表示。进而，我们可以计算出该预测收入的泰尔指数，用 $T(\hat{w}$（no gender））表示。因此，由性别因素导致的机会不均等程度即为 $[T(w)-T(\hat{w}\text{ (no gender)})]/T(w)$。我

① 此方法在文献中也被称为事前法（ex-ante measurement)，即分析个人无法控制的因素对收入的影响，不关注每个人实际的努力程度究竟如何（林坚，杨奇明，2014)。

们将用此方法测量每一个环境因素所导致的机会不均等程度①。

4.4 数据与实证分析结果

本研究运用 2012 年全国综合社会调查的数据，分析中国最近的机会不均等程度与作用机制。中国综合社会调查是中国第一个全国性、综合性、连续性的大型社会调查项目，由中国人民大学“中国调查与数据中心”负责，从 2003 年开始每年一次，对全国 125 个县（区），500 个街道（乡、镇），1 000 个居（村）委会、10 000 户家庭中的个人进行调查。通过定期、系统地收集中国人与中国社会各个方面的数据，总结社会变迁的长期趋势，探讨具有重大理论和现实意义的社会议题，推动国内社会科学研究的开放性与共享性，为国际比较研究提供数据资料。至 2008 年，CGSS 一共进行了五次年度调查，完成了项目的第一期。自 2010 年起，CGSS 开始了项目的第二期，计划从 2010 年开始到 2019 年为止，每两年进行一次调查，共进行五次调查。

最新向社会公布的数据即为 2012 年 CGSS 数据，也就是本研究主要采用的数据库，里面不仅包含个人全年总收入，还有前面所阐述的机会集合中全部的环境因素指标，如性别、出生时的户籍、家庭背景等，能够满足本研究的需要。

4.4.1 数据的描述性统计

表 4－1 展示了样本的描述统计结果。为了分析收入差距，我

① 按照 Ferreira 和 Gignous（2011）提供的数学证明，尽管总的机会不均等指标不依赖于函数形式的正确性，但是此种方法测量的每个环境因素所导致的机会不均等程度却依赖于函数形式正确的假设。因此，我们在描述单个因素所导致的机会不均等程度时应该抱着更谨慎的态度。

们把样本限定在过去一年（2011 年）有收入的个体，有效样本共有 5 523 人，平均年龄为 40.94 岁，58%为男性（表 4－1 中女性为 1，男性为 0）。个人在 2011 年平均总收入为 27 499.05 元人民币。样本的平均受教育年限为 9.43 年，刚刚超过义务教育的年限。健康状况是从 1 到 5 的定序变量，5 代表健康状况良好，1 代表很差。平均而言，样本的健康状况较好，达到 3.80，接近良好的水平。此外，样本中的家庭地位平均为 3.14，属于一般水平（从 1 到 10，1 代表最低，10 代表最高）。在样本中，有 39%来自东部，32%来自中部，29%来自西部。就户口属性而言，非农户口占 41%，而非农工作者占 69%，说明相当比例的非农工作者（即城市中的农民工群体）不具有城市的非农户口①。

表 4－1　　样本的描述统计

变量名	样本量	均值	标准差	最小值	最大值
年龄	5 523	40.94	10.51	17	60
性别	5 523	0.42	0.49	0	1
2011 年收入	5 523	27 499.05	38 676.62	200	1 000 000
受教育年限	5 523	9.43	4.59	0	20
健康状况	5 523	3.80	0.99	1	5
14 岁时家庭地位	5 523	3.14	1.84	1	10
是否非农工作	5 523	0.69	0.46	0	1
是否非农户口	5 523	0.41	0.49	0	1
东部	5 523	0.39	0.49	0	1
中部	5 523	0.32	0.47	0	1

① 在后面的机会不均等计算中，我们用出生时的户籍水平作为环境因素。事实上，样本中变换户籍的人数并不多，所以出生时的户籍与目前的户籍相差很小。

4.4.2 中国的机会不均等程度计算结果

运用上一节讨论的计算方法，表 4－2 给出了本章的核心结果，即机会不均等究竟可以在多大程度上解释中国总体的收入不平等。从表 4－2 的结果可以看出，中国的机会不均等程度仍然较高，至少有 27%的收入差距是由机会不均等导致的。这一比例与世界上收入不平等程度最高的拉丁美洲类似，而远高于欧洲等的 OECD 国家（Ferreira，Gignoux，2011；Lefranc，et al.，2008），说明中国机会不均等问题仍然很严重。

表 4－2　　　　中国机会不均等程度的实证结果

指标含义	泰尔指数绝对数值	占全部收入差距的百分比
全部收入差距	0.661	100
总体机会不均等程度	0.182	27.53
性别因素导致的机会不均等	0.034	5.14
户籍因素导致的机会不均等	0.020	3.02
家庭地位导致的机会不均等	0.005	0.74
父亲背景导致的机会不均等	0.010	1.51
母亲背景导致的机会不均等	0.025	3.78

下面对不同因素导致的机会不均等程度做细化分析。表 4－2 的结果表明，性别、母亲背景和户籍因素对机会不均等程度的影响更为显著，其中性别是所有因素中对收入不平等影响最显著的，这与十年前的研究结果相比已有很大变化。Zhang 和 Erisson（2010）的研究显示，1989—2006 年中国性别因素导致的机会不均等只占 1.7%，性别并不是主要的影响因素。此外，家庭背景的影响似乎有所减弱。家庭地位对收入差距的贡献率只有 0.74%，而父母受教育程度、工作性质、职务等背景占到 5%以上。我们将在 4.5 节对每个因素的作用机制做出深入剖析。

4.4.3 中国的机会不均等程度的异质性分析

为了更准确地了解不同人群所面临机会不均等程度的差异，我们对总体样本进行分组，考察不同组间机会不均等的异质性。具体而言，我们分别按照年龄和学历两个维度进行分组，结果见表 4－3。

表 4－3　机会不均等程度的分组分析

分类	总体泰尔指数	机会不均等绝对数值	机会不均等程度（%）
16～35 岁	0.632	0.083	13
35～60 岁	0.646	0.237	37
高中及以下	0.490	0.167	34
大学及以上	0.623	0.027	4

从年龄分组看，年轻人面临的机会不均等程度要低一些，只占到总体收入差距的 13%。也就是说，尽管年轻人内部的收入差距很大（总体泰尔指数高于 0.6），但是这种差异主要是由努力程度不同带来的，与性别、家庭背景等因素关系不太大，这说明中国近些年的劳动力市场化改革在某种程度上确实降低了机会不均等程度。与此相比，35 岁以上的年龄组的机会不均等程度依然很大，占比达到 37%。

从学历维度看，低学历群体内部的机会不均等程度更高，达到 34%。也就是说，对于学历在高中及以下的群体来说，收入差距在很大程度上是由个人无法控制的因素导致的，包括性别、家庭背景等因素。相反，对于大学及以上的群体来说，收入差距绝大多数都是由个人努力差异导致的。该发现实际上有两层含义。第一，只要凭借自己的努力取得了大学学历，命运就可以在很大程度上由自己控制，人与人的收入差距主要由努力程度的差异导致，与外在环境因素关系很小。第二，对于低学历的群体而言，命运在很大程度上不受自己控制。这会导致低学历、低收入群体面临更大的心理落

差，从而看不到希望。因此，低学历群体面临的机会不均等更应该引起政策制定者的重视。

4.4.4　中国的机会不均等程度的时间趋势分析

为了了解中国的机会不均等程度在过去几年间的变化，我们运用 CGSS 早年的数据计算历年的机会不均等程度。由于 CGSS 2003 只有城市数据，而 CGSS 2006 没有父母受教育程度等变量，所以我们使用 CGSS 在 2008 年、2010 年和 2012 年的调查数据分别计算收入的机会不均等程度，结果如表 4 - 4 所示。可见，中国的机会不均等程度经历了先下降后上升的过程，这与总体的收入不平等变化趋势相同，说明中国机会不均等问题在最近几年愈加严重了。

表 4 - 4　机会不均等程度的变化趋势（CGSS 2008—CGSS 2012）

年份	指标含义	泰尔指数	百分比
CGSS 2008	总体收入差距	0.606	100
	机会不均等程度	0.170	28
CGSS 2010	总体收入差距	0.589	100
	机会不均等程度	0.104	18
CGSS 2012	总体收入差距	0.661	100
	机会不均等程度	0.182	27

4.5　机会不均等的深入分析与讨论

在上一节的分析中，我们发现很多外在因素对个体的收入差距都有显著影响，包括性别、户籍、家庭地位、父母的教育和工作背景等。已有的文献大都进行了机会不均等影响机制的质化分析，说明上述因素对收入差距中机会不均等程度有影响（陈钊，等，2009；

陈斌开，曹文举，2013)，但却鲜有文章进行更深入的剖析。具体来说，性别、户籍、家庭背景等因素通过什么渠道影响个体收入？本节将对机会不均等的作用机制进行计量分析，以更准确地认识中国的机会不均等问题。下面将分别验证本章提出的三个影响机制，即劳动力市场歧视、教育代际固化以及家庭背景的影响。

4.5.1 劳动力市场歧视

从表 4-2 的结果可以看出，性别、户籍都对收入差距有重要影响。那么这些影响的根源是什么？根据劳动力市场歧视理论，不同群体的收入差距可能是由他们的生产率差异导致的，也可能是由生产率相同条件下的劳动力市场歧视导致的。为了验证不同性别、不同户籍群体间收入产生差距的原因，本章采用 Oaxaca-Blinder 分解技术进行分析，该方法是研究劳动力市场歧视的常用方法（Demurger，et al.，2012)。Oaxaca-Blinder 分解技术将两组人群的平均工资差异分解为两个部分：一个是个人特征（即禀赋）差异造成的可解释部分，一个是个人特征回报（即系数）差异带来的不可解释部分。Oaxaca（2007）把不可解释的部分归因于歧视。

该方法的具体步骤如下：如果记组群 H 和 L 在劳动力市场上的均衡工资分别为 W_H 和 W_L，这两个组群分别作为子样本的个体特征（个体禀赋）矩阵各为 $\boldsymbol{X}_{\mathrm{H}}$ 和 $\boldsymbol{X}_{\mathrm{L}}$，相应的回归系数向量（或称工资结构）分别为 $\boldsymbol{\beta}_{\mathrm{H}}$ 和 $\boldsymbol{\beta}_L$，这两个组群的半对数形式的工资估计方程（通常以 Mincer 工资决定方程为基础）分别是 $\ln w_H = X_H\beta_H + u_H$，$\ln w_L = X_L\beta_L + u_L$。又记这两个组群的子样本个体特征向量的平均值分别为 $\overline{X}_H$ 和 $\overline{X}_L$，那么，根据 OLS 残差均值为零的性质，这两个组群的工资均值之差可表述成[①]

① 此处的 $\boldsymbol{X}$ 是 $n\times k$ 的矩阵，$\overline{\boldsymbol{X}}$ 则是行向量；$\boldsymbol{\beta}$ 实际上是估计值 $\hat{\boldsymbol{\beta}}$，这里为了表述的一致和简洁起见，将相关回归方程的估计参数中的“^”（hat 符）去掉。

$$\ln\overline{w}_H - \ln\overline{w}_L = \overline{X}_H\beta_H - \overline{X}_L\beta_L \tag{4-4}$$

根据上式的特点，Oaxaca 把等式右边分解成如下形式，该形式把组群 H 的实际工资结构当作无歧视状态下的劳动力市场工资结构：

$$\ln\overline{w}_H - \ln\overline{w}_L = (\overline{X}_H - \overline{X}_L)\beta_H + \overline{X}_L(\beta_H - \beta_L) \tag{4-5}$$

等式右边的第一项表示即便不存在歧视组群 H 和 L 之间也存在工资差异，亦即由组群 H 和 L 之间的个体特征（个人禀赋）差别引起的工资差异；第二项则是由两组的工资结构差别引起的工资差异，即在个体特征相同条件下由于对相同特征的回报不同引起的差异，Oaxaca 称之为歧视（歧视效应或歧视引起的工资差异）。

运用这种分解方法，表 4－5 和表 4－6 分别给出了劳动力市场性别歧视和户籍歧视的实证结果。表 4－5 显示，中国全部的男女收入差距都是由劳动力市场性别歧视导致的，由人力资本因素导致的差距甚至为负。也就是说，女性劳动者的人力资本、生产率甚至比男性更高，而她们的收入在同等条件下却低于男性，说明歧视现象非常严重，这也是性别差异导致机会不均等的根本原因。

表 4－5　　　　劳动力市场性别歧视

指标含义	分解结果（Oaxaca-Blinder）	百分比
平均收入差距	0.292 (0.028)	100
可解释的收入差距	−0.063 (0.017)	−21
由歧视导致的收入差距	0.355 (0.025)	121

注：第二列分解结果给出的是收入对数的绝对差值，第三列是百分比指标。工资回归中的解释变量不仅包括之前的机会变量，还包括其他影响收入的变量，如受教育程度、工作年限及其平方、健康程度、职业变量、行业变量、地区变量等。

相比于性别歧视，户籍歧视则没有那么严重。从表 4－6 的结果可以看出，城市和农村户口的收入差距大多是可以用生产率差异解释的，只有 13.2％来自歧视因素。当然，这里要指出，我们并不是说非歧视因素导致的收入差距不重要。如果不同性别、不同户籍的劳动者在受教育的机会上存在差异，他们在进入劳动力市场之前就已经由于自身的群组特征遭受了不公平待遇，而这些不公平的待遇直接影响了他们进入劳动力市场后的收入水平，我们称之为“前劳动力市场歧视”（Song，2014）。

表 4－6　　劳动力市场户籍歧视

指标含义	分解结果（Oaxaca-Blinder）	百分比
平均收入差距	0.326 （0.028）	100
可解释的收入差距	0.283 （0.027）	86.8
由歧视导致的收入差距	0.043 （0.033）	13.2

注：第二列分解结果给出的是收入对数的绝对差值，第三列是百分比指标。工资回归中的解释变量不仅包括之前的机会变量，还包括其他影响收入的变量，如受教育程度、工作年限及其平方、健康程度、职业变量、行业变量、地区变量等。

4.5.2　教育代际固化

从表 4－2 可以看出，父母的教育背景是影响子女收入的重要因素。同时，由于父母的教育水平是不受子女控制的，所以由此导致的收入差距也属于机会不均等的范畴。那么，父母的教育背景究竟为什么会影响子女的收入？本章提出两种途径，并分别予以检验。首先，父母的教育水平可能会影响到子女的教育水平，这种现象被称为教育的代际固化（马骍，2014）。本小节将检验教育代际

固化是否为中国机会不均等的原因之一。下一小节将分析另一种途径，即家庭背景在教育渠道之外的影响。

通常来说，教育代际固化的产生可能有两种原因：一是高教育水平往往获得相对更高的收入，高收入家庭可以为子女提供更好的营养条件和教育条件，从而使子女有比较好的物质基础来获得更多教育；二是父母教育水平反映了父母的能力水平，能够获得高学历的父母可能拥有更强的智力水平和学习能力，这些能力水平可以通过遗传渠道传递给子女。这两种原因共同决定了父母对子女教育的影响。尽管以上两种原因都是造成机会不均等的因素，但是第一种原因是可以通过政府制定更加均等化的教育政策尽量避免的，而遗传因素的差异则无法避免。因此，本章试图分离出这两种原因，这就需要采用工具变量的方法以解决父母教育水平的内生性问题。

为此，我们借鉴 Meng 和 Gregory（2002）的方法，把由“文化大革命”导致的教育年限中断作为工具变量，具体的赋值见本章附录表 A4－1。“文化大革命”（1966—1976 年）导致了全国范围内的教育破坏，特别是在城市地区。高等教育被迫中断，中学、小学教育也有不同程度的中断。而教育受到“文革”影响中断的人群其子女也已基本完成了教育。此时“文革”与父母教育水平高度相关，与子女教育水平无关，是一个外生变量，可以作为父母教育的工具变量。本章将采取“文革”作为工具变量，对父母教育的传递系数进行准确计算。

如 Meng 和 Gregory（2002）所说，在用“文革”作为教育水平的工具变量时，应该限定在其自身教育受“文革”影响的群体，也就是 1948—1961 年出生的群体。Chen（2010）、Meng 和 Zhao（2013）都认为，在评估“文革”对教育的影响时，比较好的年龄对照组是 1942—1947 年以及 1962—1966 年出生的群体。所以我们在用工具变量法时把样本限定在 1942—1966 年出生的年龄组。限定以后，考虑到 CGSS 2012 年的数据中含有两代信息的样本量过少，同时 CGSS 只含有父母教育水平的数据，并没有给出具体的教

育年限，我们采用最新公布的中国家庭收入调查 2013（China household income project，CHIP）数据库[①]弥补这一不足。我们根据 CHIP 2013 数据筛选出父母都在 1942—1966 年出生，子女已完成教育的样本。删除异常值和缺失值后，处理得到 1 052 个城市样本。表 4－7 给出了工具变量的分析结果，因变量是子女的教育水平。

表 4－7　　　　教育代际固化

2SLS	(1) 父亲的影响	(2) 母亲的影响
父亲教育	0.612*** (0.218)	
母亲教育		0.028 6 (0.227)
男性	－0.465** (0.201)	－0.768*** (0.191)
少数民族	0.818** (0.380)	0.512 (0.390)
省份虚拟变量	是	是
样本数	1 052	1 052
R^2	0.201	0.139

注：因变量为子女的教育水平。*** 表示在 1%水平上显著；括号中给出的是标准误。2SLS 采用了城市样本并把“文革”作为工具变量，具体工具变量的赋值见本章附录表 A4－1。

资料来源：CHIP 2013。

表 4－7 告诉我们，即使不考虑遗传因素，即采用“文革”作为父母教育的工具变量，教育的代际固化效应依然明显。对于父亲

① 关于 CHIP 数据的具体介绍详见 Gao、Yang 和 Li（2013）。

教育而言，每增加 1 年其子女教育平均增加 0.612 年。这种影响说明，高教育水平的父母往往获得相对更高的收入，进而可以为子女提供更好的营养条件和教育条件，从而子女有比较好的物质基础来获得更多教育。因此，教育资源的均等化改革显然可以降低这种代际固化带来的收入不平等。

事实上，像“文革”这种重要的历史事件完全超出个人所能控制的范围，因此其本身也是一种机会变量。表 4-8 是工具变量第一阶段的分析结果，展现出受“文革”影响较深的人的教育水平更低，可见“生逢其时”的重要性①。

表 4-8　“文革”对教育的影响

	父亲教育	母亲教育
“文革”给父亲带来的教育中断	−0.182*** (0.036 4)	
“文革”给母亲带来的教育中断		−0.146*** (0.039 8)
样本数	920	844
R^2	0.027	0.016

注：因变量为父母实际的受教育年限，自变量为“文革”带来的教育中断年数，具体工具变量的赋值见本章附录表 A4-1。*** 表示在 1%水平上显著；括号中给出的是标准误。

资料来源：CHIP 2013。

4.5.3　家庭背景

父母的教育背景除了会直接影响子女的教育进而影响收入，是

① “文革”不仅影响教育，还可以作为机会集合中的要素进而影响人的收入。但由于受“文革”影响最深的群体多数已经退休，我们在这里没有计算“文革”对于收入的机会不均等影响。

否还有其他影响渠道？也就是说，尽管教育水平相同，但更好的家庭背景可能通过“关系”的作用使一个人进入高收入部门，获得更高的工资水平。为了验证这一假设，我们在控制个体的教育水平后考察父母教育对收入的影响，结果见表4-9。

表4-9　　家庭背景对收入的影响

	系数	标准差
教育	0.072***	0.003
工作年限	0.028***	0.003
工作年限平方	−0.001***	0.000
是否非农户口	0.235***	0.028
性别	0.439***	0.023
健康水平	0.101***	0.012
东部	0.595***	0.029
中部	0.158***	0.028
父亲教育	0.031***	0.007
母亲教育	0.019**	0.008
样本数	5 523	
R^2	0.473 2	

注：因变量是收入，***、**、*分别表示在1%、5%、10%水平上显著。

资料来源：CGSS 2012。

表4-9显示，机会不均等重要的作用机制之一——父母教育背景对个体收入的影响渠道不仅限于对个体教育的影响，还包括其他渠道。即使在控制了个体教育、工作年限、户籍等因素后，父亲和母亲的教育水平仍然对个体收入有直接的影响。这说明很多高收入部门在用人机制和薪酬体系上仍然存在着不透明、不合理的情况，“关系”的作用依然明显。

4.6　结论与政策建议

4.6.1　主要结论

本章运用 CGSS 数据，对中国机会不均等程度进行了定量分析，发现由机会不均等导致的收入差距占总收入差距的 27%以上。这一比例与世界上收入不平等程度最高的拉丁美洲地区类似，超过了绝大多数 OECD 国家，说明中国持续高位的收入差距中有相当比例是不合理的，是可以也应该通过政府的各项改革措施予以改变的①。

本章还对不同人群的机会不均等程度进行了异质性分析，既发现了积极的结果，也有一些问题值得警惕。一方面，中国 35 岁以下的年轻人中机会不均等程度在降低，小于 35 岁以上人群的机会不均等程度，这说明至少绝大多数年轻人可以通过自己的努力达到更高的收入和生活水平。此外，只要凭借自己的努力取得了大学学历，命运就可以在很大程度上由自己控制，人与人的收入差距主要由努力程度的差异导致，与外在环境因素关系很小。这些都是中国持续的市场化改革取得的成效，让市场在资源配置中起到更大的作用。另一方面，我们也发现一些不尽如人意的地方，比如对于低学历的群体，命运在很大程度上不受自己控制，其收入水平在很大程

① Lefranc 等（2008）分析了九个 OECD 国家的机会不均等程度，大都在 10%左右。Ferreira 和 Gignoux（2011）计算了拉丁美洲国家机会不均等的程度，机会不均等大概解释总收入差距的 30%，其中哥伦比亚最低，占 23%，危地马拉最高，占到 34%。

度上由家庭背景等外在因素决定。这会导致低收入群体面临更大的心理落差，从而看不到希望。此外，机会不均等程度在最近几年呈现出反弹的趋势，应该予以重视。

在定量测量中国机会不均等程度的基础上，本章对中国机会不均等的作用机制进行了深入剖析，运用实证分析的方法验证了三个假设：劳动力市场歧视、教育代际固化以及家庭背景的影响。实证结果发现，这三种渠道都是中国机会不均等的来源。首先，性别歧视现象非常严重，这是目前男女劳动者收入差距的主因。户籍歧视现象虽然没有性别歧视那么严重，但也不容忽视。其次，教育代际固化现象明显。即使运用工具变量法排除了遗传因素的影响，教育传递现象依然显著，说明不同家庭背景的人面临的教育机会与教育质量存在差异，这种教育机会的不均等导致了收入差距。最后，良好的家庭背景不仅可以使子女接受优质教育，还可以通过社会关系帮助子女获得更好的就业机会和更高的收入。

4.6.2 机会均等化政策建议

机会均等化改革不仅关乎公平，也关乎效率，因此对于一个国家来说至关重要，对于处在经济新常态、全面深化改革中的中国来说就更为重要。现有文献一般认为，机会均等化政策主要包括以下两种：一是干预收入获取能力的形成，主要是通过公共资源的再分配，为环境变量处于劣势的个人提供更多人力资本；二是对已经形成的收入格局进行再分配，主要手段是通过税收和转移支付的方式消除环境差异带来的那部分收入差距。结合以上的实证结果，本书建议中国采用如下针对性更强的均等化政策来降低机会不均等程度、缩小收入差距。

首先，通过立法规范劳动力市场行为，尽可能消除劳动力市场

歧视，包括性别歧视和户籍歧视等，使得相同生产率的劳动者可以在劳动力市场上享有平等的待遇。从中国的现实情况和本章的实证结果看，性别歧视问题最为突出，女性在劳动力市场中处于不利地位。近年来实施的“全面二孩”政策在某种程度上可能会加剧女性在就业市场中的劣势地位。因此，需要加强对就业歧视的监管和处罚力度，缩小性别间的收入差距。

其次，促进公共教育资源的均等化，减少教育代际固化现象，为环境变量处于劣势的个人提供更多人力资本。教育不公平是导致中国收入差距代际固化的重要因素。教育能够为低收入阶层提供向上流动的机会，而不公平的教育会降低代际收入流动性。从本章的研究结果可以看出，目前的教育代际固化不仅是遗传因素的结果，更重要的是教育资源分配不均导致的。这就需要政府提高对低收入家庭的教育补贴，加强对贫困地区的教育投入，提高教育均等化程度。

再次，通过反腐败等手段进一步规范高收入部门，特别是国有部门的用人机制，降低“关系”在劳动力市场资源配置中的作用，真正做到任人唯贤，把家庭背景这一个人无法控制的因素对收入的影响降到最低。

最后，通过税收和转移支付的方式消除环境差异带来的那部分收入差距。需要指出的是，有些环境差异不仅是个人无法控制的，也是社会无法控制的。就家庭背景因素而言，从理论上讲，社会可以通过制度设计尽量使得家庭背景不同的人获取相同受教育以及工作的机会，进而减小由机会不均等导致的收入差距，但是父母还可以通过遗传基因对每个人的智商、性格等产生影响，而这些差异是无法消除的。所以，需要运用再分配政策，降低最终收入分配中由于环境因素带来的收入差距。

附录

表 A4-1　　城市中教育受到“文革”影响的历年情况

出生(年)	上小学(年)	上初中(年)	上高中(年)	入学推迟	小学少读	初中少读	高中少读	共缺失
1948	1955	1961	1964				1	1
1949	1956	1962	1965				2	2
1950	1957	1963	1971				3	3
1951	1958	1964	1971			1	3	4
1952	1959	1965	1971			2	3	5
1953	1960	1968	1971			3	3	6
1954	1961	1968	1971		1	3	3	7
1955	1962	1968	1971		2	3	3	8
1956	1963	1969	1971		3	3	1	7
1957	1964	1970	1972		3	2	1	6
1958	1965	1971	1973		3	1	1	5
1959	1968	1973	1976	2	1			3
1960	1968	1973	1976	1	1			2
1961	1968	1973	1976		1			1

注：根据 Meng 和 Gregory（2002）、Chen（2010）、Meng 和 Zhao（2013）等文献修改而成。

参考文献

白重恩，2006. 为深入研究收入不均问题开个好头．比较（23）.

陈斌开，曹文举，2013. 从机会均等到结果平等：中国收入分配现状与出路．经济社会体制比较（6）.

陈斌开，林毅夫，2013. 发展战略、城市化与城乡收入差距．中国社会科学（4）.

陈钊，陆铭，佐藤宏，2009. 谁进入了高收入行业?：关系、户籍与生产率的作用. 经济研究（10).

陈琳，2011. 中国代际收入流动性的实证研究：经济机制与公共政策. 复旦大学博士学位论文.

陈东，黄旭峰，2015. 机会不平等在多大程度上影响了收入不平等:基于代际转移的视角. 经济评论（1).

郭豫媚，陈彦斌，2015. 收入差距代际固化的破解：透视几种手段. 改革（9).

胡联合，胡鞍钢，2007. 贫富差距是如何影响社会稳定的?. 江西社会科学（9)：142－151.

李实，赖德胜，罗楚亮，等，2013. 中国居民收入分配研究报告. 北京：社会科学文献出版社.

林坚，杨奇明，2014. 基于机会均等思想的收入分配研究述评. 西北农林科技大学学报（社会科学版）(1).

马骍，2014. 教育代际流动的民族差异. 中南民族大学学报（人文社会科学版）(3)：122－127.

唐连才，2011. 义务教育阶段学生阶层固化的思考. 教育与管理（31).

夏晓华，2013. 教育公平、阶层壁垒与贫富差距的社会影响. 经济体制改革研讨会（总第 1 期)，中国人民大学.

姚先国，赵丽秋，2006. 中国代际收入流动与传递路径研究：1989—2000. 工作论文.

尹恒，李实，邓曲恒，2006. 中国城镇个人收入流动性研究. 经济研究（10)：30－43.

庄巨忠，拉维・坎布尔，2013. 亚洲国家不断扩大的收入差距与对策. 南开经济研究（1).

Arneson，R.，1989. Equality and equal opportunity of welfare. Philosophical Studies，56（1)：77－93.

Bourguignon，F.，Ferreira F. H. G.，Menéndez M.，2013. Inequality of opportunity in Brazil：a corrigendum. Review of Income and Wealth，59（3）：551－555.

Bourguignon，F.，Ferreira，F.，Menéndez，M.，2007. Inequality of opportunity in Brazil. Review of Income and Wealth，53：585－618.

Checchi，D.，Peragine，V.，2010. Inequality of opportunity in Italy. Journal of Economic Inequality，8：429－450.

Chen，Q. H.，2010. Interrupted maternal education and child health：the long run health impact of the Chinese Cultural Revolution. Job Market Paper，University of Minnesota.

Demurger，S.，Li，S.，Yang，J.，2012. Earnings differentials between the public and private sectors in China：exploring changes for urban local residents in the 2000s. China Economic Review，23：138－153.

Dworkin，Ronald，1981. What is equality? Part 2：equality of resources. Philosophy and Public Affairs，10（4）：283－345.

Fields，G. S.，Song，Y.，2013. A theoretical model of the Chinese labor market . IZA Discussion Paper Series，No. 7278.

Ferreira，F. H. G.，J. Gignoux，2011. The measurement of inequality of opportunity：theory and an application to Latin America. Review of Income and Wealth，57（4）：622－657.

Gao，Q.，Yang，S.，Li，S.，2013. The Chinese welfare state in transition：1988－2007. Journal of Social Policy，42（4）：743－762.

Gong，Cathy，2008. Household income mobility in urban China，1992－2001. Working Paper，Australian National University.

Hassine，N.，2012. Inequality of opportunity in Egypt. World Bank Economic Review，26：265－295.

Lefranc，A.，Pistolesi，N.，Trannoy，A.，2008. Inequality of

opportunities vs. inequality of outcomes：are western societies all alike? . Review of Income and Wealth，54：513－546.

Li，H.，Meng，L.，Shi，X.，et al.，2012. Does having a cadre parent pay? Evidence from the first job offers of Chinese college graduates. Journal of Development Economics，99：513－520.

Marrero，G. A.，Rodríguez，J. G.，2013. Inequality of opportunity and growth. Journal of Development Economics，104：107－122.

Marrero，G. A.，Rodríguez，J. G.，2012. Inequality of opportunity in Europe. Review of Income and Wealth，58（4）：597－621.

Meng，X.，Gregory，R. G.，2002. The impact of interrupted education on subsequent educational attainment：a cost of the Chinese Cultural Revolution. Economic Development and Cultural Change，50（4）：935－959.

Meng，X.，Zhao G. C.，2013. The intergenerational effect of the Chinese Cultural Revolution on education. mimeo. Research School of Economics，College of Business and Economics，The Australian National University.

Oaxaca，R.，2007. The challenge of measuring labor market discrimination against women. Swedish Economic Policy Review，14：199－231.

Ravallion，M.，Lokshin M.，2000. Who wants to redistribute?：the tunnel effect in 1990s Russia. Journal of Public Economics，76（1）：87－104.

Roemer，J.，1998. Equality of opportunity. Cambridge：Harvard University Press.

Sen，A.，1985. Commodities and capabilities. Amsterdam：North-Holland.

Shorrocks，A. F.，1980. The class of additively decomposable

inequality measures. Econometrica，48：613－625.

Shorrocks，A. F.，1984. Inequality decomposition by population subgroups. Econometrica，52：1369－1385.

Song，Y.，2012. Poverty reduction in China：the contribution of popularizing primary education. China & World Economy，20 (1)：105－122.

Song，Y.，2014. What should economists know about the current Chinese hukou system?. China Economic Review，29：200－212.

Van de Gaer，D.，Schokkaert，E.，Martinez，M.，2001. Three meanings of intergenerational mobility. Economica，68：519－538.

Zhang，Y.，Eriksson，T.，2010. Inequality of opportunity and income inequality in nine Chinese provinces，1989－2006. China Economic Review，21 (4)：607－616.

Zhuang，J.，Ali，I.，2010. Poverty，inequality，and inclusive growth in Asia//Zhuang，J.. Poverty，inequality，and inclusive growth：measurement，policy issues，and country studies. London：Anthem Press.

第5章 户籍制度与农民工多维贫困

我国现行的户籍制度从根本上说是对因公共服务不均等引起的社会不公平现象加以维护的一种制度。公共服务的缺失导致农民工的各项权益得不到有效保障，尤其是医疗、养老、子女教育等基本个人或家庭发展条件缺失。传统衡量贫困的方法是收入标准和消费标准，但越来越多的研究表明，收入或者消费不能充分反映其他维度的贫困。从多维贫困的减贫视角来看，户籍制度改革有利于公共服务的均等化，最终降低农民工在收入、养老、医疗、教育、住房等多个维度上的贫困。

5.1 农民工多维贫困的现状分析

目前，我国正处于城镇化加速期，截至2016

年末，我国城市化率已高达57%，但是户籍人口城镇化率只有41%。在城镇化背景下，农村进城务工人员成为我国城市化进程中不断扩大的一个特殊群体。一方面，大量由农村进城的务工人员成为城市常住居民，是城市经济社会发展过程中的一支重要力量；另一方面，这些农民工又与城市居民的生活水平有着比较大的差异，尤其是其身后维系着数量众多的农村家庭，与农村贫困问题有着直接关联。农民工贫困问题是当前我国贫困问题的一个重要组成部分。

鉴于全国范围的农民工调查数据包含的变量有限，很难掌握农民工在收入、养老、医疗、教育、住房等多个维度上贫困的情况，本节将采用课题组自己调研获得的农民工微观数据，力求了解农民工多维贫困的准确情况。由于调研精力有限，目前的调研数据只覆盖我国建筑业农民工。建筑行业是我国农民工最为密集的典型行业，其所容纳的农民工数量占全国外出农民工总数的近1/3，因而研究建筑业农民工贫困问题对于洞察和解决农民工贫困乃至全国贫困问题有着重要意义。

本调查研究以我国东部、中部、西部、南部和北部各省区为样本来源点，以北京、深圳、西安、大庆四个城市为样本采集地，将农民工的贫困类型划分为五种：物质贫困、权利贫困、精神贫困、能力贫困、健康贫困。本研究通过涵盖个人及家庭基本情况、就业与权益、能力与发展、生活与健康、社会关系与社会参与、在老家的生活状况六个方面相关信息的问卷来了解农民工的生活现状，从而分别对农民工的各类贫困程度进行评估，最后对农民工的多维度贫困程度进行总体评价，并有针对性地给出政策建议。

此次调研时间跨度为2013年3月—2013年9月，其中2013年3—5月首先在北京进行预调研，并在此基础上调整问卷，最后于2013年5月—2013年9月在全国范围内进行正式调研。调研的区域包括北京、广东、黑龙江以及陕西四省（市）。在调研过程中，我们以对固定单位实施随机抽样问卷调查为主，同时还辅助调查部

分不固定单位、灵活就业的农民工，以基本保证样本对总体的代表性。调研过程中，课题组共发放问卷 2 400 份，经过诊断和识别，删除无效问卷，最后获得有效问卷 1 874 份。

5.1.1　多维贫困的测度方法概述

传统衡量贫困的方法是收入标准和消费标准，但越来越多的研究表明，收入或者消费不能充分反映其他维度的贫困。因此阿马蒂亚·森提出能力法，法国学者拉诺尔提出社会排斥法来对贫困进行多维测量。前者注重个体差异，强调贫困是收入与物质缺乏或其他因素造成的个体基本可行能力被剥夺。而后者强调贫困与群体、社会结构、制度、文化等外在因素的关联，将分析重点从个体转移到社会关系与制度上。这两种方法是当前贫困多维测量的概念和理论基础。Bourguignon、Chakravarty（2003）和 Alkire、Foster（2011）则分别讨论和提出了多维贫困的数学测算方法。从具体应用的角度讲，联合国开发计划署 2010 年《人类发展报告》对全球 104 个发展中国家多维贫困指数的测算包括了健康、教育和生活标准 3 个维度，共 10 个指标。2012 年，联合国儿童基金会在《儿童贫困和不公平——新视角》中从多维贫困视角审视儿童贫困。目前国内对多维贫困的研究为数不少，主要是对国外多维贫困方法的应用（王小林，2012）。

在 20 世纪 90 年代末，学者开始关注和研究中国农民工贫困问题，但截至目前，这方面的文献并不算太多。其中，金莲（2007）研究了城镇农民工贫困测度问题，根据相关机构发布的食品定量标准，确定贫困群体最低食品消费量，并根据价格数据测算出最低消费额，以此作为标准来考察农民工贫困。王雨林（2004）从政治、经济、社会和文化等四个维度，林娜（2009）从物质贫困、权利贫困和精神贫困三个维度研究了农民工贫困问题，王雨林和林娜均主要是从概念框架角度研究阐述多维度农民工问题。李善同（2009）

从农民工就业、收入与公共服务视角研究了城市农民工的贫困问题，认为农民工是跨越社会环境最大的群体，由于多种因素的影响，他们的工资水平往往比较低，有着较大的陷入贫困的风险。目前，关于农民工贫困的救助、保障体系十分薄弱，农民工处于既脱离了农村扶贫体系，又不能加入城市社会救助体系的境地。樊丽淑、孙家良、高锁平（2008）从经济、能力资源、社会权利、社会交往和心理素质等多个角度分析了城市农民工贫困的表现和特征。杨洋、马骁（2012）在成都抽样调查数据基础上的研究发现，流动人口已经成为城市贫困的一个重要来源，流动人口与城镇人口在收入、资产、住房与社会保障方面有较大差距。

因此，仅仅通过收入来衡量和反映建筑业农民工贫困问题是远远不够的，农民工的贫困问题是多方面原因导致的，单通过收入来测量不足以反映其他方面的贫困成因。多维贫困测量比传统的以收入定义和测量贫困更能准确地反映农民工贫困问题的现状和成因等，而且多维贫困测量并不是对收入贫困测量的代替而是重要的补充，尤其能够使扶贫政策找到优先干预的领域，因而多维贫困测量是必要而且有意义的。

多维贫困测量首先需要通过家计调查获得个体或者家庭在每个维度上的取值，然后，对每个维度定义一个贫困标准，根据这一标准来识别每个个体或家庭在该维度上是否贫困。多维贫困的测量方法和步骤如下：

1. 各维度的福利取值

让 $\boldsymbol{M}^{n,d}$ 代表 $n\times d$ 维矩阵，并且令矩阵的元素 $\boldsymbol{y}\in\boldsymbol{M}^{n,d}$，代表 n 个人在 d 个不同维度上的取值。式中，对于 $\boldsymbol{y}$ 中的任一元素 y_{ij}（$i=1, 2, \cdots, n$；$j=1, 2, \cdots, d$），表示个体 i 在维度 j 上的取值。

2. 贫困识别

（1）每一个维度贫困的识别。令 z_j 代表第 j 个维度被剥夺的阈值或者贫困线。对于任何矩阵 $\boldsymbol{y}$，可以定义一个剥夺矩阵，即

$\boldsymbol{g}^0=[g_{ij}^0]$，其典型元素的定义是：当 $y_{ij}<z_j$ 时，$g_{ij}^0=1$；而当 $y_{ij}\geqslant z_j$ 时，$g_{ij}^0=0$。

对于这个剥夺矩阵 $\boldsymbol{g}^0$，可以定义一个列向量代表个体 i 忍受的总的贫困维度数，即第 i 个元素的值为 $c_i=|\boldsymbol{g}_i^0|$。

（2）多个维度被剥夺的识别。上述剥夺矩阵 $\boldsymbol{g}^0=[g_{ij}^0]$ 中的每一个元素代表了每个个体在每个维度上的基本可行能力是否被剥夺，是一种单一维度的方法。下面导入多维的方法，即同时考虑 k 个维度，该个体是否存在被剥夺的情况。令 $k=1, 2, \cdots, d$，ρ_k 为考虑 k 个维度时识别穷人的函数。当 $c_i\geqslant k$ 时，$\rho_k(y_i, \boldsymbol{z})=1$，个体 i 为穷人；当 $c_i<k$ 时，$\rho_k(y_i, \boldsymbol{z})=0$，个体 i 为非穷人。也就是说，ρ_k 既受 z_j 的影响，又受跨维度 c_i 剥夺情况的影响，因此，该多维方法被称为双重阈值方法。

3. 贫困加总

在识别了各维度的被剥夺之后，需要进行维度加总，得到多维综合指数。最简单的加总方法是按人头计算的多维贫困发生率（H）：$H=H(y,z)$；$H=q/n$。其中，q 是在 z_k 之下的贫困个体数（即同时存在 k 个维度贫困的个体数）。

在 FGT 方法基础之上，为了克服其不足，Alkire 和 Foster（2011）提出了一种修正 FGT 的多维贫困测量方法。公式如下：

$$M_0(y,z)=\mu[g^0(k)]=HA$$

M_0 为调整后的多维贫困指数，由两部分构成：一部分为 H（贫困发生率）；另一部分为 A（平均剥夺份额），$A=|c(k)|/(qd)$。

在式 $M_0(y, z)=\mu[g^0(k)]=HA$ 中用平均贫困距（G）进一步对 M_0 进行调整，得到

$$M_1=\mu[g^1(k)]=HAG$$

式中，$G=|g^1(k)|/|g^0(k)|$；$g_{ij}^1=(z_j-y_{ij})/z_j$。

若对 M_0 用平均贫困深度（S）进行调整，可以得到

$$M_2=\mu[g^2(k)]=HAS$$

式中，$S=|g^2(k)|/|g^0(k)|$；$g_{ij}^2=(g_{ij}^1)^2$。

综上所述，多维贫困指数有 M_0、M_1 和 M_2 等不同的形式。

4. 权重（weight）

进行维度加总时，需要考虑的另一个问题是各维度的权重，本研究采用相等权重。

5. 分解（decomposition）

多维贫困指数可以按照维度、地区、省份等不同的组进行分解。以地区（城市和农村）为例，令 $\boldsymbol{u}$ 表示城市数据矩阵，$\boldsymbol{r}$ 表示农村数据矩阵，则

$$M(\boldsymbol{u},\boldsymbol{r},\boldsymbol{z})=\frac{n\times(\boldsymbol{u})}{n(\boldsymbol{u},\boldsymbol{r})}M(\boldsymbol{u},\boldsymbol{z})+\frac{n(\boldsymbol{r})}{n(\boldsymbol{u},\boldsymbol{r})}M(\boldsymbol{r},\boldsymbol{z})$$

5.1.2 数据描述及各维度临界值的界定

1. 数据基本情况

下面介绍样本中年龄分布、性别分布、工作地区分布、来源地区分布、工作种类分布。

样本中最年轻的工人为 15 岁，最年长的工人为 71 岁，平均年龄 37.54 岁。绝大部分为男性（88.13%），汉族（92.46%），政治面貌为群众（91.57%），拥有农业户口（87.30%）。样本来自四个代表性区域，如表 5-1 所示。

表 5-1　样本代表性区域

地区	观测值个数	占比（%）
北京	400	21.34
深圳	599	31.96
西安	275	14.67
大庆	600	32.01

被调查者2012年家庭年支出的中位数为30 000元，家庭每月基本生活费的中位数为2 000元，大宗消费支出主要集中在以下方面，如表5-2所示。

表5-2　　大宗消费支出情况

家庭主要消费支出（2012年）	占比（%）
建房/购房	46.31
子女教育	37.27
赡养老人	9.75
医疗开支	2.44
其他	4.23

被调查者的基本就业权益，如是否与用工企业签订用工合同、最近一年有没有遇到拖欠工资的情况、加班情况是否正常、工作时是否有劳动防护品等，如表5-3所示。

表5-3　　基本就业权益情况

	是（%）	否（%）
（1）与用工企业签订用工合同	58.92	41.08
（2）最近一年没有遇到拖欠工资的情况	84.19	15.81
（3）加班情况正常*	69.41	30.59
（4）工作时有劳动防护品	71.25	28.75

* 指不存在经常加班且不付加班费的情况。

2. 每个维度被剥夺临界值的确立

联合国的多维贫困指数（MPI），反映多维贫困人数（陷入多维贫困的人所占比重）以及一个多维贫困家庭所遭受的剥夺的平均数量（贫困程度）。联合国开发计划署2010年《人类发展报告》

中，对全球104个发展中国家多维度贫困指数（MPI）的测算采用了3个维度（健康、教育和生活标准），共10个指标。其中，健康维度包括营养和儿童死亡率2个指标；教育维度包括成年人受教育年限和儿童入学率2个指标；生活标准维度包括做饭用燃料、厕所、饮用水、电、屋内地面和资产6个指标。这3个维度10个指标识别了家庭层面的剥夺，反映了贫困人口平均受剥夺的人数以及贫困家庭所遭受的剥夺维度。

中国建筑业农民工的多维贫困则更具有复杂性。在考察农民工多维度贫困状况时，要将农民工群体加以区分，分别考察不同因素对农民工贫困影响的差异性，构建一个测量建筑业农民工多维贫困的指标体系以及确定各指标的贫困标准，其中在设定各指标贫困标准时要注意参考前人的研究成果并结合农民工群体的特殊性合理确定。

本课题基于中国的实际情况，将联合国MPI的3个维度扩展为5个维度（见表5-4）。这5个维度分别包括教育、健康、资产、生活标准和社会参与，即针对中国减贫经验，增加了资产维度和社会参与维度。资产维度包括是否为贫困户、是否有承包地和房屋状况3个方面的指标。资产反映了一个家庭多年的收入积累和消费平滑后的财富状况。是否为贫困户能够直观反映一个家庭当前的财富情况；是否有承包地能够准确地反映一个家庭长期的经济状况和其摆脱贫困的能力；房屋可以通过继承、转让、转移等多种形式获得，它更能反映一个家庭或个人所处的社会状态。社会参与维度包括与公司经理的关系、与工友同事的关系、与城里人是否有来往、节假日加班情况及参加地区文化体育活动5个方面的指标。一方面社会参与可以有效地反映出一个家庭的收入情况，另一方面精神贫困程度也应该是我们研究贫困问题的重要立足点。

表5-4　　建筑业农民工多维贫困维度与指标设置

维度	指标	阈值
教育	教育年限	教育水平在初中及初中以下赋值为“1”
	是否接受过职业培训	“未参加”过职业培训赋值为“1”
	抚养孩子等家庭负担	参照联合国教育维度下“儿童入学”指标。消费支出主要用于子女教育、赡养老人、医疗开支的赋值为“1”
健康	城市医疗保险	只有新农合、新农保、工伤保险的，或只有三者中的部分保障的赋值为“1”
	新农合是否报销	手续不全不给报、手续复杂不愿报、回去不方便报销成本太高三种情况的赋值为“1”
	工伤保险	此项受访者没有工伤保险的赋值为“1”
	是否经常体检	两年以上没有参加过体检的赋值为“1”
	劳保用品	劳保用品企业免费提供或者企业免费提供一部分，赋值为“0”，其余情况赋值为“1”
	是否签用工合同	没有与企业签订劳动合同或用工合同的赋值为“1”
	工作负荷与工作时间	凡工作时间在8小时以上的赋值为“1”
资产	是否为贫困户	被访者为贫困户、低保户或者两者都是的赋值为“1”
	是否有承包地	已经没有承包地的赋值为“1”
	房屋状况	老家的房屋为泥土地面的赋值为“1”

续前表

维度	指标	阈值
生活标准	平时饮用水来源	平时饮用水如果是自来水或者深度大于5米的井水，赋值为“0”
	厕所	平时使用的厕所如果是室内冲水厕所，或者是集体住房内厕所，赋值为“0”
	耐用消费品	电视机、电动车、移动电话、洗衣机等消费品拥有2项以上者，认定为非贫困，赋值为“0”
	电力照明	如调查者照明处于经常停电或者不通电的情况，赋值为“1”
	伙食满意	如调查者伙食满意度为很满意或者比较满意，赋值为“0”，此外赋值为“1”
	生活条件满意度	如调查者生活条件满意度为很满意或者比较满意，赋值为“0”，此外赋值为“1”
	是否拖欠工资	如一年内遇到了拖欠工资的情况，赋值为“1”
社会参与	与公司经理的关系	如与公司经理的关系很好或较好，赋值为“0”，此外赋值为“1”
	与工友同事的关系	如与工友及同事的关系很好或较好，赋值为“0”，此外赋值为“1”
	与城里人有来往吗	从来不来往，或偶尔来往，赋值为“1”
	节假日加班吗	如经常加班或每个节假日都加班，赋值为“1”
	参加过本地区举办的文化体育活动吗	没有参加过的赋值为“1”，如参加过则赋值为“0”

5.1.3 农民工多维贫困的指数测算结果

当前国内外权威的多维贫困测算体系，主要分为收入标准测算、联合国贫困指数测算体系以及目前最流行的多维贫困指数（MPI）测算方法。第一种测算方法是收入标准测算。英国是最早制定收入贫困标准的国家，之后美国也开始制定收入贫困标准，其中 1950 年以前，英国选用基本的食品、衣着、住房需求的“购物篮子”作为衡量贫困的标准；而 1979 年以来，英国的贫困标准开始转向相对贫困，“社会排斥”现象也开始受到广泛的关注。美国则有两个版本的官方贫困线，即贫困线和贫困指南。其中贫困线由美国人口统计局发布，主要用于统计贫困人口数量；贫困指南由美国健康与人类服务部发布。第二种测算方法是联合国开发计划署 2010 年《人类发展报告》中的贫困指数测算体系。《人类发展报告》秉承的核心理论是，反贫困的目的是促进人类发展，即扩展有理由珍视的真实自由。基于这一思想，联合国开发计划署设计了人类发展指数（HDI）。该指数以人类发展的 3 个基本维度来衡量一国取得的平均成就，分别是健康长寿、知识的获取及生活水平。健康长寿用出生时预期寿命计算，教育用平均受教育年限和预期受教育年限数据计算，收入用人均国民生产总值（GNP）计算。第三种测算方法是目前国际上标准化的多维贫困指数（MPI）。目前国际上的 MPI 主要包括 3 个维度：健康、教育和生活标准，共 10 个指标，而本章将其扩展为 5 个维度 25 个指标。

利用居民户调研数据及本书所使用的多维贫困 AF 方法，估算出的中国多维贫困结果如表 5－5 和表 5－6 所示。为了区分不同指标权重下的多维贫困指数（M_0）、贫困人口发生率（H,%）与剥夺强度（A,%），本章采用两种方法。

第一种方法：按维度加权。令每个维度的权重相等。维度下的指标多，每个指标所占的权重则较小。基于这种方法所得出的多维

贫困指数 MPI，如表 5－5 所示。基于方法一，当考虑 5 个维度中的任意 1 个维度的贫困时，全国贫困发生率（H）为 95.30%，即 95.30%的家庭存在 5 个维度中的任意一个维度贫困；剥夺强度为 10.28%，多维贫困指数为 0.098。当考虑 5 个维度中的任意 2 个维度的贫困时，全国贫困发生率（H）为 74.12%，剥夺强度为 11.38%，多维贫困指数为 0.084。当考虑 5 个维度中的任意 3 个维度的贫困时，全国贫困发生率（H）为 29.94%，剥夺强度为 13.39%，多维贫困指数为 0.040。

表 5－5　　中国多维贫困估计结果（按维度加权）

K	多维贫困指数（M_0）	贫困人口发生率（H,%）	剥夺强度（A,%）
1	0.098	95.30	10.28
2	0.084	74.12	11.38
3	0.040	29.94	13.39
4	0.002	1.28	16.62

第二种方法：按指标加权。多维贫困指数（M_0）、贫困人口发生率（H,%）与剥夺强度（A,%），如表 5－6 所示。基于第二种方法指标等量加权法，当考虑 5 个维度 25 个指标中的任意 1 个指标的贫困时，全国贫困发生率（H）为 100%，即 100%的家庭存在 5 个维度中的任意一个（二级）维度的贫困，剥夺强度为 49.47%，多维贫困指数为 0.495。当考虑 5 个维度 25 个指标中的任意 2 个指标的贫困时，全国贫困发生率（H）为 99.95%，剥夺强度为 49.50%，多维贫困指数仍然为 0.495。当考虑 5 个维度 25 个指标中的任意 3 个指标的贫困时，全国贫困发生率（H）为 99.47%，剥夺强度为 49.70%，多维贫困指数为 0.494。当考虑 5 个维度 25 个指标中的任意 11 个指标的贫困时，全国贫困发生率（H）为 70.76%，剥夺强度为 57.26%，多维贫困指数为 0.405。

表5-6　　　中国多维贫困估计结果（按指标加权）

K	多维贫困指数（M_0）	贫困人口发生率（H，%）	剥夺强度（A，%）
1	0.495	100.00	49.47
2	0.495	99.95	49.50
3	0.494	99.47	49.70
4	0.493	98.29	50.15
5	0.491	96.91	50.64
6	0.486	94.45	51.44
7	0.481	92.37	52.05
8	0.471	88.74	53.04
9	0.455	83.88	54.25
10	0.432	77.53	55.75
11	0.405	70.76	57.26
12	0.365	61.69	59.21
13	0.317	51.65	61.38
14	0.272	43.01	63.27
15	0.217	33.08	65.45
16	0.144	21.02	68.58
17	0.087	12.06	71.98
18	0.051	6.72	75.14
19	0.024	3.09	78.83
20	0.012	1.44	82.07
21	0.005	0.59	85.09
22	0.001	0.16	88.00

根据这两种不同权重下的多维贫困指数测算方法，我国建筑业所面临的多维贫困问题是非常严重的。这种严重性，不论是从多维贫困指数（M_0）、贫困人口发生率（H,%），还是从剥夺强度（A,%）指数，都可以体现出来。如果按照传统的收入标准，无论收入阈值采用农村贫困标准还是城市低保水平，都无法更全面地测量出我国建筑业的贫困状况。

根据本章理论部分的分析，多维贫困指数 M_0、贫困人口发生率 H、剥夺强度 A 都是维度 k 及临界值的函数，并且 $M_0(y,z)=\mu[g^0(k)]=HA$。多维贫困指数 M_0 越大，则说明建筑业农民工贫困问题越突出。而贫困人口发生率 H、剥夺强度 A 则从不同的角度刻画了多维贫困。

5.2　我国农民工多维贫困的成因分析

农民工作为由农村转移到城市的一个重要的劳动力人群，他们的生活状况、社会地位和福利情况，已经受到越来越多的关注。无论在数量上还是在城市的建设上，农民工对城市有了越来越大的影响。科学客观的贫困测量和分析是做好扶贫开发工作、提高建筑业农民工生活水平并使他们的现状得到切实改善的基础。只有分析清楚建筑业农民工这个特殊群体多维贫困发生的具体原因，才能促使政府机构对症下药，使建筑业农民工贫困问题早日得到有效解决。造成农民工贫困的因素是多方面的，本节主要从制度和农民工内部两方面分析。

5.2.1　造成农民工多维贫困的制度原因

首先，户籍制度是最主要的制度障碍，城市以农民工的户籍身

份阻碍了其在城市中公平竞争的自由，剥夺了其在就业、教育、社会保障等方面的权益，使其成为城市社会的最底层。我国的城乡二元结构阻碍了农村人口迁移和自由流动，户籍制度不仅仅是人口管理政策，也演变成了身份的象征，与其配套的福利制度和衍生的歧视性政策也阻碍了农民工摆脱贫困的步伐。

其次，组织制度的不健全使农民工的权益诉求无法得到保障，如工会是工人表达利益要求的渠道和谈判平台，而大多数农民工都没有加入，甚至不知道工会是否存在。这些制度的缺陷使农民工群体处于弱势状态，关系到社会的发展和建设。解决制度的问题可使农民工享受到互相尊重的社会空间，不仅可以改善物质贫困，也可以使社会人文环境得到全面提升。

最后，在劳动就业制度方面，城市就业形势日趋严峻，竞争日益激烈。城市劳动力市场现状是分割的，呈现二级分化的状态。一级劳动力市场对人力资本的要求较高，次级劳动力市场则主要是非熟练、没有特殊技能的就业者，一般是农村户口的外来务工人员，他们的劳动工资低、工作环境差、就业不稳定、可替代性强，受限于自身的教育水平和职业技能低，因此基本没有可能进入一级劳动力市场，而在次级劳动力市场出现供大于求的现象。次级劳动力市场没有正规的就业体系，工资低且不合理，大多没有就业合同，农民工的权益易受到侵犯。

在本次调研对象中只有不到一半的人参加过与建筑业相关的技能/知识培训，这说明农民工在技能和知识方面是比较贫乏的。而在没有接受过技能培训的调研对象当中，70%的人是由于没有机会而无法参加培训。通过对最希望学到的知识的调查发现，70%的调研对象希望学习建筑业的技能，这部分人将来仍是希望从事建筑业，另有13%的人希望学到经商管理知识，这部分人大多希望将来能从事其他行业。

本次调研中问卷显示，该建筑工地的农民工建筑工人很少发生拖欠工资的情况，即使发生过拖欠工资的事情也是在为之前的雇主

工作时发生的，近年来工作中并没有发生过拖欠农民工工资的情况。另外，加班的情况在农民工身上也时有发生，表示经常加班的占比竟达将近30%之高，另外每个节假日都加班的占到了将近10%的高比例。与此同时，问卷显示加班没有加班费的工人比例占到40%，将近半数。由此可见，农民工在法定节假日休息的权利得不到保障，且加班期间有很大一部分农民工得不到加班费。另外，时至今日，仍然有不与农民工签订劳动用工合同的情况存在。农民工大多数都只拥有高中以下的学历，他们作为弱势群体，文化水平不高，签订劳动用工合同对于保护他们的权利至关重要。此外，根据现场的实地调研，我们发现该工地农民工工作时的保护措施比较少，甚至有的只有一顶施工安全帽。农民工经常进行高空作业，使用各种复杂的机械工具，极其容易受伤，因此企业为他们提供一些适当的保护措施是非常必要的。总之，农民工在工作中仍然存在着权利贫困的现象，还有许多地方需要改进。

5.2.2 造成农民工多维贫困的内生因素

首先，农民工自身能力较差，职业技能受限。农民工来到城市之前主要从事的是农业生产方面的工作，来到城市后从事的工作基本上与农业不相关。从事自身不熟悉的工作，而且处于职业岗位的最底层，农民工经常受到歧视和排挤。农民工在城市生活过程中的交往规则、卫生状况、日常生活与以往的农村生活有很大差异，他们不懂得城市生活的常识，在这个陌生的生活环境，当交往规则发生冲突时，常常会因此出现困境，例如用人单位不与之签订劳动合同，遭到非正规职业中介机构欺骗。

其次，农民工社会支持和社会网络受限。农民工进城之后，原先的社会网络难以发挥作用，大多数都是背井离乡独自一人在外打工，原有的认同感和安全感也降低，难以迅速建立新的社会关系，获得有效的生活帮助和精神支持。农民工不仅福利待遇差于城市居

民，也经常受到城市居民的“有色眼镜”的对待，逐渐产生“边缘人”的自卑感，形成自我隔离的状况，回避与城市居民交往，精神生活匮乏。这种交流的缺乏限制了他们的社会互动和参与，增大了农民工与城市居民的距离。

农民工的精神贫困情况可以从两个方面进行总结。一方面，从社会关系来看，农民工的交际情况总体较好，但也存在着一定问题，包括与上级管理人员之间的社会关系趋于两极化、总体社交地位仍相对弱势等。同时，农民工们在遇到困难时受到的帮助更多的还是来自亲属、老乡和工作单位。而当地政府和公益组织虽然也有一定程度上的援助，但所占比重较小，仍需要采取更进一步的措施。另一方面，从社会参与来看，农民工的空闲时间有限，导致他们的业余活动更多地局限于看电视、上网等。同时，农民工普遍有参与各项社会活动的意愿，但都没有相应的经历。因此，政府相关部门以及公益机构可以适时地为农民工提供一定的机会。

最后，农民工的家庭负担较重。一般在外务工的农民工大多为家庭中年轻力壮的男性，他们承担着赡养老人和抚养孩子的重任，而且农民工的家庭人口普遍多于城市，随着近年来教育和医疗成本的逐年增加，农民工的家庭负担更加繁重。根据我们的调查结果，从总体生活状况来看，综合住房、伙食、生活电器或设备数量等各方面数据，大部分被调查农民工在城市的生活条件比较一般，而被调查农民工在老家的生活情况则比较乐观，这种差异也与其自身的评价相一致。从物质收入的角度来看，被调查农民工月均收入与年平均收入均处于中等，他们节衣缩食，自愿接受劳动时间长、劳动强度大、劳动条件差的现状，选择几乎仅能维持温饱的生活方式，这种生活方式使得农民工的生活质量维持在很低的水平，必然造成物质贫困。

造成农民工贫困的因素是多重的，而且这些因素之间相互影响。经济社会的发展还无法满足大多数的物质文化需要，农民工的生活状态并没有同步改善，反而在发展过程中陷入各种形式的相对

贫困状态。

参考文献

樊丽淑，孙家良，高锁平，2008. 经济发达地区城市农民工贫困的表现特征及根源. 理论导刊（5）：70－72.

金莲，2007. 城镇农民工贫困程度的测度. 中共贵州省委党校学报（4）：52－54.

林娜，2009. 多维视角下的农民工贫困问题研究. 中共福建省委党校学报（1）：50－55.

李善同，Walker Wendy，2009. 农民工在城市的就业、收入与公共服务：城市贫困的视角. 北京：经济科学出版社.

王雨林，2004. 对农民工权利贫困问题的研究. 青年研究（9）：1－7.

王小林，2012. 贫困测量：理论与方法 . 北京：社会科学文献出版社 .

杨洋，马骁，2012. 流动人口与城市相对贫困的实证研究. 贵州社会科学（10）：125－128.

Alkire，S.，Foster，J.，2011. Counting and multidimensional poverty measurement. Journal of Public Economics，95：476－487.

Bourguignon，F.，Chakravarty，S. R.，2003. The measurement of multidimensional poverty. Journal of Economic Inequality (1)：25－49.

第6章 户籍制度对农民工健康的影响*

6.1 引言

随着我国经济发展和人民生活水平提高，人们不再只满足于温饱，还要生活得更健康。正因如此，对健康的研究越来越受到重视。健康的身体作为人力资本的一种，不只关系到微观的个人收入获取能力、生活自理能力、预期寿命及最终幸福，也关系到宏观的一国人均收入潜力和国家竞争力。

对于城乡长期分隔的我国劳动力市场，农民工流动起到提高农村居民收入、缩小城乡收入差距的作用。但是，由于户籍等制度的阻碍，农民工的社

* 本章的内容原发表于 2018 年第 25 期英文杂志 *Health Economics*，收入本书时有改动。

会保障长期缺乏，工作条件比较恶劣，相对于城市人的收入也较低。因此，农民工的健康状况不容乐观。尤其是跨省流动的劳动力，背井离乡，缺少家人照顾，而且适应新的生活环境可能有一定压力，更有可能不健康。近年来，农村大病医疗虽然开始在农村推广，但是基本是在省内执行。户籍制度使得跨省农民工可能面临医疗保障不在就业所在地的问题，因此跨省农民工更可能面临疾病冲击时的无奈。

健康的代理变量有死亡率、疾病发病率、患慢性病率以及自评的健康状况等，外出务工对这些变量的影响已经在各国被很多国际学者研究。已有国外的研究发现基因因素和迁移目标所在地（place of residence）与出发地或出生地（place of birth）的差异是影响流动劳动力健康的两个最重要的因素。如果迁入地环境更好，那么务工对健康有可能有正面效应。此外，一些社会经济特征的影响也被验证。

中国的务工者健康效应值得研究的原因在于长期的质疑：一方面，中国的务工者在城市的生存条件较差，即使迁入大城市务工，可能获得的正向健康效应也值得怀疑；另一方面，农村生活条件本身也较差，因此外出务工后的生活条件未必变差。因此，综合的影响并不确定，这个问题在中国的研究甚至可能得到和国外已有研究结果都不同的结论。

近几年来，农民工流动呈现出显著的回流特点，即跨省流动比例减少，中西部农民工到东部的比例也在减少①。本章研究的又一个意义是提供健康这一视角的另一个解释劳动力流动现象的路径。如果外出务工导致劳动力健康状况变差，那么从长期看这毫无疑问会降低农民工继续外出的动力。

本章结构安排如下：6.2 节介绍相关研究文献；6.3 节描述我

① 2011 年国家统计局的农民工监测报告（2012 - 04 - 27）. http：//www.stats.gov.cn/tjfx/fxbg/t20120427_402801903.htm.

们使用的数据、假说和检验方法；6.4节给出实证分析结果；6.5节是本章结论。

6.2　相关文献综述

McKay、Macintyre和Ellaway（2003）对劳动力流动的健康效应做过详细总结，包括国内流动效应和国际流动效应，共总结了300篇左右之前的研究，涵盖世界各国的务工与健康关系研究。但里面只有一篇涉及中国西昌市农民工的研究。苑会娜（2009）对中国国内农民工流动对健康的影响做过总结。在他们的基础上，我们进一步梳理了研究农民工流动与健康关系的思路：

要识别迁移对健康的影响，一个重点是考虑排除基因的影响。对于基因或者固有特征的影响，McKay、Macintyre和Ellaway（2003）总结了很多研究，比如意大利内部劳动力流动对健康影响的研究。意大利南北部在人口健康特征上有很大差异，主要表现为北部有更高的癌症死亡率。几个对意大利的研究发现出生地是决定癌症死亡率的更重要的因素，而不是居住地。这意味着基因因素在起作用，而迁移的作用较小。比如，Vigotti等（1988）发现胃癌、咽喉癌、膀胱癌、食道癌死亡率都和出生地相关。Buiatti等（1985）和Fascioli等（1995）分别发现肺癌和直肠癌与出生地相关而与居住地无关。南方的女性即使迁移到北方，仍然比北方女性有更低的乳腺癌死亡率。出生地的影响包括基因对健康的影响，或者一些生活习惯如饮食习惯保留导致的持续性健康影响（Toniolo, et al.，1989）。在意大利，除了研究北部和南部的大区分类，还有细化的省份的出生地影响研究。Ceppi等（1995）研究发现肺癌和肝癌高风险区外出的人口仍然具有高的患病死亡率风险，改变地点并没有改变其死亡风险。Coggon等（1990）对英国的研究也发现，

不同地区胃癌死亡率大不相同，出生地是胃癌死亡率的决定因素，对于移民也一样。对美国的研究发现南北部在疾病死亡率上也有差异，如南部出生的黑人到新泽西州后与新泽西州本地黑人相比在癌症死亡率上有显著差异，男性移民和女性移民分别比当地人高31％和10％，而外国出生的黑人差异则不明显（Greenberg and Schneider，1995）。Mancuso（1977）发现俄亥俄州出生的黑人和南方出生的黑人在基因和贫困、营养不良方面有显著区别。只有少量研究发现消费习惯等的变化比基因的影响更大。比如，Elford等（1990）发现英国不同地区血压变化受到居住地而非出生地和成长地影响。除了基因影响，对于移民，其社会经济条件也影响疾病死亡率（Barbone，et al.，1996）。

专门对于农村到城市的迁移也有很多研究。这些研究结论经常得到负的健康效应结论，包括身体健康和心理健康。不只是适应不同的生活习惯带来压力，而且新的居住地有更多的健康风险。Verheij等（1998）报告了很多从农村到城市的移民健康状况不良，以“less than good”（不好）的自我报告健康状况为主，并经受着慢性病折磨。尽管国内移民都有这种现象，但农村到城市的问题尤大。Poulter等（1990）发现肯尼亚进城的农民比没有进城的农民血压高。He等（1996）对中国西南地区人们的研究发现，进入西昌的农民工有更高的患冠状动脉心脏病的风险，这可能是因为饮食上的变化，包括更多饱和脂肪的吸收和纤维摄入的减少，以及烟酒消费的增加和体育锻炼的欠缺。Torun等（2002）发现高比例的危地马拉女农民工超重，久坐和饮食不良导致健康变差。另外，Brockerhoff等（1995）发现由于发展中国家农民工居住条件差以及生育条件不健康，儿童死亡率偏高。

Bhugra和Jones（2001）认为从一种文化到另一种文化环境的适应过程是一个艰难的过程，从而会对个人的身心健康产生负面影响。但这并不意味着移民就一定会恶化个人身心健康，仍有文献表明移民不会恶化个人健康。如Steven等（2009）发现，从汤加王

国到新西兰的移民的健康状况出现了好转，特别是妇女以及移民前健康水平较低的个人健康状况好转明显。他们认为这可能是因为迁移使移民摆脱了在原居住地的社会约束的负担，而那些负担都可能造成他们的紧张和压抑。Foliaki（1997）指出还有一种机制可能导致移民健康状况好转，即劳动力迁移会提高移民的劳动生产力，从而在短期内大量增加收入，缓解原居住地家庭、村庄和教堂的贫乏。总之，迁移对健康的影响是非常复杂的，取决于社会经济实际的众多因素。

此外，还有一些研究分析外出务工对家庭留守成员的影响，包括外出务工对留守老人健康和留守儿童健康的影响以及丈夫外出务工对留守妇女健康的影响。这种研究相对较少，但也会是影响农民工流动的因素。本章由于资料限制只对这个问题进行适当分析。

在中国国内的研究中，苑会娜（2009）根据在北京市城八区进行的农民工调查数据，发现样本农民工存在健康恶化现象，即与流动前的健康状况相比，流动后健康状况可能发生恶化。她还发现社会经济地位越低的农民工健康越可能恶化。刘晓昀（2010）运用农户调研数据分析了农村劳动力流动对农村居民健康的影响，发现农村劳动力外出务工总体上可以显著提高农村居民的健康水平。进一步的研究表明，不同性别的劳动力外出务工对家庭成员健康水平的影响存在差异。男性劳动力外出可显著提高家庭成员的健康水平，而女性劳动力外出则显著降低了家庭成员的健康水平。

一些对中国农民工外出务工的研究表明，工作、家庭和人际关系相关的困苦会造成移民精神压力，并进而引发移民精神健康问题（Li，et al.，2006，2009；Shen，et al.，1998；Wong，et al.，2008）。Li等（2009）根据1 006名北京市务工者的调查数据研究他们的健康状况，并与这些务工者原住地的居民和务工者务工地点的原住居民进行了健康比较，结果发现这些务工者的精神健康状况远远劣于这两组比较对象。然而，Li等（2007）对在杭州务工的务

工者也进行了相类似的研究，将他们与浙江省的本地户籍居民以及农村居民进行了健康比较，结果发现务工者比乡村居民的健康情况差，但与城市居民的健康无明显差别。这种差别来源于北京与杭州的生活条件和社会环境的差别：北京拥有大量的农民工，而政策和环境远不能满足这些农民工的健康需求（Li，et al.，2009；Li，et al.，2007）。Chen（1996）通过对北京市 1 474 个农民工调查数据的研究发现，随着外出务工时间的延长，农民工健康也在不断恶化。Chen 认为这种现象源于中国的户籍制度给外出务工的农民工制造了留京务工压力，而低下的生活水平也是这种现象的一个主要因素。

在研究外出务工对健康的影响时，典型的办法是将外出务工人员的健康状况与其他参照人群的健康进行对比。比如，和在出生地的其他人群的健康状况进行对比，或者和在居住地或工作地的人群的健康状况进行对比。这样的简单对比存在很多问题，如务工人员的内生选择问题以及可能的反向影响关系。

务工本身具有选择性，即健康的人更倾向于外出务工，因此直接比较务工者和本地留守者存在偏差。现有采取包括自评健康、慢性疾病的发生率和日常生活困难（Gee，et al.，2004；Antecol and Kelly，2006）等指标的大量研究发现，采用这些指标，一些移民输入国存在移民健康效应（healthy immigrant effect，HIE），即新移民健康状况较好，或者说健康状况较好的才移民，如对美国（Stephen，et al.，1994；Antecol and Kelly，2006）、加拿大（Chen，et al.，1996；Perez，2002；Deri，2003；McDonald，2003）、澳大利亚（Donovan，et al.，1992）等国的研究。Kington 等（1998）就发现美国黑人从南部迁移的多半是健康的。迁移和保持居住都是有选择性的，因为生病的个人可能返回老家。Brimblecombe 等（2000）发现到较近距离打工者相比到更远处打工的有更高的死亡率，对这一现象的解释是到近处打工者都是生病的。对移民健康效应的检验方法有 3 种：（1）比较移民与当地具有相似人口特征的居民的健康状况

(Barbone, F., et al., 1996; Coggon, D., et al., 1990; Foxman, B., et al., 1984)。(2) 比较移民不同时期的健康状况。(3) 将移民与其来源地的非移民进行比较 (Gushulak, 2007; Steven, et al., 2009)。流动人口存在“移民健康效应”，即新移民的健康状况甚至好于当地居民的健康状况，但是这种健康优势会随着时间而流逝 (Gee, et al., 2004; Antecol and Kelly, 2006; Gushulak, 2007)，即迁移会随着时间逐渐恶化移民的健康。选择性使得使用面板数据分析健康问题尤其重要。使用面板数据才能发现这种健康的变化，从而排除本身基因等因素影响。而已有针对中国的研究还没有发现使用面板数据的文献。

农民工已经成为我国产业工人的重要组成部分。农村劳动力流动为中国的经济和社会发展做出了重要贡献，也提高了外出打工者及其家庭的生活水平，减缓了贫困，抑制了城乡差距，而健康状况的恶化可能意味着对社会已获和将获利益的损害，甚至使流动者个人及其家庭因病致贫返贫。如果流动农民工的健康状况恶化，他们能否继续留在城市？如果带病返回家乡，在城市中出现的问题最后却要由农村来买单是否会进一步拉大城乡差距？农民工的健康问题关系到未来经济社会发展和社会公平，也是我国城市化中应该考虑的一个重要问题。并且它和当前农民工流动的地区变化息息相关，影响宏观经济全局。本章使用较新的面板数据来进一步论证这个问题。

6.3　基本统计

6.3.1　数据说明

本章所用数据来自农业部农村固定观察点办公室的调查数据

（简称 RCRE 数据）。该数据包括 2003 年到 2006 年对中国各省众多农村家庭各种经济指标的全面调查信息。RCRE 数据库分为八个部分，其中包括家庭类型、家庭成员基本情况及劳动和收入信息、土地情况、产出投入信息、固定资产和家庭全年收支等。本章的研究涉及家庭成员务工信息、健康信息和家庭收入信息等部分。

我们对原始数据进行了必要的初步处理。第一，对于涉及收入的信息，我们都用各省农村消费价格指数进行了平减，调整为以 2003 年价格计算的实际收入。第二，我们删除了数据库中的异常样本，这些异常样本包括：超大型家庭，即家庭劳动力数量或未成年人数量多于 20；户主年龄小于 16 岁；部分变量缺失的样本；有少量明显数据错误而又难以修正的样本，比如最高受教育年限大于 22 年的样本家庭。删除的异常样本不及总观测数的 2%，对总样本影响较小。我们最后共得到了 2003—2006 年共计 20 多万个样本。

对健康和外出务工相互影响的研究，有必要使用面板数据。原因在于，外出务工对健康的影响以及反向影响经常具有滞后性，使用横截面数据进行研究不利于发现二者关系。基因的影响也使得控制固定效应的面板数据非常重要，而用面板数据进行二者关系研究在国内学者中还很少看到。

6.3.2 变量说明

我们最重要的被解释变量是务工者个人的健康状况。在数据库中，这个变量是自我评价的健康程度，分为 5 个等级，从 1 到 5 分别是 1 -丧失劳动能力，2 -差，3 -中，4 -良，5 -优。外出务工在数据库中分为 8 类，我们只关心到省外务工，将其作为外出务工的代理变量，试图观察健康和外出远方务工的交互效应，并尝试解释宏观上的人口流动。在很多已有的研究中，尽管有些争议，但是自评健康水平仍然被认为是相对合理的健康测度。该指标对于实际的健康水平有很好的预测效果（Hertzman，et al.，2001；Power，et

al.，1991）。此外，不少文献发现自评健康水平与死亡率密切相关，自评健康水平越差，死亡率就相对越高（Idler and Benyamini，1997；Wannanethee and Shaper，1991）。

6.3.3　描述性统计

表 6－1 给出了所有样本的基本描述性统计，2004—2006 年相对于上一年，健康变差的样本达到约 24%，其中包括自然老化和可能的务工影响。需要说明的是，“省外务工日工资”计算方法如下：对于实际到省外务工的人员，实际日工资即等于省外务工日工资，而对于没有到省外务工的劳动力，省外务工工资是本村到外省的务工工资平均值。这个操作使得每个劳动力都有一个省外务工工资，从而便于下文分析。即使没有到省外务工，劳动力仍然面临着相应的机会成本。

表 6－1　　　　主要变量描述性统计

	观测值	均值	标准差	最小值	最大值
健康变差	150 880	0.24	0.43	0	1
省外务工	208 449	0.10	0.30	0	1
省外有人陪伴的务工	208 449	0.06	0.24	0	1
家庭只有一个人省外务工	208 449	0.12	0.32	0	1
家庭人均医疗支出	199 724	125.91	597.13	0	48 933.15
家庭人均实际收入	199 724	3 954.46	6 440.11	−24 906.4	732 011.3
年龄	208 449	40.94	14.46	0	100
男性	208 449	0.52	0.50	0	1
农业	208 449	0.55	0.50	0	1

续前表

	观测值	均值	标准差	最小值	最大值
工业	208 449	0.10	0.31	0	1
建筑业	208 449	0.05	0.21	0	1
运输业	208 449	0.02	0.15	0	1
商业	208 449	0.08	0.27	0	1
健康	208 042	4.39	0.78	1	5
专业技能	208 449	0.13	0.33	0	1
省外务工日工资	174 308	16.94	21.24	−58	1 004.24
受教育年限	198 415	6.91	2.78	0	22
村内省外务工占总人口比例	183 449	0.06	0.08	0	0.67

说明：省外务工均值小于家庭只有一个人省外务工，是因为我们将有一人省外务工的家庭各个成员这个变量都赋值为1，也就是说，即使本人没有省外务工，但家庭中有其他一个成员外出务工，他的这个变量值也为1，这导致了“家庭只有一个人省外务工”变量均值更大。

6.3.4 假说

我们提出外出到省外务工和健康的可能交互影响的假说，这些假说的验证有利于发现健康对务工到远处的影响，以及外出到远处对个人和家庭健康的影响。假说如下：(1) 到省外务工可能会降低本人健康水平；(2) 单人到省外务工会降低本人健康水平；(3) 单人到省外务工会降低家人健康水平；(4) 健康状况较好的个体更倾向于到外省务工，尤其是欠发达地区。此外，不同地区是否存在不同效应也将被验证。

6.4　回归分析

在本节，我们将分析6.3节提到的各种假说，通过回归方法，利用面板数据，加入滞后项，从而发现健康和务工相互影响的滞后效应，并且可以避免使用横截面数据的同期内生性问题。

6.4.1　假说一：到省外务工可能会降低本人健康水平

我们首先以本人健康状况是否变差为被解释变量，观察上一年到省外务工对本年健康状况相对于上年是否变差的影响。由于其他因素可能对健康状况产生影响，比如随着年龄增加，健康状况会自动变化，我们在控制变量里加入了年龄及其平方项。上一期的家庭收入和医疗支出也对健康变化有潜在影响，个人主要从事行业也对本人健康有潜在影响。这些因素都被同时控制在回归模型中（见表6－2）。我们最关心的是上一期省外务工是否导致本期健康变差。

表6－2　　上期省外务工对本人健康影响

解释变量	被解释变量：本人健康是否变差			
	(1)	(2)	(3)	(4)
上一期省外务工	0.101*** (0.021 8)	0.069 6*** (0.022 6)	0.107*** (0.021 8)	0.074 0*** (0.022 6)
上一期家庭人均收入	−9.35e−06*** (1.94e−06)	−1.04e−06 (1.44e−06)	−8.55e−06*** (1.92e−06)	−5.16e−07 (1.28e−06)
年龄	−0.010 8*** (0.002 48)	−0.009 00*** (0.002 51)	−0.010 9*** (0.002 48)	−0.009 08*** (0.002 51)
年龄平方	0.000 201*** (2.78e−05)	0.000 190*** (2.81e−05)	0.000 204*** (2.78e−05)	0.000 193*** (2.81e−05)

续前表

解释变量	被解释变量：本人健康是否变差			
	(1)	(2)	(3)	(4)
农业	0.071 8***	0.033 1*	0.071 3***	0.030 7*
	(0.017 4)	(0.017 8)	(0.017 4)	(0.017 8)
工业	−0.111***	−0.087 5***	−0.111***	−0.086 1***
	(0.025 4)	(0.025 8)	(0.025 4)	(0.025 9)
建筑业	0.020 7	−0.005 47	0.022 2	−0.004 45
	(0.031 5)	(0.032 0)	(0.031 5)	(0.032 0)
运输业	−0.153***	−0.161***	−0.155***	−0.163***
	(0.047 7)	(0.048 1)	(0.047 8)	(0.048 2)
商业	−0.087 5***	−0.103***	−0.088 1***	−0.104***
	(0.027 5)	(0.027 9)	(0.027 5)	(0.027 9)
地区虚拟变量	No	Yes	No	Yes
年份虚拟变量	No	No	Yes	Yes
常数项	−1.555***	−1.926***	−1.557***	−1.971***
	(0.052 0)	(0.197)	(0.052 8)	(0.198)
样本数	117 027	117 027	117 027	117 027
对数似然函数值	−24 343.456	−23 931.799	−24 323.523	−23 906.344

注：*** 表示在1%水平上显著，** 表示在5%水平上显著，* 表示在10%水平上显著。括号中是标准误差。

由表6－2可以看到，上一期到省外务工显著导致健康状况变差，即使控制地区和年份因素后假说也成立。在这里，地区因素可以近似地反映基因的作用。其他控制变量中，年龄呈现U形影响规律，即趋向中年，健康变差可能性下降，但接近老年健康会自动变差。人均收入较高的家庭健康变差可能性明显变小。相对于其他行业，在工业、运输业和商业中经营的个体健康更容易变差。

表6－3和表6－4将沿海和内陆地区分开，观察二者外出务工对健康效应的不同。可以看到，在其他解释变量基本保持和表6－2一致的情况下，内陆地区的外出务工更倾向于导致健康变差，而沿海

地区则没有显著影响。这意味着健康很可能是影响近年农民工从沿海返回内陆的原因之一。内陆和沿海指的是原居住地，而非迁移目的地。

表6-3　　上期省外务工对本人健康影响：沿海地区

解释变量	被解释变量：本人健康是否变差			
	(1)	(2)	(3)	(4)
上一期省外务工	0.028 8 (0.058 4)	−0.081 4 (0.060 3)	0.043 0 (0.058 6)	−0.071 4 (0.060 5)
上一期家庭人均收入	−8.08e−06*** (2.67e−06)	−1.00e−06 (2.29e−06)	−7.54e−06*** (2.65e−06)	−3.63e−07 (2.21e−06)
年龄	−0.024 6*** (0.004 82)	−0.018 9*** (0.004 94)	−0.025 1*** (0.004 82)	−0.019 5*** (0.004 95)
年龄平方	0.000 381*** (5.38e−05)	0.000 330*** (5.50e−05)	0.000 389*** (5.39e−05)	0.000 341*** (5.51e−05)
农业	0.099 1*** (0.032 0)	0.063 2* (0.032 9)	0.095 6*** (0.032 1)	0.057 0* (0.033 0)
工业	−0.073 6* (0.041 3)	−0.047 8 (0.041 9)	−0.074 9* (0.041 5)	−0.044 7 (0.042 1)
建筑业	0.032 4 (0.070 3)	0.015 6 (0.071 5)	0.032 5 (0.070 4)	0.017 2 (0.071 7)
运输业	−0.099 7 (0.086 4)	−0.077 9 (0.086 8)	−0.106 (0.086 7)	−0.082 6 (0.087 2)
商业	−0.048 7 (0.047 8)	−0.064 0 (0.048 2)	−0.046 9 (0.047 9)	−0.063 6 (0.048 4)
地区虚拟变量	No	Yes	No	Yes
年份虚拟变量	No	No	Yes	Yes
常数项	−1.433*** (0.100)	−1.956*** (0.155)	−1.563*** (0.103)	−2.045*** (0.217)
样本数	36 260	36 260	36 260	36 260
对数似然函数值	−6 364.884 2	−6 256.310 1	−6 341.054 4	−6 219.990 5

表 6-4　　上期省外务工对本人健康影响：内陆地区

解释变量	被解释变量：本人健康是否变差			
	(1)	(2)	(3)	(4)
上一期省外务工	0.077 6***	0.087 7***	0.082 4***	0.090 8***
	(0.024 1)	(0.024 8)	(0.024 1)	(0.024 8)
上一期家庭人均收入	−3.18e−06	−8.76e−07	−2.03e−06	−4.88e−07
	(2.61e−06)	(1.77e−06)	(2.38e−06)	(1.57e−06)
年龄	−0.005 70**	−0.005 52*	−0.005 83**	−0.005 57*
	(0.002 90)	(0.002 92)	(0.002 90)	(0.002 92)
年龄平方	0.000 136***	0.000 140***	0.000 139***	0.000 142***
	(3.25e−05)	(3.27e−05)	(3.25e−05)	(3.27e−05)
农业	0.043 6**	0.020 3	0.042 5**	0.018 9
	(0.020 9)	(0.021 2)	(0.020 9)	(0.021 1)
工业	−0.101***	−0.103***	−0.101***	−0.103***
	(0.032 7)	(0.033 2)	(0.032 7)	(0.033 2)
建筑业	−0.003 77	−0.019 2	−0.003 07	−0.018 8
	(0.035 6)	(0.036 0)	(0.035 6)	(0.036 0)
运输业	−0.184***	−0.194***	−0.186***	−0.195***
	(0.057 3)	(0.057 9)	(0.057 4)	(0.057 9)
商业	−0.102***	−0.117***	−0.103***	−0.118***
	(0.033 8)	(0.034 2)	(0.033 8)	(0.034 2)
地区虚拟变量	No	Yes	No	Yes
年份虚拟变量	No	No	Yes	Yes
常数项	−1.607***	−0.685***	−1.643***	−1.140***
	(0.061 0)	(0.118)	(0.061 9)	(0.087 4)
样本数	80 767	80 767	80 767	80 767
对数似然函数值	−17 932.742	−17 659.502	−17 919.689	−17 652.325

为了更有效地估计省外务工对健康的影响，减少估计偏误，我们采用倾向分值匹配方法（PSM）进行估计，这一方法相对于固定效应模型有两个独特优势：一是它作为一种非参数方法，不依赖于

线性模型的假设，因此即便上期外出务工对健康的影响不是线性的，估计结果仍是一致的；二是对控制组进行更准确的处理，即在构造控制组时只选择落到共同支持（common support）区间的非省外务工劳动力，即尽量选择那些省外务工变量以外其他各方面特征与实验组（上期外出省外务工）中的省外务工劳动力相近的劳动力，使得实验组与控制组之间更具可比性，因而得到的估计会更精确一些。

该方法的第一步是估计倾向分值函数（propensity score function）$P(\text{lag\_mig}=1 \mid X_{it})$，即给定一组可观察的特征情况下家庭省外务工的概率，在估计得到每个个体的倾向分值后，再据此对样本进行匹配。本章采用常见的最近邻方法（nearest neighbor matching）。具体方法原理可参见 Becker 和 Ichino（2002）。根据下面公式（Heckman，et al.，1998；Eichler and Lechner，2002），就可以估得省外务工对健康影响的平均效应，用 τ_{ATT}^{PSM} 表示：

$$
\begin{aligned}
\tau_{ATT}^{PSM} &= E[y_{1it} - y_{0it} \mid D_i = 1] \\
&= E\begin{bmatrix} \{E[y_{1it} \mid X_{it}, D_i = 1] \\ - E[y_{0it} \mid X_{it}, D_i = 0]\} \mid D_i = 1 \end{bmatrix}
\end{aligned}
$$

式中，y_{1it} 表示实际发生省外务工的健康是否变差变量；y_{0it} 表示没有发生省外务工的消费偏差；D=1 表示劳动力省外务工，D=0 表示没有发生。需要指出的是，X_{it} 表示决定家庭上期是否省外务工的一组变量，本章采用性别、受教育程度、户主年龄及年龄平方、上一期户主健康状况、上一期家庭人均收入、上一期村内省外务工占总人口比例、上一期省外务工日工资。

表 6-5 报告了省外务工对劳动力健康的影响。从第一行，我们发现，上一期省外务工使个人健康情况显著变差，这说明省外务工会明显恶化劳动力的个人健康情况。我们还发现，省外务工对沿海省市的劳动力的影响并不显著，省外务工会显著恶化内陆地区劳动力的健康状况。这些结果均与表 6-2、表 6-3 和表 6-4 的结果

一致。表 6－5 还报告了上两期省外务工和前三年省外务工对健康的影响。我们之所以考虑上几期省外务工对健康的影响，是因为省外务工对劳动力身体的影响有可能是一个长期的过程，在短期（在这里表现为 1 年）这种影响还不足以让劳动力个人认识而报告出这种健康变差的情况。我们发现上两期省外务工和前三年省外务工对健康的影响均与第一行相似。这也验证了我们的假说一。需要指出的是，采用 PSM 方法估计上两期省外务工和前三年省外务工对健康的影响时，我们相应地改动了 X_{it} ，使之更好地解释新的控制变量。

表 6－5　　　　省外务工对健康的影响

	全样本	沿海	内陆
上一期省外务工	0.006** (0.004)	−0.008 (0.009)	0.010*** (0.004)
上两期省外务工	0.008* (0.005)	−0.004 (0.011)	0.013*** (0.005)
前三年省外务工	0.008 (0.006)	−0.010 (0.014)	0.010 (0.008)

以上各表标准差都经过 Bootstrap 处理，且 p 值检验均为单边检验。

6.4.2　假说二：单人到省外务工会降低本人健康水平

表 6－6 至表 6－8 进一步检查是否单独外出更不利于健康，结果表明有人陪同的省外务工对于健康的影响并不显著，但省外务工仍然会降低健康程度。其他变量的影响和表 6－2 基本一致。

表6-6　　家人陪伴省外务工对本人健康影响

解释变量	被解释变量：本人健康是否变差			
	(1)	(2)	(3)	(4)
上一期省外务工	0.082 8**	0.056 4*	0.085 9***	0.058 1*
	(0.033 3)	(0.033 8)	(0.033 3)	(0.033 8)
上一期有人陪伴省外务工	0.029 6	0.021 2	0.034 1	0.025 7
	(0.039 9)	(0.040 4)	(0.039 9)	(0.040 4)
地区虚拟变量	No	Yes	No	Yes
年份虚拟变量	No	No	Yes	Yes
样本数	117 027	117 027	117 027	117 027
对数似然函数值	−24 343.179	−23 931.66	−24 323.155	−23 906.141

表6-7　　家人陪伴省外务工对本人健康影响：沿海地区

解释变量	被解释变量：本人健康是否变差			
	(1)	(2)	(3)	(4)
上一期省外务工	−0.074 0	−0.134	−0.066 0	−0.130
	(0.094 4)	(0.095 5)	(0.094 7)	(0.095 9)
上一期有人陪伴省外务工	0.167	0.085 9	0.178	0.095 5
	(0.116)	(0.118)	(0.116)	(0.118)
地区虚拟变量	No	Yes	No	Yes
年份虚拟变量	No	No	Yes	Yes
样本数	36 260	36 260	36 260	36 260
对数似然函数值	−6 363.826 3	−6 256.041 1	−6 339.864 8	−6 219.660 8

表6-8　　家人陪伴省外务工对本人健康影响：内陆地区

解释变量	被解释变量：本人健康是否变差			
	(1)	(2)	(3)	(4)
上一期省外务工	0.077 5**	0.080 9**	0.079 8**	0.082 2**
	(0.036 1)	(0.036 6)	(0.036 1)	(0.036 6)
上一期有人陪伴省外务工	0.000 244	0.010 9	0.004 03	0.013 8
	(0.042 6)	(0.043 1)	(0.042 6)	(0.043 1)
地区虚拟变量	No	Yes	No	Yes

续前表

解释变量	被解释变量：本人健康是否变差			
	(1)	(2)	(3)	(4)
年份虚拟变量	No	No	Yes	Yes
样本数	80 767	80 767	80 767	80 767
对数似然函数值	−17 932.742	−17 659.47	−17 919.684	−17 652.274

表 6-7 和表 6-8 的结果与表 6-3 和表 6-4 结果类似。无论沿海还是内陆地区，是否单独到省外并不重要，只要到省外务工，往往内陆地区的健康状况变差，而沿海地区没有显著影响。

6.4.3 假说三：单人到省外务工会降低家人健康水平

如果省外务工显著影响家人健康，那么也会反过来阻碍劳动力进一步到省外务工。然而，表 6-9 中的结果显示，省外务工对家人的健康状况没有显著影响。个人省外务工，只对自己的健康有负面影响。表 6-10 和表 6-11 的结论进一步证明，无论沿海还是内陆地区，家人健康并不受到其他人务工的影响。

表 6-9　　　　省外务工对家人健康影响

解释变量	被解释变量：家人健康是否变差			
	(1)	(2)	(3)	(4)
上一期 省外务工	0.101*** (0.022 4)	0.073 8*** (0.023 1)	0.107*** (0.022 5)	0.078 3*** (0.023 1)
上一期家庭 有单个人省外务工	0.000 137 (0.018 6)	−0.016 6 (0.019 0)	0.000 888 (0.018 6)	−0.016 9 (0.019 0)
地区虚拟变量	No	Yes	No	Yes
年份虚拟变量	No	No	Yes	Yes
样本数	117 027	117 027	117 027	117 027
对数似然函数值	−24 343.456	−23 931.415	−24 323.522	−23 905.947

表 6-10　　　　省外务工对家人健康影响：沿海地区

解释变量	被解释变量：家人健康是否变差			
	(1)	(2)	(3)	(4)
上一期 省外务工	0.016 9 (0.060 7)	−0.068 7 (0.061 9)	0.030 6 (0.061 0)	−0.057 9 (0.062 1)
上一期家庭 有单个人省外务工	0.032 7 (0.045 6)	−0.042 0 (0.046 1)	0.034 3 (0.045 8)	−0.044 2 (0.046 4)
地区虚拟变量	No	Yes	No	Yes
年份虚拟变量	No	No	Yes	Yes
样本数	36 260	36 260	36 260	36 260
对数似然函数值	−6 364.628 7	−6 255.890 6	−6 340.776 2	−6 219.531 8

表 6-11　　　　省外务工对家人健康影响：内陆地区

解释变量	被解释变量：家人健康是否变差			
	(1)	(2)	(3)	(4)
上一期 省外务工	0.082 1*** (0.024 7)	0.090 1*** (0.025 3)	0.086 8*** (0.024 7)	0.093 2*** (0.025 3)
上一期家庭 有单个人省外务工	−0.016 6 (0.020 4)	−0.010 0 (0.020 8)	−0.016 4 (0.020 4)	−0.010 2 (0.020 8)
地区虚拟变量	No	Yes	No	Yes
年份虚拟变量	No	No	Yes	Yes
样本数	80 767	80 767	80 767	80 767
对数似然函数值	−17 932.408	−17 659.386	−17 919.364	−17 652.206

需要说明的是，上面三个假说的验证我们都采用了滞后变量的形式，这主要是考虑到省外务工对健康的影响可能存在滞后效应。我们也考虑当期省外务工可能对当期健康的影响，结果仍然类似。受篇幅限制，这里不再列出相应结果。在表 6-12 中我们列出使用面板数据模型估计的省外务工是否影响健康的结果，发现从总体上来说仍然对健康有显著负面影响。表 6-13 和表 6-14 分别报告了沿海地区和内陆地区省市面板数据模型估计的结果，我们发现沿海地区省外务工对健康的影响并不显著，而内陆地区省外务工对健康

有显著负面影响，这一结果与前面的结果非常类似。

表 6-12　　全样本面板数据随机效应模型

解释变量	被解释变量：本人健康是否变差		
	(1)	(2)	(3)
上一期 省外务工	0.101*** (0.021 8)	0.082 8** (0.033 3)	0.101*** (0.022 4)
上一期有人陪伴 省外务工		0.029 6 (0.039 9)	
上一期家庭 有单个人省外务工			0.000 137 (0.018 6)
上一期 家庭人均收入	−9.35e−06*** (1.94e−06)	−9.36e−06*** (1.94e−06)	−9.35e−06*** (1.94e−06)
年龄	−0.010 8*** (0.002 48)	−0.010 8*** (0.002 48)	−0.010 8*** (0.002 48)
年龄平方	0.000 201*** (2.78e−05)	0.000 201*** (2.78e−05)	0.000 201*** (2.78e−05)
农业	0.071 8*** (0.017 4)	0.072 0*** (0.017 4)	0.071 8*** (0.017 4)
工业	−0.111*** (0.025 4)	−0.111*** (0.025 4)	−0.111*** (0.025 4)
建筑业	0.020 7 (0.031 5)	0.021 7 (0.031 5)	0.020 7 (0.031 5)
运输业	−0.153*** (0.047 7)	−0.152*** (0.047 7)	−0.153*** (0.047 7)
商业	−0.087 5*** (0.027 5)	−0.087 7*** (0.027 5)	−0.087 5*** (0.027 5)
常数项	−1.555*** (0.052 0)	−11.03** (4.687)	−1.555*** (0.052 0)
样本数	117 027	117 027	117 027
对数似然函数值	−24 343.457	−24 343.18	−24 343.457

表 6-13　　　　沿海地区面板数据随机效应模型

解释变量	被解释变量：本人健康是否变差		
	(1)	(2)	(3)
上一期 省外务工	0.028 4 (0.059 2)	−0.075 2 (0.095 5)	0.016 6 (0.061 5)
上一期有人陪伴 省外务工		0.168 (0.117)	
上一期家庭 有单个人省外务工			0.032 7 (0.046 2)
样本数	36 260	36 260	36 260
对数似然函数值	−6 364.598 3	−6 363.549 5	−6 364.350 1

表 6-14　　　　内陆地区面板数据随机效应模型

解释变量	被解释变量：本人健康是否变差		
	(1)	(2)	(3)
上一期 省外务工	0.077 6*** (0.024 1)	0.077 5** (0.036 1)	0.082 1*** (0.024 7)
上一期有人陪伴 省外务工		0.000 243 (0.042 6)	
上一期家庭 有单个人省外务工		−0.016 6 (0.020 4)	
样本数	80 767	80 767	80 767
对数似然函数值	−17 932.745	−17 932.745	−17 932.411

6.4.4　假说四：健康状况较好的个体更倾向于到外省务工，尤其是欠发达地区

我们进一步检查健康对外出省外务工的影响，同样采用滞后解释变量形式。表 6-15 检验全国农村居民健康状况对是否到省外务工的影响。

表 6-15 的结果显示，当期健康状况对省外务工有一定正向影

响，而上一年的健康状况影响不显著。中年人更倾向于省外务工，男性和受教育程度更高的劳动力更倾向于省外务工，而有专业技能的劳动力则会减少省外务工的可能。反映社会网络的村省外务工人数占人口比例对个体省外务工有显著正向影响。在控制地区和年份固定效应后，省外工资水平吸引外出务工。

表 6-15　　　　健康对省外务工的影响：全样本

解释变量	被解释变量：是否省外务工			
	(1)	(2)	(3)	(4)
当期健康状况	0.016 3 (0.015 9)	0.040 7** (0.016 4)	0.017 8 (0.016 0)	0.041 5** (0.016 5)
上一期健康状况	−0.013 9 (0.015 7)	0.010 7 (0.016 2)	−0.017 1 (0.015 7)	0.006 93 (0.016 2)
年龄	0.006 96** (0.003 02)	0.002 83 (0.003 11)	0.006 69** (0.003 02)	0.002 55 (0.003 11)
年龄平方	−0.000 695*** (4.18e−05)	−0.000 650*** (4.28e−05)	−0.000 694*** (4.18e−05)	−0.000 650*** (4.28e−05)
男性	0.307*** (0.012 2)	0.317*** (0.012 7)	0.310*** (0.012 2)	0.320*** (0.012 7)
教育年数	0.007 14*** (0.002 53)	0.010 8*** (0.002 63)	0.005 74** (0.002 54)	0.009 21*** (0.002 63)
专业技能	−0.176*** (0.017 2)	−0.191*** (0.018 0)	−0.178*** (0.017 3)	−0.191*** (0.018 0)
村省外务工占总人口比例	3.651*** (0.056 8)	2.489*** (0.064 2)	3.629*** (0.057 1)	2.493*** (0.064 2)
省外务工日工资	−0.000 775** (0.000 315)	0.003 43*** (0.000 425)	−0.001 03*** (0.000 315)	0.003 01*** (0.000 423)
地区虚拟变量	No	Yes	No	Yes
年份虚拟变量	No	No	Yes	Yes
常数项	−0.875*** (0.071 1)	−1.110*** (0.175)	−0.760*** (0.071 9)	−0.897*** (0.176)
样本数	93 997	93 997	93 997	93 997
对数似然函数值	−29 047.68	−27 208.253	−28 974.957	−27 139.329

结合表6-15和之前省外务工对健康影响的结论，我们可以看到，健康可能是影响省外务工的一个因素，这有利于解释农民工近年跨省流动减少和内陆地区去沿海地区减少。

本章的上述部分主要考察了省外务工的影响，如果仅考察农民工进城务工（无论省外还是省内）给健康带来的影响，结果会如何呢？此外，如果农民工在城市中获得了城市户口，健康效应是否会有差异呢？为了回答上述两个问题，我们对全样本采用三重差分法回归。此时外出务工者代表在城市工作六个月以上，但老家仍然在农村的劳动者。因变量为连续两年的自评健康水平之差。表6-16的结果显示，总体来说，外出务工的影响为正，加上之前发现的省外务工带来的负向健康效应，表明省内务工会提高健康水平。此外，交互项的系数为负，说明农业户口的属性确实对健康水平有负向效应。这进一步证实了户籍制度对农民工健康水平有不利的影响。

表6-16　　户籍对农民工健康的影响（三重差分模型）

解释变量	回归系数	稳健标准误差
外出务工	0.107**	0.043
外出务工×农业户口	−0.085**	0.043
农业户口	−0.004	0.024
控制变量	Yes	
年份虚拟变量	Yes	
样本量	40 364	
Wald _ test	0.000	

注：控制变量与上述回归相同。

6.5 总结和讨论

本章使用一个较新的面板数据，验证省外务工对健康的影响，也验证健康对务工的反向影响。结果表明，健康的身体是跨省劳动力流动的重要前提保证，同时，跨省劳动也会带来身体健康变差，内陆地区尤其明显。这意味着，近年来劳动力的流动地点变化和健康冲击有一定关系。内陆地区省外务工可能面临更差的生存环境，值得更多关注。本章对认识省外务工和健康间关系提供了新信息，也对认识跨省劳动力流动影响因素的猜想提出了可靠的新证据。

此外，我们发现户籍制度对农民工健康有负向影响。外来人口很难享受迁移地的社会保障。具体而言，中国的社会保障体系包括三个方面：社会救助、社会福利和社会保险。社会救助是政府给予生活在社会底层的人的救助，例如最低生活保障，对于家庭人均收入低于当地最低生活标准的本地人口由政府给予一定的现金资助，但是非本地户籍人员是无法享受的。社会福利包括给残疾人、老年人、儿童等特殊群体提供的保障性福利措施，如残疾人救助金、老年人免费公园卡等。但是外来人口不在社会救助和社会福利的覆盖范围内。

2010 年中国的《社会保险法》颁布，加快了覆盖城乡居民的社会保险体系建设，该体系主要包括两类：一类是基于劳动合同的覆盖城市就业人群的职工基本社会保险制度，另一类是基于户口的覆盖城市非就业人群的城镇居民保险制度和覆盖农村人群的新型农村社会保险制度。职工基本社会保险与职工的户口无关，只要用人单位愿意，都可以为在岗职工缴纳社会保险。换言之，户口制度对职工基本社会保险没有影响。2007 年颁布的《劳动合同法》和 2010 年颁布的《社会保险法》规定，用人单位应该为所有职员缴

纳社会保险。尽管如此，用人单位的执行情况并不理想，并非所有的城市就业人员都参加了职工基本社会保险。由于大多数农民工都从事低收入的工作，很少有雇主为他们缴纳社会保险，农民工的参保率只有10%左右。对未被职工基本社会保险覆盖的人群，各地方政府会制定当地的居民社会保险制度。以医疗保险为例，除了职工基本医疗保险以外，城镇未就业的居民可以参加城镇居民基本医疗保险，农村居民可以参加新型农村合作医疗。各地方政府制定的保费费率和保险赔偿存在差异。因此，外来人口如果没有参加职工基本社会保险，就只能在户口所在地参加社会保险，而不能在居住地参保。这给外来人口带来了很多问题，在一定程度上制约了农民工享受到的医疗服务，降低了农民工的健康水平。

当然，本章的自评健康水平更多强调的是身体健康，并没有心理健康的指标。未来的研究可以采用更多的健康度量指标和更长的面板数据对农民工健康问题进行更加深入的探讨。

参考文献

刘晓昀，2010. 农村劳动力流动对农村居民健康的影响．中国农村经济（9).

苑会娜，2009. 进城农民工的健康与收入：来自北京市农民工调查的证据．管理世界（5).

Antecol，H.，Kelly，B.，2006. Unhealthy assimilation：why do immigrants converge to American health status levels?．Demography，43（2)：337－360.

Barbone，F.，Filiberti，R.，Franceschi，S.，et al.，1996. Socioeconomic status，migration and the risk of breast cancer in Italy. International Journal of Epidemiology，25（3)：479－487.

Becker，S. O.，Ichino，A.，2002. Estimation of average treatment effects based on propensity scores. The Stata Journal，2（4)：

358－377.

Bhugra，D.，Jones，P.，2001. Migration and mental illness. Advances in Psychiatric Treatment，7：216－222.

Brimblecombe，N.，Dorling，D.，Shaw，M.，2000. Migration and geographical inequalities in health in Britain. Social Science & Medicine，50：861－878.

Brockerhoff，M.，1995. Child survival in big cities：the disadvantages of migrants. Social Science & Medicine，40（10）：1371－1383.

Buiatti，E.，et al.，1985. A case control study of lung cancer in Florence，Italy：II. effect ofmigration from the south. Journal of Epidemiology and Community Health，39（3）：251－255.

Ceppi，M.，Vercelli，N.，Decarli，A.，et al.，1995. The mortality rate of the province of birth as a risk indicator for lung and stomach cancer mortality among Genoa residents bornin other Italian provinces. European Journal of Cancer，31（2）：193－197.

Chen，J.，Ng，E.，Wilkins，R.，1996. The health of Canadas immigrants in 1994—1995. Health reports（Statistics Canada，Catalogue No. 82－003），7（4）：33－45.

Coggon，D.，Osmond，C.，Barker，D. J.，1990. Stomach cancer and migration within England and Wales. British Journal of Cancer，61（4）：573－574.

Deri，C.，2003. Social networks and health service utilization in Canada. Journal of Health Economics，24（6）：1076－1107.

Donovan，J.，d' Espaignet，E.，Merton，C.，et al.，1992. Immigrants in Australia：a health profile. Australian Institute of Health and Welfare：Ethnic Health Series，No. 1. Canberra：AGPS.

Eichler，M.，Lechner，M.，2002. An evaluation of public employment programmes in the east german state of Sachsen-Anhalt. Labour Economics，9（2）：143－186.

Elford, J., Phillips, A., Thomson, A. G. , et al. , 1990. Migration and geographic variations in blood pressure in Britain. British Medical Journal (Clinical Research Ed.), 300 (6720): 291 - 295.

Fascioli, S., Capocaccia, R. , Mariotti, S. , 1995. Cancer mortality in migrant populations within Italy. International Journal of Epidemiology, 24 (1): 8 - 18.

Foliaki, Siale, 1997. Migration and mental health: the Tongan experience. International Journal of Mental Health, 26 (3): 36 - 54.

Foxman, B., Frerichs, R. R. , Becht, J. N. , 1984. Health status of migrants. Human Biology, 56 (1): 129 - 141.

Gee, E. M., Kobayashi, B. M., Steven, G. P. , 2004. Examining the healthy immigrant effect in mid to later life: findings from the Canadian community health survey. Canadian Journal on Aging, 23 (98): 61 - 69.

Greenberg, M. , Schneider, D. , 1995. Migration and the cancer burden of New Jersey blacks. New Jersey Medicine, 92 (8): 509 - 511.

Gushulak B. , 2007. Healthier on arrival? Further insight into the "healthy immigrant effect". Canadian Medical Association Journal, 176 (10): 1439 - 1440.

He, J., Klag, M. J., Wu, Z., et al. , 1996. Effect of migration and related environmental changes on serum lipid levels in south-western Chinese men. American Journal of Epidemiology, 144 (9): 839 - 848.

Heckman, J. J. , Ichimura, H. , Smith, J. , et al. , 1998. Characterizing selection bias using experimental data. Econometrica, 66 (5): 1017 - 1098.

Hertzman, C. , Power, C. , Matthews, S. , et al. , 2001. Using an interactive framework of society and lifecourse to explain self-rated health in early adulthood. Social science & medicine, 53

(12)：1575－1585.

Idler，E. L.，Benyamini，Y.，1997. Selt-rated health and mortality：a review of twenty-seven community studies. Journal of Health and Social Behavior，23：21－37.

Juan C.，2011. Internal migration and health：re-examining the healthy migrant phenomenonin China. Social Science & Medicine，72：1294－1301.

Kington，R.，Carlisle，D.，McCaffrey，D.，et al.，1998. Racial differences in functional status among elderly U. S. migrants from the South. Social Science & Medicine，47 (6)：831－840.

Li，L.，Wang，H.，Ye，X.，et al.，2007. The mental health status of Chinese rural-urban migrant workers. Social Psychiatry and Psychiatric Epidemiology，42 (9)：716－722.

Li，X.，Stanton，B.，Chen，X.，et al.，2006. Health indicatorsand geographic mobility among young rural-to-urban migrants in China. World Health and Population，8 (2)：5－21.

Li，X.，Stanton，B.，Fang，X.，et al.，2009. Mental healthsymptoms among rural-to-urban migrants in China：a comparison with their urban and rural counterparts. World Health and Population，11 (1)：24－38.

McKay，L.，Macintyre，S.，Ellaway，A.，2003. Migration and health：a review of the international literature. MRC Social & Public Health Sciences Unit Occasional Paper，No 12.

Mancuso，T. F.，1977. Lung cancer among black migrants：interaction of host and occupational environment factors. Journal of Occupational Medicine，19 (8)：531－532.

McDonald，J. T.，2003. The health of immigrants to Canada. Unpublished manuscript，Department of Economics，University of New Brunswick，Fredericton.

Perez, C. E. , 2002. Health status and health behaviour among immigrants. Health Reports, 13 (Statistics Canada, Catalogue No. 82-003). Ottawa: Statistics Canada.

Poulter, N. R., Khaw, K. T., Hopwood, B. E., et al. , 1990. The Kenyan Luo migration study: observations on the initiation of a rise in blood pressure. British Medical Journal (Clinical Research Ed.), 300 (6730): 967-972.

Power, C. , Manor, O. , Fox, J. , 1991. Health and class: the early years. London: Chapman & Hall.

Shen, Q., Lu, Y. W., Hu, C. Y., et al. , 1998. A preliminary study of the mental health of young migrant workers in Shenzhen. Psychiatry and Clinical Neurosciences, 52: 370-373.

Stephen, E., Foote, K., Hendershot, G., 1994. Health of the foreign-born population. Advance Datafrom Vital and Health Statistics, 241: 1-10.

Steven, S. , David, M. , John, G. , 2009. Migration and mental health: evidence from a natural experiment. Journal of Health Economics, 28: 677-687.

Toniolo, P., Protta, F., Cappa, A. P. M. , 1989. Risk of breast cancer, diet and internal migrations in northern Italy. Tumori, 75 (5): 406-409.

Torun, B., Stein, AD., Schroeder, D., et al. , 2002. Rural-to-urban migration and cardiovascular disease risk factors in young Guatemalan adults. International Journal of Epidemiology, 31 (1): 218-226.

Verheij, R. A., Mackenbach, J. P., Van de Mheen, H. D., et al. , 1998. Urban-rural variations in health in the Netherlands: does selective migration play a part? . Journal of Epidemiology and Community Health, 52 (8): 487-493.

Vigotti，M. A.，Cislaghi，C.，Balzi，D.，et al.，1988. Cancer mortality in migrant populations within Italy. Tumori，74（2）：107 - 128.

Wannamethee，G.，Shaper，A. G.，1991. Self-assessed health status and mortality in middle-aged British men. International Journal of Epidemiology，20：239 - 245.

Wong，D.，Wong，F. K.，He，X.，et al.，2008. Mental health of migrant workers in China：prevalence and correlates. Social Psychiatry and Psychiatric Epidemiology，43（6）：483 - 489.

第7章 户籍制度给农民工养老带来的影响

养老保险是社会保障体系的重要组成部分，养老保险体系的建立与完善是社会进步的重要标志。受历史上城乡二元户口制度的影响，非农户口持有者与农业户口持有者在养老保险等社会保障的享有上有明显差异。本章使用由北京大学国家发展研究院带领执行的中国健康与养老追踪调查（China health and retirement longitudinal survey，CHARLS）的数据对不同户口居民的养老保险参与情况进行了研究。研究结果显示，养老保险参与情况的户口差异依然明显：参保结构不同，非农户口居民更多参与单位退休金和职工基本养老保险，而农业户口居民则普遍参加新农保（新型农村社会养老保险）；保险保障力度不同，总体来看，非农户口居民所参加保险的保障力度大于农业户口居民；参保投入不同，非农户口居民为养老保险的投入大于农业户口居民；参保意识不同，非农户口居民较农业户口居

民有更强的参保意识。除了以上差异，结果也反映出推进城乡一体化的措施成效有限。推进养老保险更加广泛、公平、有力地惠及城乡居民，依然任重而道远。

根据第六次全国人口普查数据，2010 年我国家庭每户平均人口数下降到 3.10 人，计划生育政策的推行使得家庭趋向小型化，核心家庭比例增加，子女赡养老人的负担加大。随着城市化的推进，选择外出务工的青壮年人数上升，大量农村人口向城镇流动迁移，农村家庭的空巢化问题更加严重，留守家庭的增加引发一系列社会问题。子女越来越难满足老人的经济、生活和精神需要。

在我国产业结构升级的过程中，第一产业的产值占比逐渐下降，2015 年第一产业的增加值只占国民生产总值的 9%，土地价值相对削弱。随着农村产业结构的调整，土地收入占农民收入的比重减少，农村土地出现撂荒现象。同时，由于我国土地流转困难，且流转价格低廉，土地对于农民生活的保障作用不断衰退。另外，我国农村人口众多，相较于其他国家，我国人均耕地面积狭小。传统的土地养老模式难以满足高龄农民工的养老需求。因此，家庭养老和土地养老的作用将逐渐被社会养老和商业保险养老所取代，这进一步凸显出完善社会养老保险体制的紧迫性。

7.1 农民工养老面临的问题

随着年龄提高，农民工的劳动机会和劳动收入普遍减少。据国家统计局统计，2014 年农民工人均月收入为 2 864 元。如果缺乏必要的储蓄，高龄农民工退休后就会面临收入锐减、基本生活需要难以满足的困境。高龄农民工已接近退休年限或已经超出退休年限，大多通过非正规就业的方式在低端的体力劳动单位就业；同时，高龄农民工的工作缺乏稳定性，这种高流动性也使得高龄农民工的收

入难以得到保障（滕姗姗，2013）。

高龄农民工随年龄增加健康状况下降的情况也很突出，许多高龄农民工患有关节炎、高血压等慢性疾病，需要长期治疗。同时，有大量的农民工参加危险职业，2007 年一项针对天津市的 23 个三资企业的调查显示，3 700 名外来务工人员中 86%的人在从事有毒有害作业（梁维萍，等，2007）。高昂的医疗费用成为高龄农民工养老的一大负担。

目前，我国的社会保障体系还不能很好地保障农民工群体的权利，针对农民工的养老体系不完善，高龄农民工群体普遍面临养老困境。根据国家统计局的统计数据，2013 年在外地务工的农民工与雇主或单位签订劳动合同的比例不足 50%，且从近几年调查数据看，在外地务工的农民工与雇主或单位签订劳动合同的比例变化不大，劳动合同签订的情况没有得到明显改善。虽然近年来农民工参加社会保险的比例有所提高，但是整体来看参保比例仍然较低。雇主或单位为农民工缴纳养老保险的比例仅为 14.3%。

农民工具有产业工人的性质，但是由于户籍问题，农民工难以享受机关事业单位退休保障制度带来的福利与养老金，而个体劳动者、短期临时性就业者、劳务派遣就业者，无法享受到企业基本养老保险制度。同时，农民工外出打工难以参加新型农村社会养老保险，面临着城市无权利而家乡权利难享受的双重困境。

党和国家十分关注农民工养老问题，并着力推行城乡养老制度并轨，但是这一政策在实施过程中依然存在着一些问题。

首先，根据国务院相关文件，无论何种户籍，城乡居民基本养老保险的缴费标准目前均为每年 100 元～2 000 元，共 12 个档次。而个人账户养老金的月计发标准，目前为个人账户全部储存额除以 139（与现行职工基本养老保险个人账户养老金计发系数相同）。农民工的收入和城镇职工相比较低，但是农民工和城镇职工却采用相同的的缴费基数，这使得农民工的缴费负担更加沉重（涂玉华，2014）。

其次，2010 年 1 月 1 日起《城镇企业职工基本养老保险关系转移接续暂行办法》正式实施。《办法》规定包括农民工在内的参加城镇企业职工基本养老保险的所有人员，其基本养老保险关系可在跨省就业时随同转移；在转移个人账户储存额的同时，还转移12%的单位缴费。该《办法》规定单位缴费可以全部转移，这虽然保护了农民工的利益，但大大降低了转出地为农民工提供养老保障的积极性，因此该项制度对农民工福利的最终影响仍然需要进一步研究。

7.2 户籍制度造成了农民工养老制度的割裂

2006 年国务院下发的《国务院关于解决农民工问题的若干意见》要求研究“低费率、广覆盖、可转移，并能够与现行的养老保险制度衔接的农民工养老保险办法”。目前我国涉及农民工养老的社会养老保险主要有三种：新型农村社会养老保险（新农保）、职工基本养老保险和城乡居民养老保险。

7.2.1 新型农村社会养老保险

为了解决农村居民养老问题，2009 年 9 月 1 日，国务院出台《关于开展新型农村社会养老保险试点的指导意见》。《指导意见》提出“从 2009 年起开展新型农村社会养老保险试点”。首批新农保试点包括全国 27 个省（自治区）320 个县（市、区、旗）和 4 个直辖市的部分区县。到 2010 年 6 月底，试点工作进展顺利，320 个试点县和 4 个直辖市全部启动参保缴费和发放基础养老金工作，参保人数 5 965 万人，其中领取待遇人数 1 697 万人，总参保率超过了 70%。

2010 年，国家再次做出决定，扩大新农保试点、向老少边穷地

区重点倾斜。2010 年 1 月和 5 月，中央分别召开第五次西藏工作座谈会和新疆工作座谈会，明确提出到 2012 年前基本实现新农保在西藏及甘肃、青海、四川、云南四省藏区的全覆盖，优先安排新疆南疆三地州以及全疆其他边境县、国家扶贫工作重点县。2010 年 9 月 30 日，国务院批复全国其他 25 个省、自治区 341 个县和 4 个直辖市普遍扩大试点，这使全国新农保试点覆盖面达到 24%。2011 年 6 月 20 日，全国城镇居民社会养老保险试点工作部署暨新型农村社会养老保险试点经验交流会议召开，城镇居民社会养老保险制度试点在全国范围内启动。同年 7 月，国家批复了全国 27 个省、自治区的 1 902 个县和 4 个直辖市、新疆生产建设兵团纳入城镇居民养老保险试点，新农保和城市居民基本养老保险的试点覆盖面都达到 60%。2012 年 6 月 20 日，国家再次批复了 23 个省、自治区新增两项保险试点县，共计 862 个，至此，全国所有县级行政区全部纳入国家两项试点。到 2012 年 9 月底，全国两项制度参保人数达到 4.49 亿人，其中，1.24 亿城乡老年居民领取养老金。再加上城镇职工基本养老保险，我国养老保险总计覆盖人数已超过 7 亿人。2012 年基本实现新农保与城市居民基本养老保险制度全覆盖。

7.2.2　职工基本养老保险

在我国建立养老保险之前，养老金的主要形式是退休金。随着养老保险制度的建立，退休金逐渐转变为职工养老保险提供的养老保险金。1991 年，《国务院关于企业职工养老保险制度改革的决定》提出“随着经济的发展，逐步建立起基本养老保险与企业补充养老保险和职工个人储蓄性养老保险相结合的制度”。1997 年，《国务院关于建立统一的企业职工基本养老保险制度的决定》提出：“各地区和有关部门要在国家政策指导下大力发展企业补充养老保险，同时发挥商业保险的补充作用。”

进入 21 世纪后，国家更加重视养老保险问题，进一步扩大养

老保险覆盖范围。2005年《国务院关于完善企业职工基本养老保险制度的决定》提出："当前及今后一个时期，要以非公有制企业、城镇个体工商户和灵活就业人员参保工作为重点，扩大基本养老保险覆盖范围。"

2009年2月5日，人力资源和社会保障部发布《农民工参加基本养老保险办法》。2009年12月国务院办公厅转发了《城镇企业职工基本养老保险关系转移接续暂行办法》，适用于参加城镇企业职工基本养老保险的所有人员，包括农民工。已经按国家规定领取基本养老保险待遇的人员，不再转移基本养老保险关系。《办法》规定了参保人员跨省流动就业转移基本养老保险关系时计算转移资金的方法。

7.2.3 城乡居民养老保险

根据职工养老保险和新农保养老金计算方式，职工养老保险的养老待遇明显高于新农保。为了改变城乡居民养老双轨制问题，2014年国家开始推进养老制度并轨。2014年2月7日，国务院总理李克强主持召开国务院常务会议，会议决定合并新型农村社会养老保险和城镇居民社会养老保险，建立全国统一的城乡居民基本养老保险制度。

2014年2月21日，国务院出台《国务院关于建立统一的城乡居民基本养老保险制度的意见》，《意见》提出："国务院决定，将新农保和城居保两项制度合并实施，在全国范围内建立统一的城乡居民基本养老保险（以下简称城乡居民养老保险）制度。"2014年7月1日起《城乡养老保险制度衔接暂行办法》实施。《办法》首次明确城乡居民养老保险和城镇职工养老保险之间可以转移衔接，但要在参保人达到法定退休年龄后进行。同月，城乡居民养老保险全国最低标准从55元提高到了70元，实际发放超过了110元。27个省、2 500多个县在国家的基础上进一步提高了标准。全国1.5

亿的60岁及以上的老人受益。2015年，我国基本完成城乡居民养老保险制度整合。截至2015年底，全国城乡居民养老保险参保人数达到50 472万人，比上年增加365万人，其中60岁及以上领取养老金人数达到14 800万人，超额完成“十二五”参保人数达到5亿的计划指标。

7.2.4　其他社会养老保险

老农保是我国20世纪90年代探索出的农村社会养老模式，由于我国当时不具备普遍实施农村养老保险的条件，这一制度最终被新农保取代。1991年1月，国务院决定选择一批有条件的地区开展建立县级农村社会养老保险制度的试点。1991年10月，民政部选定山东牟平、龙口等五县市为首批农村社会养老保险试点单位。在总结山东五县市试点的基本做法和经验的基础上，1992年，民政部正式出台《县级农村社会养老保险基本方案（试行）》。

1999年7月，国务院决定对已有的业务进行清理整顿，停止接收新业务，提出有条件的地方向商业保险过渡。2002年10月，劳动和社会保障部向国务院呈送了《关于整顿规范农村养老保险进展情况的报告》，阐明我国尚不具备普遍实行农村社会养老保险的条件这一总体判断。但是由于这项工作已经开展了几十年，参保人数和基金积累达到了一定规模，上百万农民开始领取养老金，如果简单停办或退保，则可能引发农村社会的不稳定，国家提出农村社会养老保险工作要坚持在有条件的地区逐步实施。

7.3　高龄农民工的生存现状及面临的困境

1. 高龄农民工的养老需求

刘一玲（2010）认为，养老问题，就其实质而言，是养老的需

求与满足问题。高龄农民工的养老需求在相关研究中常常等同为农村老年人的养老需求。卢名华、安和平（2005）将农村老人的养老需求分为三种：基本生活需求（包括衣食住行）、生活照料和医疗需求，以及精神文化需求。总体上学界对养老需求的分层主要表现为三分类说，即经济支持、生活照料与精神慰藉三方面。这种分层具体体现在我国1996年颁布的《老年人权益保障法》中，该法的第十一条规定："赡养人应当履行对老年人经济上供养、生活上照料和精神上慰藉的义务"。（王媛，2012）

高龄农民工受地域、户籍等因素的限制，其养老需求的影响因素也更为复杂。作为务工人员，其养老所在地受流动性影响较大，但留在务工地养老的可能性较小，学界目前仍普遍认为务工人员会返乡养老。高龄农民工在养老时即属于农村老年人口。伍小兰（2009）通过全国性的调查数据发现，五成以上的老年人对日常生活照料感到担忧，稳定性和充分性难以得到保障，伍小兰认为造成这一状况的原因与子女孝顺程度、老人和子女的关系及社会保障水平有重要的联系。丁煜、叶文振（2001）主要对老年人在选择非家庭养老方式时考虑的影响因素进行了调查分析，结果显示子女数量、经济情况、婚姻状况是影响选择的三大因素。陈功等（2003）认为，农村老年人更依赖于家庭支持，其养老需求受到子女数量、经济状况及性别因素的影响。宋健（2006）认为，老年人的养老需求主要受其自身劳动状况、健康状况、子女数量和居住状态的影响。龙书芹、风笑天（2007）认为影响老年人养老需求的因素主要是观念、体制和物质水平。

2. 高龄农民工养老方式的选择

高龄农民工选择的养老方式主要有三种：家庭养老、依靠自身养老和社会化养老。冯明涛（2009）对南京农民工进行了调研，发现大多数农民工倾向于选择家庭养老（包括子女养老和自我积蓄养老）。宋健（2006）也认为，家庭支持尤其是子女支持是养老支持的主要来源。李冲（2012）则发现，当子女的自身经济状况与供养

意愿不能满足家庭养老时，老人会选择发挥“余热”，通过农业劳动或进城务工来维持生计。中国农业大学叶敬忠教授课题组（2008）通过调研得出，80.9%的农村老人要依靠自己的劳动获得收入。周绍斌（2007）提出当前出现“社会化的养老”倾向，即购买服务与养老保险。但刘湘玲（2006）对湖南浏阳市农村的调查显示，农村老年人对社会养老保险存在一种敬而远之的态度。综合来看，高龄农民工对养老方式的选择按意愿高低排序为家庭养老（子女赡养及自身储蓄）、依靠自身养老、社会化养老。

3. 农村老人生活现状的研究

绝大多数高龄农民工在退出工作岗位后的选择是返乡，因此，通过调查农村老人的生活现状我们可以了解和推测高龄农民工的老年生活状况。钟涛、吴国清（2008）对南京市和平村的调查发现：农村老人大多生活拮据；生活照料大多以配偶或自身为主，得不到子女的照顾；娱乐休闲单调且消费少。章芸芸（2007）研究发现大部分农村老年人的日常生活能够自理，但他们日常所获得的照料数量还不能满足其需求，在照料过程中也缺乏精神方面的援助。卢名华、安和平（2005）调查发现贵州农村老年人的基本生活保障都难以维持，医疗也难以保障，精神慰藉和文化娱乐需求则更是奢望。刘一玲（2010）认为这不仅仅是贵州农村社会经济发展水平偏低的结果，更与农村养老保障体系尚未完善密切相关。柳玉芝、张纯元（2003）指出，我国高龄老年人口中享有社会保障和医疗保障的比例非常低，且城乡差异显著。曾毅等（2004）指出与城镇高龄老人相比，农村高龄老人在许多方面都面临劣势，他们只享受极其有限的退休金、几乎没有受过教育、丧偶率较高，更多地依靠子女养老。

总体来看，学界对社会养老保险研究较多，大多在阐明其必要性与迫切性，意见较为统一，而对于可行性的讨论较少。对于农村地区的社会养老保险的现状有所研究，但缺乏具有针对性的具体研究。本章旨在考察目前我国针对农民工的养老保险政策的实施情况

及农民工的参保情况，分析户籍制度给农民工养老带来的困境，在此基础上，探讨高龄农民工养老困境的解决之法，并对完善相关社会保障制度提出政策建议。

7.4 数据来源及预处理

本章使用的数据来源于由北京大学国家发展研究院带领执行的中国健康与养老追踪调查 CHARLS，此次调查旨在收集一套能够代表中国 45 岁及以上中老年人家庭和个人的高质量微观数据，为我国人口老龄化问题研究及围绕老龄化问题展开的跨学科研究提供数据支持。

CHARLS 全国基线调查于 2011 年开展，每两年进行一次追踪调查，数据于调查结束一年后免费向学界公开。其中 2011 年、2013 年、2014 年（“中国中老年生命历程”专项)、2015 年的调查已在全国 28 个省（自治区、直辖市）的 150 个县、450 个社区（村）开展，样本覆盖达到 1.24 万户家庭中的 2.3 万名受访者。项目采用了多阶段抽样法，在县/区和村居抽样阶段采取了 PPS 抽样方法，并将首创的电子绘图软件技术投入使用，用地图法制作村级抽样框。

本章综合使用了 CHARLS-2011、CHARLS-2013、CHARLS-2015 全国追踪调查数据，数据内容主要包括个人基本信息、家庭结构和经济支持、健康状况和生活方式、医疗保健与保险、工作、退休和养老金、收入、支出与资产、住房情况等，追访样本数量达到 21 789 个。在进行户口制度与养老保险的相关研究时，主要使用的是“个人基本信息”“医疗保健与保险”“工作”“退休和养老金”“收入”“支出与资产”部分数据。

由于 CHARLS 数据库提供未经汇总的原始问卷数据，而新受访者与回访者面临的问卷有所不同，调查回访者时会省略部分问

题，因此仅使用某一年份的数据将导致大量数据缺失。为获得受访者的当前信息，本章将三次（2011 年、2013 年与 2015 年）问卷数据加以整理，具体整理过程见本章附录。

7.5　分保险的养老保险参保情况

CHARLS 调查涵盖了我国城乡居民参加的主要养老保险类别，包括政府机关和事业单位退休金、企业职工基本养老保险、企业补充养老保险（企业年金）、新型农村社会养老保险、城乡居民养老保险、城镇居民养老保险、商业养老保险和高龄老人养老补助等。城乡居民在参保类型及具体某种养老保险的参保特点上都表现出较大的差异。总体来看，非农户口持有者更加集中在依靠工作单位的养老保险如政府机关和事业单位退休金、企业职工基本养老保险上，而农业户口持有者则普遍参加新农保，在其他养老保险形式如人寿保险等商业保险上，非农户口持有者参加更多，而针对高龄老人的政府养老补贴则不存在明显的城乡差别。

7.5.1　企业职工基本养老保险、退休金：户口差异明显，农民工保障不足

在我国建立养老保险之前，养老金的主要形式是退休金。随着养老保险制度的建立，退休金逐渐转变为职工养老保险提供的养老保险金。退休金和职工基本养老保险直接与参保人员的工作单位挂钩，在政府机关、事业单位以及大型国有企业工作的职工往往享有更稳定的退休金和养老保险。但在一些非公有制企业、城镇个体工商户和灵活就业人员中，退休金和养老保险的覆盖范围仍然不足。在城乡人口流动尚未放开时，能领取单位退休金的居民绝大多数是

非农户口持有者。随着进城务工农民数量和就业流动性的不断增加，我国陆续出台了一系列政策完善职业基本养老保险，扩大其对农民工等群体的覆盖面。

在经过笔者筛选整理后的 CHARLS 数据中，共有 3 144 人参加了政府机关和事业单位退休金以及企业职工基本养老保险。其中，非农业户口居民共有 547 人，占总非农户口的 39.0%；农业户口居民共有 2 597 人，占总农业户口的 17.9%。非农户口参加退休金和职工养老保险的比例是农业户口的两倍多。这说明，在非农户口居民的养老保险结构中，单位退休金和职工基本养老保险占有十分重要的地位，而农业居民参加的比例则明显偏低。参加职工基本养老保险的居民在退休前需要缴纳部分养老保险金，剩余的部分由单位缴纳。居民个人缴费占总缴费金额的平均比例为 10.77%，非农户口居民个人缴费平均比例为 8.70%，农业户口个人缴费平均比例为 11.38%。非农户口居民的个人缴费额占比要大大低于农业户口居民，表明非农户口居民所在的工作单位平均来看承担了更多的职工养老职责，也反映出雇用农民工的单位在对其养老的保障上还存在不足。

由以上分析可看出，不同户口的居民在退休金和职工基本养老保险的参与情况上存在较大差异，具体表现为农业户口居民参保率远远低于非农户口居民，农业户口居民个人负担的养老保险缴费比例远远高于非农户口。一方面，差异的原因在于农业户口居民更多从事农业生产、没有薪资的家务劳动和临时短工等没有工作单位或没有固定工作单位的工作，不满足参加退休金和职工养老保险的条件；但另一方面，这些差异也反映了农民工群体的职工养老保险覆盖力度依然不足。

7.5.2 新型农村养老保险：农村覆盖率高，保障力度低

新型农村养老保险，又称“新农保”，是为了解决农村居民养

老问题而建立的养老保险体系。新农保于2009年开始试点，逐渐推广到全国，到2012年，新农保已经基本实现了全国范围内的覆盖。在受访者中，共有9 215名农业户口居民参加了新农保，占农业户口总人数的63.4%，可以推知，新农保在农业户口居民中有很高的覆盖率。在未参加新农保的农业户口居民中，还有2 412人参加了退休金或职工基本养老保险，新农保和退休金及职工基本养老保险的覆盖率达到了80.03%。农业户口居民的年平均个人缴费额约226元，每月平均领取额为113元。作为大多数农民的最主要养老保险和覆盖农村居民最主要的养老保险类型，新农保对农村居民养老的扶助力度较低，新农保对养老的保障力度远不如城镇的单位退休金和职工养老保险，农业户口和非农户口有明显的差异。

7.5.3　城乡居民社会养老保险：城乡存在差距，需进一步推广覆盖

城乡居民社会养老保险是部分地区为了推进城乡一体化而将城镇居民社会养老保险和新型农村社会养老保险统筹安排、合并实施的社会养老保障制度。建立城乡居民社会养老保险的政策于2014年出台。由于政策出台时间较晚，2012—2015年CHARLS调查样本中参加城乡居民社会养老保险的人较少，筛选后的有效样本中仅有632人参加了城乡居民社会养老保险，其中100人为非农户口，占非农户口总人数的7.1%，532人为农业户口，占农业户口总人数的3.7%。非农户口参加城乡居民社会养老保险的比例接近农业户口的两倍，表明这一城乡一体化的实践在城镇的推行情况要好于农村。年平均缴费额约为1 063元，非农户口年平均缴费额为2 115元，农业户口为978元；年平均领取金额约为405元，农业户口为397元，非农户口为558元。非农户口居民与农业户口居民在缴费金额与领取金额上均存在较大差异。虽然城乡居民社会养老保险旨在推进城乡一体化，但城乡在经济收入、参保意识上存在的

差距在短时间内仍难以消除。

7.5.4 城镇居民社会养老保险：参保率较低，覆盖率有待提高

城镇居民社会养老保险的建立旨在解决城市灵活就业、无业人员的养老问题。不符合职工基本养老保险参保条件的城镇户口非从业人员可以在户口地自愿参加城镇居民养老保险。城镇居民养老保险基金主要由个人缴费和政府补贴构成。在筛选后的样本中，共有106名非农户口的居民参加了城镇居民社会养老保险，占非农户口总人数的7.6%。没有参加城镇居民社会养老保险而参加了单位退休金和企业职工基本养老保险的有517人，这两种保险在非农户口居民中的覆盖率达到42.76%。两种保险分别解决灵活就业和无业人员以及固定从业人员的养老保险问题，是非农户口居民养老保险体系的主要构成部分。但是，CHARLS数据反映出非农户口居民中参加这两种保险的人数不超过一半，可以推测，还有大量非农户口居民不享有单位或社会提供的基本养老保障。

7.5.5 人寿保险：参保意识存在城乡差距

人寿保险是最重要的商业保险形式之一，是人身保险的一种。人寿保险是以被保险人的寿命为保险标的，并以被保险人的生存或死亡为给付条件的人身保险。用于养老的人寿保险由生存保险和死亡保险结合而成，被保险人不论在保险期内死亡或生存到保险期满，均可领取保险金。此外，健康险也是人寿保险的一种，可以承保由于疾病或意外事故而发生的医疗费用或造成的其他损失。在经笔者筛选后的CHARLS调查样本中，共有938人参加了人寿保险。其中，农业户口居民有822人，占农业户口总人数的5.7%；非农户口居民116人，占非农户口总人数的8.3%。非农户口参加

人寿保险的比例明显高于农业户口居民。这一结果表明，非农户口居民比农业户口居民更可能选择社会保险体系以外的商业保险。自主参加商业保险是参保意识较强的表现，可以推测，非农户口居民总体来看比农业户口居民有更强的参加养老保险的意识。

7.5.6　高龄老人养老补贴：面向高龄老人，户口差异不明显

高龄老人养老补贴是政府面向高龄老人提供的高龄津贴、养老服务补助和护理补贴。养老服务补助包括乘车免费、挂号免费、参观免费等，补贴和津贴的标准和方式根据不同省市的具体情况存在差异。高龄老人津贴的总体要求是“低标准、广覆盖、保基本、多层次、可持续”。这一补贴与高龄老人的户口类型不直接相关。在筛选后的样本中，非农户口居民的参加比例为9.7%，农业户口居民的参加比例为8.2%；在领取金额上，农业户口居民的平均领取金额约为每年103元，非农户口居民的平均领取金额为101元。非农户口居民与农业户口居民在参加比例和领取金额上均不存在明显差距。

综上所述，除了面向高龄老人的高龄老人养老补贴，其他养老保险类型的户口差异都比较明显。农业户口居民所参加的养老保险的保障力度总体明显低于非农户口居民，后者的参保意识也强于前者。而致力于推动城乡一体化的保险制度如城乡居民社会养老保险，目前覆盖率较低，参保情况也有很大的城乡差距，推动城乡一体化保险制度依然任重道远。

7.6　养老保险参保情况的户籍差异分析

由于政策背景、经济收入、城乡差异等原因，农业户口和非农

户口居民在主要参与险种、养老保险覆盖率和养老保险缴费额上均存在着不同程度的差异。农业户口持有者普遍参加新农保，而非农户口持有者主要参与的险种是单位退休金和企业职工基本养老保险。农业户口居民的养老保险覆盖率高于非农户口居民，但总体缴费水平较低，保障力度欠缺。

7.6.1 居民主要参与险种差异

农业户口与非农户口主要依靠的社会养老保险类型存在明显差异。表 7-1 显示了农业户口和非农户口居民参加各类养老保险的总人数及相对其户口人数所占比例。非农户口居民最普遍参加的养老保险为退休金和职工养老保险，其参加人数占样本中非农户口总人数的近 40%。而对于农业户口居民，新农保是参加比例最高的养老保险，覆盖了样本中约 63%的居民。农业户口居民参保较多的养老保险其次是退休金和职工养老保险，其参加比例明显高于其他养老保险，但参保率明显低于非农户口居民参保率。同时，无论是对于农业户口居民还是非农户口居民，高龄老人补贴，人寿保险，城镇、城乡居民社会养老保险都显得相对小众。

表 7-1 农业户口和非农户口居民参加各养老保险的人数及比例

非农户口			农业户口		
保险类型	参加人数（人）	比例	保险类型	参加人数（人）	比例
退休金和职工养老保险	547	39.0%	新农保	9 215	63.4%
高龄老人补贴	136	9.7%	退休金和职工养老保险	2 597	17.9%
人寿保险	116	8.3%	高龄老人补贴	1 186	8.2%

续前表

非农户口			农业户口		
保险类型	参加人数（人）	比例	保险类型	参加人数（人）	比例
城镇居民社会养老保险	106	7.6%	人寿保险	822	5.7%
城乡居民社会养老保险	100	7.1%	城乡居民社会养老保险	532	3.7%
新农保	0	0.0%	城镇居民社会养老保险	0	0.0%

资料来源：根据CHARLS数据整理获得。

各养老保险在不同户口居民间参加情况的差异反映了农业户口和非农户口居民所在的养老保险体系的差异。自2009年我国开展新农保试点至今，新农保在我国农村已达到了较为可观的覆盖率，成为了农村居民最普遍参加的养老保险。由于新农保政策规定的参保对象是农村户口居民，非农户口居民不在新农保的保障范围内。同时，虽然城镇企业的职工包括农民工均可以参加退休金和职工养老保险，但由于农业户口居民较少从事固定工作单位的工作，退休金和职工养老保险的参保率较低。退休金和职工养老保险成为了非农户口居民主要参与的养老保险险种，但在农业户口居民中其覆盖率较低。

7.6.2 养老保险参加数量及覆盖率差异

在上述六种养老保险中，只有少部分农业户口和非农户口居民选择对多项养老保险进行组合，即同时参加。绝大多数的居民都处于“只参加了一种养老保险”或“未参加任何养老保险”的状态。而将农业户口和非农户口参加保险总数对比来看，相对非农户口居民而言，农业户口居民受养老保险覆盖范围更广。表 7－2 比较了农业户口和非农户口居民累计参加养老保险的数量分布情况。约有 85％的农业户口居民和 60％的非农户口居民已经参与了一项及以上养老保险。然而，这一现象并不能说明农业户口居民的社会养老保障优于非农户口居民。结合表 7－1 和表 7－2 的统计可知，农业户口居民的养老保险覆盖率较高，主要来自农村广泛推行的新农保政策。新农保政策虽然在农村覆盖广，但是由于其缴费额、领取额均较低，保障力度相对不足。因此，农业户口居民的养老保险覆盖率虽然更高，其享有的社会保障力度不一定高于非农户口居民。

表 7－2　农业户口和非农户口居民参加保险数合计

参加养老保险数量	项目	非农户口	农业户口	合计
三项及以上	样本数量	5	90	95
	比例	0.4％	0.6％	0.6％
两项	样本数量	152	1 914	2 066
	比例	10.8％	13.2％	13.0％
一项	样本数量	685	10 254	10 939
	比例	48.9％	70.6％	68.7％
无	样本数量	560	2 269	2 829
	比例	39.9％	15.6％	17.8％
总人数	样本数量	1 402	14 527	15 929
	比例	100.0％	100.0％	100.0％

资料来源：根据 CHARLS 数据整理获得。

7.6.3　人均缴费总额

除了居民参保率和居民参加养老保险数量，各养老保险的累计

缴费总额反映了每个居民享有的养老保障强度。居民个人累计缴费总额由居民所参与的各养老保险年缴费额相加得到，弱化了不同保险类别之间的差异，强调每个居民对养老保险的投资意愿和未来可以享受的福利水平。由于缴费额与未来领取额直接挂钩，累计缴费总额比参保率、参保数量更能准确地反映居民未来享受的养老保障水平。因此，有必要对居民的养老保险缴费总额①及其相关因素进行分析（见表 7—3）。

表 7-3　　户口类型等因素对养老保险缴费总额的影响

因变量：养老保险缴费总额	回归系数
户口类型	—147.80* (—2.08)
性别	60.49 (1.42)
是否有慢性病	—50.05 (—1.15)
工资收入	.011 3*** (7.48)
年龄	—10.43*** (—4.18)
截距项	1 050.66*** (6.89)

表 7-3 显示了以养老保险缴费总额为因变量，户口类型、工资收入等因素为自变量进行线性回归的结果。回归结果显示，户口类型、工资收入、年龄对养老保险缴费总额影响显著。在对缴费总

① 由于许多受访者不愿意透露养老保险缴费额或缴费额范围，许多养老保险的缴费额数值缺失严重。综合考虑样本数量和数据的有效性，本节只讨论退休金和职工养老保险、城镇居民养老保险、城乡居民养老保险、人寿保险、新农保这五类养老保险的缴费情况，有效样本量共 10 842 人。

额的影响上，农业户口居民平均缴费总额比非农户口居民低147.80元，差距明显。这一结果也显示了农业户口居民的养老保障力度较非农户口居民的不足。此外，根据回归结果，工资收入越高，居民养老保险缴费总额越高；居民年龄越小，养老保险缴费总额越高，且年龄间差异明显。

7.7 农民工群体的养老保险情况

农民工群体是改革开放以来在中国工业化进程加快和传统户口制度阻滞的背景下所形成的一个特殊群体。农民工群体的户口为农业户口，但在城镇从事非农产业工作。虽然农民工具有产业工人的性质，但这一群体多从事个体劳动或短期临时劳动，难以享受到企业职工基本养老保险的保障。同时，由于农民工常进行区域间流动，养老保险关系转接成本高，也降低了农民工群体的参保意识和参保意愿。由于农民工群体户口在农村、工作地在城镇，以及其参加养老保险受到上述特殊因素影响，因此本节将基于学生实地调研获取的数据，分析农民工群体的养老保险参与情况。

自2014年起，我国将新农保和城居保两项制度合并实施，在全国范围内建立起统一的城乡居民养老保险制度。基于此，我们选择了三个已经建立起城乡居民养老保险体系的地区作为调研地，分别是浙江省杭州市、河南省洛阳市和江西省上饶市广丰区。其中浙江省杭州市作为我国东部经济发达城市，是周边地区农民工的主要流入地。河南省洛阳市和江西省上饶市广丰区属于中部地区，经济相对落后，是农民工的主要流出地。三地城乡居民养老保险并轨的实施时间也有所不同，杭州市早在2010年1月就已实现并轨，洛阳市和上饶市广丰区分别在2011年7月和2015年4月实施并轨。以这些地区作为调研地，有利于我们对在不同经济发展水平、社会

状况和政策实施情况下户口制度对农民工养老保险参保情况的影响有更深入的了解。

7.7.1　农民工参保情况

如表 7-4 所示，本次调研合计收集 211 个有效样本。根据参保类型对样本进行划分，样本中农民工参保比例最大的为新农保，共有 149 人参加，参保率为 70.6%，平均已参加年数为 4.64 年，相对于其他险种来说参保时间普遍较短。受访者中出现了两种新农保缴费方法，一种是按年缴纳，另一种是在特定时间一次性缴齐费用[①]。样本中，有 130 人选择了按年缴纳，平均年缴纳额为 264 元；6 人选择了一次性缴纳，平均一次性缴纳费用为 7 250 元。需要注意的是，选择两种缴费方式的领取额差异明显。在按年缴纳的 130 人中，有 10 人已经开始领取新农保，平均每人每月领取 135.5 元；120 人未开始领取，预计平均每人每月领取 140.9 元。在一次性缴纳的 6 人中，有 4 人已经开始领取保金，平均每人每月领取 522 元。根据新农保相关政策规定，60 岁及以上的参保居民可以开始领取新农保养老金。每月领取保金可以满足领取人一定的农村基本生活需求，但不能充分保障其老年日常生活。

表 7-4　　农民工参加各养老保险人数及平均年缴费额

养老保险类型	参保人数（人）	参保比例	参加年数（年）	平均年缴费额（元）
新农保	149	70.6%	4.64	264
企业职工养老保险和退休金	11	5.2%	6.64	9 600

① 为了便于计算和比较，表格中的平均年缴纳额是指缴费方式为按年缴费的平均年缴费额。

续前表

养老保险类型	参保人数（人）	参保比例	参加年数（年）	平均年缴费额（元）
老农保	4	1.9%	6.75	550
商业养老保险	3	1.4%	5.30	10 667
未参加任何养老保险	44	20.9%		0
总计	211	100.0%		849

资料来源：在浙江杭州、河南洛阳、江西上饶三地实地调研获取。

样本中参保率位居第二的保险类型是企业职工养老保险和退休金，共有 11 人参加，参保率为 5.2%，反映了企业职工基本养老保险和退休金对农民工的覆盖程度不足。值得一提的是，在 11 名参保人中，有 10 名参保农民工在杭州务工，可见经济发展相对发达的地区在福利待遇保障上更为可靠。参保农民工平均已参加年数为 6.64 年，缴费方式为企业单位与个人共同缴纳，且在缴费比例上符合国家规定的原则。其中，受访者平均每人每年由单位缴纳 6 960 元，个人承担的缴纳费用为每人每年 2 640 元，账户合计缴纳 9 600 元。企业职工基本养老保险和退休金的缴费水平远高于新农保，相应地，未来可以获得更高的领取额，为农民工群体提供更强的老年保障。然而，根据本次调研结果可知，企业职工基本养老保险和退休金对农民工的覆盖率处于较低水平，有待提高。

此外，调研中还有少数农民工参与了老农保和商业养老保险。样本中共 4 人参加了老农保，参保率为 1.9%；3 人参加了商业养老保险，参保率为 1.3%。老农保的平均已参加年数最长，为 6.75 年，按年缴费，每年缴纳 550 元。其中有 2 人已经开始领取，平均每人每年领取 780 元。商业养老保险的平均已参加年数为 5.30 年，按年缴费，每年缴纳 10 667 元。3 名受访者均已开始领取保金，平均每人每年领取 14 533 元。

除以上四类养老保险外，截至受访时，受访者当中有 44 人仍未参加任何一种养老保险，占总样本数的 20.9%。养老保险覆盖率与前一章农业户口居民养老保险覆盖率总体一致。

7.7.2　农民工收入分布与参保情况

在受访者工资水平上，整体来看，受访者年薪呈现出以四万元左右为中心的右偏分布，受访者群体平均年薪 34 454 元。可见，农民工群体中高薪群体较小，广大农民工薪资集中在平均值以下，平均年收入最高的是参加商业养老保险的受访者，高达 42 400 元，收入水平较高的受访者更有能力承担高投入、高回报的商业养老保险。其次是参加老农保的受访者，平均年收入为 41 350 元。参加企业职工养老保险的受访者与新农保中选择一次性缴纳费用的受访者平均年收入相当，分别为 39 800 元和 39 677 元。再次是新农保中选择按年缴纳费用的受访者，平均年收入为 33 089 元。收入水平最低的人群为未参加任何养老保险的受访者，平均年收入仅有 20 156 元，不足参加商业养老保险受访者的一半。对于这一类人群而言，无论是个人收入还是养老保险制度，都没有对未来养老生活起到稳固的保障作用。

7.7.3　未参与企业职工养老保险和退休金原因

根据企业职工养老保险相关政策的规定，农民工群体是企业职工养老保险的参保对象之一。然而在本次调研中，农民工企业职工养老保险的参保率仅为 5.2%，共有 200 名受访者未参加企业职工养老保险。在调研中，受访者选择的两个主要原因分别是“单位不给缴”（44%）和“不知道可以缴”（41%）。这反映了农民工群体在企业职工养老保险参保中处于弱势地位。同时，农民工群体自身也存在参保意识薄弱的问题。此外，少数农民工因为经济因素未参

加企业职工养老保险。10%的农民工表示自己的工资收入很低，无力负担缴纳养老保险费用；3%的受访者认为企业职工养老保险“不合算”，选择不参加。结合上述分析可知，受访者未参加企业职工养老保险的主要原因存在于制度具体落实和政策宣传层面。

7.8 结论

本章基于中国健康与养老追踪调查提供的大样本数据研究了中国老年居民的养老保险参加情况及户口差异。基于对不同类型的养老保险的研究发现，非农户口居民与农业户口居民之间存在较大差异：非农户口居民倾向于选择单位退休金和职工基本养老保险，而农业户口居民倾向于选择新农保；在保障力度、投保意愿和参保投入等方面，非农户口居民均强于农业户口居民。计量研究结果表明，户口、年龄和收入状况是影响居民缴费数量的重要因素。

同时，本章以案例研究的形式探讨了杭州等三个地区农民工养老保险参保情况。作为在城乡二元经济的夹缝当中生存的特殊群体，农民工的养老问题尚处于我国养老保险制度的边缘地带。实地调查结果表明，新农保是大部分农民工享受的社会保险，但是仍有一部分农民工没有被社会保险制度覆盖到。农民工企业职工养老保险参保率低。究其原因，信息的不完善和劳动权益保障的缺失是重要因素。面对当前较为严峻的农民工养老问题，我们迫切需要政府进一步完善相关制度，加大推广力度，同时切实保障农民工劳动权益。

附录

三次 CHARLS 问卷数据整理方法：

（1）在处理数据缺失时，本章以 2015 年数据为基础进行整理。2015 年数据缺失处以往年数据补足，当几次调查数据不同时，取最新数据作为最终结果。

（2）对于户籍状况，本章利用数据库中“上次调查时户口状态”、“调查期间户口变更情况”与“本次调查时户口状态”整理出“当前户口类型”。之所以不直接使用“本次户口”数据，是因为该列数据大量缺失。“上次户口”与“本次户口”均取“农业、非农、统一、无户口、空值”之一，“户口变更”则取值“户口类型变更、户口所在地变更、类型与所在地均变更、类型与所在地无变更、空值”。

（3）若“本次调查时户口状态”不为空值，那么以“本次户口”类型作为“当前户口类型”，下面以“本次户口”为空值作为条件进行分析。若“上次调查时户口状态”与“调查期间户口变更情况”中任意一个为空值，那么无法判断当前户口类型。在上次户口类型为农业的条件下，若调查期间仅户口所在地变更或类型与所在地无变更，那么当前户口类型为农业；若户口类型变更或均变更，那么当前户口状态为非农。在上次户口为非农、统一或无户口的条件下，若仅户口所在地变更或类型与所在地无变更，那么当前户口类型为上次调查时户口类型；若户口类型变更或均变更，那么无法判断当前户口类型。

（4）关于年龄，受访者身份证上登记的出生日期可能与实际出生日期不符，另外，以往以农历日期登记身份证的现象普遍存在。鉴于养老保险的领取年龄以身份证为准，因此，虽然 CHARLS 数据库给出了实际出生日期，但是本章的年龄均采用身份证登记年龄，无论其是否为农历日期。个人工资收入的单位为元/年，扣除各类保险、所得税、住房公积金或其他杂费。若受访者未给出具体工资收入而是给出工资区间，则取该区间的中位数。

（5）慢性病变量值的获取依赖于多次受访数据。回访者除回答当期是否患病外，还需确认上期调查情况是否属实，若此次受访时表示患病，无论上次受访情况是否属实，均记为患有慢性病；若当期是否患病数据缺失，上期记录未患病且此次受访时表示记录有误，或者上期记录患病且此次表示记录准确，则记为患有慢性病。

（6）对于养老保险的参加情况，若当期数据未明确表示是否参加养老保险，则回溯上期调查数据。若各期数据均缺失，则记为数据缺失。养老保险的缴费额数据包括一次缴清与按年缴纳两种情况，但是个别情况下，原始数据将一次缴清数据记入按年缴纳下，致使养老保险的缴费额出现异常值，本章分析中已将其剔除。对于按年缴费的商业养老保险，本章将缴费年限乘以年缴费额获得总缴费额。涉及金额的变量，若受访者未回答具体数值而是选择回答区间，则取区间中位数近似。

参考文献

陈功，宋新明，陈谊，2003. 北京市老龄产业发展现状、问题与对策研究. 人口与发展，9（4）：62-66.

丁煜，叶文振，2001. 城市老人对非家庭养老方式的态度及其影响因素. 人口学刊（2）：12-17.

冯明涛，2009. 农民工养老保险参保意愿研究：以南京市为例. 南京：南京农业大学.

李冲，2012. 农村留守老人养老需求及其保障体系探析：以河南省商城县为例. 上海：华东理工大学.

梁维萍，贺鹭，郑建中，2007. 农民工的疾病风险与医疗保障分析. 中国卫生资源，10（6）：293-294.

刘湘玲，2006. 当前农村老年人的社会保障需求：一个社会交换理论的视角. 长沙：湖南师范大学.

刘一玲，2010. 农村老年人养老需求及其影响因素研究：基于桂林市 X、L、G 县的调查. 桂林：广西师范大学.

柳玉芝，张纯元，2003. 高龄老人的经济和医疗保障现状、问

题与对策思考. 人口与经济（1）：12 - 16.

龙书芹，风笑天，2007. 城市居民的养老意愿及其影响因素：对江苏四城市老年生活状况的调查分析. 南京社会科学（1）：98 - 105.

卢名华，安和平，2005. 对贵州农村养老需求与养老保障体系建设的浅探//“社会学与贵州‘十一五’社会发展”学术研讨会暨贵州省社会学学会第四届会员代表大会论文集. 贵州：贵州省社会学学会：138 - 143.

宋健，2006. 中国农村人口的收入与养老. 北京：中国人民大学出版社：130.

滕姗姗，2013. 农民工养老保险制度变迁与路径选择. 北京：知识产权出版社.

涂玉华，2014. 城乡统筹背景下的中国养老保障制度发展问题研究. 成都：西南财经大学出版社.

王媛，2012. 农村养老：需求意愿与模式构建——以鄂西北易村为建个案. 武汉：华中师范大学.

伍小兰，2009. 中国农村老年人口照料现状分析. 人口学刊（6）：35 - 40.

叶敬忠，贺聪志，2008. 静寞夕阳：中国农村留守老人. 北京：社会科学文化出版社：21.

曾毅，柳玉芝，萧振禹，2004. 中国高龄老人的社会经济与健康状况. 中国人口科学（S1）：173 - 176.

章芸芸，2007. 农村地区老年人日常生活照料及影响因素研究. 武汉：华中科技大学.

钟涛，吴国清，2008. 论农村老年人口的养老保障需求：对南京市溧水县和平村养老状况的调查. 山东农业工程学院学报，24（1）：20 - 21.

周绍斌，2007. 从物质保障到精神保障：老年保障的新趋势. 福建论坛（人文社会科学版）（7）：128 - 131.

第三篇 户籍制度改革的路径分析

第8章 户籍制度改革的意义、现状与难点

党的十八届五中全会提出了全面建成小康社会目标的总体安排和要求，其中明确提出了“户籍人口城镇化率加快提高”。习近平总书记在《关于〈中共中央关于制定国民经济和社会发展第十三个五年规划的建议〉的说明》中强调，户籍人口城镇化率直接反映城镇化的健康程度。加快提高我国户籍人口城镇化率，将是中国特色新型城镇化道路发展方向转向“以人为本”的重要标志。同时，《中共中央关于制定国民经济和社会发展第十三个五年规划的建议》明确指出了提高户籍人口城镇化率的改革路径和措施，即推进以人为核心的新型城镇化，深化户籍制度改革，促进有能力在城镇稳定就业和生活的农业转移人口举家进城落户，并与城镇居民有同等权利和义务。实施居住证制度，努力实现基本公共服务常住人口全覆盖。健全财政转移支付同农业转移人口市民化挂钩机制，建立城镇建设

用地增加规模同吸纳农业转移人口落户数量挂钩机制。维护进城落户农民土地承包权、宅基地使用权、集体收益分配权，支持引导其依法自愿有偿转让上述权益。

可见，党中央、国务院高度重视户籍制度改革。张高丽副总理在全国进一步推进户籍制度改革工作电视电话会议中强调，户籍制度改革是推进以人为核心的新型城镇化的重要环节，是推进国家治理体系和治理能力现代化的必然要求，对于实现“两个一百年”奋斗目标、实现中华民族伟大复兴的中国梦，具有重大现实意义和深远历史意义。

那么，这是否意味着我国即将完成户籍制度的根本性变革？户籍制度改革会面临哪些困难和挑战？本章旨在在我国建设新型城镇化的大背景下，深入剖析当前户籍制度改革的现状以及改革中存在的问题。

8.1 户籍制度改革的重要意义

8.1.1 户籍制度改革有利于新型城镇化的发展

根据《国家新型城镇化规划（2014—2020年）》公布的统计数据，按照常住人口计算，我国城镇化率已经接近55%，2013年城镇常住人口达到7.3亿。然而，其中包括2.5亿以农民工为主体的外来常住人口，他们在城镇还不能平等享受教育、就业服务、社会保障、医疗、保障性住房等方面的公共服务，带来一系列的经济社会问题。如果按照户籍人口城镇化率计算，我国只有36%左右，不仅远低于发达国家的平均水平（80%），也低于人均收入与我国相近的发展中国家的平均水平（60%）。与此同时，我国城镇化质

量不高的问题日益突出，大量农业转移人口难以融入城市，农民市民化进程滞后严重阻碍了新型城镇化的进程。

需要认识到，传统城镇化的方式已不可持续。据测算，中国仍然有1亿以上的农村剩余劳动力（张兴华，2013）。这些人为什么宁愿留在农村赚取非常低的务农工资，也不愿意到城市中工作，获得更多的就业机会？一个很重要的原因就是户籍制度的限制。一方面，在城市中，城镇户籍人口和农村户籍人口的生活成本不同，享有的社会公共服务和福利也不同。另一方面，在城市劳动力市场上，对外地农村户籍的劳动者普遍存在着就业歧视（Meng，2012）。以上两点降低了农村剩余劳动力到城市工作的预期收益，增加了预期成本，这才使得他们宁愿留在农村（Fields and Song，2013）。也就是说，延续传统城镇化的方式，无法改变农村剩余劳动力迁移到城市的预期成本与收益，会使得城镇化进程放缓甚至停滞。只有通过改革户籍制度，进而使得农民工进城之后能够逐步享受城市的公共服务，消除农民工因户籍身份所承受的劳动力市场歧视，才能继续推进我国城镇化进程，促进经济的持续发展。从这个意义上说，户籍制度改革关乎新型城镇化的成败。

我国现行的户籍制度从根本上说是对因公共服务不均等引起的社会不公平现象加以维护的一种制度。在强调以人为本的新型城镇化背景下，这种制度必须改革（邵光学，2015）。城镇化的过程是部分农村土地变为城镇用地的过程，更是农民转变为城镇居民的过程。与传统的土地城镇化相比，新型城镇化的核心任务就是人的城镇化。城镇化的真正标志是进城农民有充分的就业和完全的城镇居民权益。农民工在城镇落户后，能够解除他们在就业、养老、医疗、教育、住房等方面的顾虑，他们才会更好地融入城市，才能为城市的建设贡献更大的力量。

8.1.2 户籍制度改革有利于经济增长、提高资源配置效率

户籍制度改革能拉动内需，促进经济增长。目前有2亿多的农业转移人口在城市就业，处于流动状态，他们由于不具备城市永久居民身份，面临身份认同危机，工作预期不稳定，消费行为没有真正城市化，制约消费的增长，影响社会生产进一步扩大与经济转型升级和经济再平衡（胡雪，2014）。提高我国户籍人口的城镇化率是改革红利中非常重要的一个部分，可以增加劳动力供给，提高资源配置效率并拉动内需。户籍制度改革会释放巨大的消费潜力（李克强，2013）。农民工在城镇落户后，如果能够解除他们在就业、养老、医疗、教育、住房等方面的顾虑，他们的消费意愿就会增强，消费总支出会增加，尤其是在文化娱乐、教育、交通通信、住房等方面的消费需求会逐渐增加。研究表明，城镇化率每提高1个百分点，将新增2 000万城镇人口，可带动约1 500亿元消费需求（天津经济课题组，2013）。另外，城镇化每提高1个百分点，增加的城镇人口中有15%为适婚年龄人口。2020年中国城镇人口规模增长2亿至8.7亿，若以人均20平方米来算则增加40亿平方米的住房需求（陈柳钦，2013）。由城镇化带动的投资、消费需求，每年至少可维持4%～5%的经济增速。因此，城镇化将成为未来一个时期中国内需增长最强劲的动力（李芙蓉，麻晓刚，2013）。另有研究表明，每年市民化（享受城镇户籍居民福利待遇）1 000万农民工，将使我国经济增长平均加快1个百分点左右。农民工市民化可以促进居民消费和固定资产投资增长，降低经济增长对进出口的依赖程度。在促进经济增长的同时，市民化还可以改善农民工的消费结构，增加农民工对工业产品和服务业的需求，有利于提高服务业比重，优化经济结构（国务院发展研究中心课题组，2010）。

户籍制度改革还可以带来新的人口红利，明显缓解劳动力紧张

问题，因为改革将从非农劳动倾向、平均工作时间以及工作效率提升几个方面拉长人口红利。这会使得仅仅考虑计算适龄劳动力绝对数量的所谓“刘易斯拐点”在中国成为一个伪命题（邵宇，2014）。在农村青壮年劳动力转移已经充分的情况下，释放人口红利只能通过户籍制度的全面改革。根据测算，未来6年中由全面户籍制度改革带来的劳动力市场规模的扩大和全要素生产率的提升可带来的经济收益每年约为4至5个百分点（都阳，蔡昉，屈小博，等，2014）。

实践证明，现行户籍制度是一种低效的人口管理模式，是与高度集中的计划经济体制相配套的一项“管人”的手段，我们当前处于市场经济体制下，而市场经济却要求作为最具能动性的生产要素——人能够合理有效地流动，现行户籍制度限制人口流动的管理模式与社会主义市场经济发展的要求相矛盾。所以，改革现行的户籍制度是社会主义市场经济发展的需要，也是推进中国社会现代化进程的当务之急（张志萍，2014）。

8.1.3　户籍制度改革有利于促进社会公平正义

户籍制度改革有利于打破城乡二元结构，促进社会公平正义。户籍制度的成功改革将消除自1958年以来一直存在的农业户口和非农业户口制度，建立城乡统一的户口登记制度，消除对人的身份的区别与歧视，以及附着在身份之上的福利的歧视。户籍制度改革后，将不再以农业户口与非农业户口为依据区分农村人与城市人，而是根据居住地的不同来区分城镇人口和农村人口，根据从事的职业区分农业人口与非农业人口，淡化户口价值与等级调查差异，遏制城乡割裂，促进城乡统筹发展。现行的户籍制度与住房、消费、教育、就业、医疗卫生、社会保障等利益直接挂钩，不同的户籍有着不同的待遇，这不仅人为地把本应平等的身份划分为三六九等，还加剧了贫富差距。

户籍制度改革可以为农业转移人口提供平等的就业环境。进入

21世纪以来各地在户籍制度管理方面分别出台了一些积极的政策措施。但是长期施行的户籍制度所造成的一些不平等因素依然存在，如就业的限制性规定等等。改革现行户籍制度可以使农业转移人口和城市居民一样在平等的条件下择业。

此外，户籍制度改革可以促进农业转移人口获得与城市居民一样的经济和社会权利。现行户籍制度不只是一种单纯的管理制度，在其背后附加了社会福利、社会保险、住房补贴等权益。现行户籍制度下农业转移人口无缘享有城市的各种福利待遇，也就很难融入城市。推行新型城镇化建设，就必须解决农业转移人口市民化问题，使农业转移人口获得与城市居民一样的经济和社会权利。

8.2 户籍制度改革的现状

8.2.1 中央文件已明确了户籍制度改革的目标

2014年7月24日，国务院正式印发《国务院关于进一步推进户籍制度改革的意见》，这是当前和今后一个时期指导全国户籍制度改革的纲领性文件，标志着这一重大改革开始进入全面实施阶段。《意见》指出，要建立城乡统一的户口登记制度，取消农业户口与非农业户口性质区分和由此衍生的蓝印户口等户口类型。此外，《意见》明确提出了不同规模城市的改革目标，即全面放开建制镇和小城市落户限制，有序放开中等城市落户限制，合理确定大城市落户条件，严格控制特大城市人口规模，逐步把符合条件的农业转移人口转为城镇居民。

在党的第十八届五中全会上，习近平总书记在《关于〈中共中央关于制定国民经济和社会发展第十三个五年规划的建议〉的说

明》中强调，户籍人口城镇化率直接反映城镇化的健康程度。加快提高我国户籍人口城镇化率，将是中国特色新型城镇化道路发展方向转向“以人为本”的重要标志。《中共中央关于制定国民经济和社会发展第十三个五年规划的建议》明确指出了提高户籍人口城镇化率的改革路径和措施，即推进以人为核心的新型城镇化，深化户籍制度改革，促进有能力在城镇稳定就业和生活的农业转移人口举家进城落户，并与城镇居民有同等权利和义务。实施居住证制度，努力实现基本公共服务常住人口全覆盖。

本研究认为，户籍制度改革的最终目的是保证生活在同一个区域内的人们获得均等化的公共服务与社会待遇，而不受户籍属性的限制，这既是推进新型城镇化的需要，也是实现社会公平的基本要求。

8.2.2　地方政府当前的户籍制度改革措施

2017年7月28日，一场针对“无锡市进一步调整放宽市外户籍准入政策着力深化户籍制度改革”的新闻发布会吸引了社会各界的广泛关注。无锡市政府在发布会上公布了新修订的《无锡市户籍准入登记规定》。《规定》改变了原有落户条件中对购房面积的要求，还增设了租赁住宅落户政策。增设专门条款明确规定，凡在无锡市租住经房产管理部门办理租赁登记备案的合法租赁住宅，同时具备参加无锡市城镇社会保险、申领（签注）《江苏省居住证》均满五年（宜兴市为均满三年）条件的，准予本人、配偶和未成年子女来无锡市落户。

事实上，无锡的户籍制度改革绝非个例。2017年以来，常州、珠海等热点城市也通过修改地方法规的方式进一步降低落户门槛，并对租房群体敞开落户的大门。常州市的户籍制度改革文件中删去了在本市投资30万元以上人民币、20万美元以上外资或连续2年纳税均达1.5万元以上人民币等限制，改为“参加社会保险满5

年”。此外，新规定还扩大了合法稳定住所的定义，增加“在本地房产管理部门办理租赁登记备案的租赁住房，连续居住5年以上，并征得房屋所有权人同意的”。珠海市也在2017年进行了户籍制度改革，根据《珠海市户口迁移管理规定（修订稿）》，符合条件的外地务工人员租房也可直接入户。

笔者认为，2017年以来各大中城市相继出台的落户新规标志着近年来中央关于户籍制度改革的顶层设计已经在各地落地生根，户籍制度改革终于迎来新突破。截至2017年，全国31个省区市全部推出了省级深化户籍制度改革的实施意见。对所有已公布户籍制度改革意见的省份，笔者做了详细总结，详见附录。总结一下，地方政府在户籍制度改革上大都实施了以下几点措施：

（1）各省均提出要建立城乡统一的户口登记制度。

建立与统一城乡户口登记制度相适应的教育、卫生计生、就业、社保、住房、土地及人口统计制度。其中黑龙江省已从2014年11月1日开始执行，贵州省要求2015年底之前基本完成对原农业户籍人口的户口性质备案等一系列工作。

（2）各省都提出建立居住证制度，并以居住证为载体，建立健全与居住年限等条件相挂钩的基本公共服务提供机制。

公民离开常住户口所在地到其他设区的市级以上城市居住半年以上的，在居住地申领居住证。符合条件的居住证持有人，可以在居住地申请登记常住户口。居住证持有人享有与当地户籍人口同等的劳动就业、基本公共教育、基本医疗卫生服务、计划生育服务、公共文化服务、证照办理服务等权利；以连续居住年限和参加社会保险年限等为条件，逐步享有与当地户籍人口同等的中等职业教育资助、就业扶持、住房保障、养老服务、社会福利、社会救助等权利，同时结合随迁子女在当地连续就学年限等情况，逐步享有随迁子女在当地参加中考和高考的资格。

（3）多数省份把2020年作为截止年限，提出了户籍制度改革的具体目标。

主要设定了以下指标：常住人口城镇化率、户籍人口城镇化率、前两个城镇化率之差、农业转移人口数量、落户人数等等。例如，河南省提出，到2020年努力实现1 100万左右农业转移人口和其他常住人口在城镇落户，全省常住人口城镇化率达到56%。河北省则提出，到2020年，力争实现600万城中村居民和400万农业转移人口及其他常住人口在城镇落户，全省户籍人口城镇化率达到45%。

（4）对建制镇和小城市、中等城市、大城市、特大城市，分类提出了全面放开落户限制、有序放开落户限制、合理确定落户条件、严格控制人口规模等渐进放开的改革要求。

小城市的落户条件大致为有合法稳定住所（含租赁）的可以在当地申请登记常住户口，中等城市则需要合法稳定就业并有合法稳定住所（含租赁），同时按照国家规定参加城镇社会保险达到一定年限。大城市落户除满足稳定住所、稳定就业外，对社会保险缴费年限提出了更严格的要求，而特大城市大都采用积分制落户，条件更为苛刻。

（5）多数省份提出了户籍制度改革的制度保障，重点包括完善农村产权制度以及加强基本公共服务财力保障。

例如，在完善农村产权制度方面，吉林省提出到2017年底基本完成农村土地承包经营权确权登记颁证工作。从2015年开始，力争用4年时间，建立健全农村土地承包经营权流转（农村产权交易）市场服务体系，推动农村产权流转交易规范运行。江苏省提出要加快推进农村产权流转交易市场建设，2017年底前，在全省建立省、市、县、乡四级联动的农村产权市场交易体系，县（市、区）和乡镇全面建设农村产权流转交易市场。在加强基本公共服务财力保障方面，贵州省提出要在2016年6月前研究制定财政转移支付同农业转移人口挂钩的相关政策，进一步增加人口流入地财政转移支付，促进实现城镇基本公共服务常住人口全覆盖。内蒙古提出要统筹考虑户籍人口、持有居住证人口的总规模和基本公共服务投入等因素，完善均衡性转移支付测算办法，调整农牧业转移人口

公共服务支出折算比例，科学界定各级人民政府基本公共服务事权，建立健全各级人民政府分工合作机制。

8.2.3 户籍制度改革存在的主要问题

1. 现行户籍制度捆绑了太多的公共福利，阻碍了改革的推进

我国现行户籍制度被附加了过多的福利和权利。据调查，目前与户籍挂钩的个人权利有 20 多项，涉及政治权利、就业权利、教育权利、社会保障、计划生育等各个方面，还包括义务兵退役安置政策和标准、交通事故人身损害赔偿等。

户籍所附加的公共服务与福利主要体现在经济发达的东部地区和大中城市。自 2001 年公安部发布《关于推进小城镇户籍管理制度改革的意见》以来，小城镇的户籍大幅放开。在一些小城镇，只要公民在本地有收入稳定的工作或住房，或者具备一定的职业技能，就可以将户口迁入当地。但是，尽管政府采取了这样的激励措施，选择迁居中小城市的人数还是不多，这主要是因为中小城市在提供就业机会、公共服务和社会福利等方面相对薄弱。例如，中国大多数好的学校和医院都分布在东部大城市中。《2014 年全国农民工监测调查报告》显示，跨省流动农民工 77%流入地级以上大城市，如表 8-1 所示。

表 8-1　　2014 年外出农民工流向地区分布及构成

	合计	直辖市	省会城市	地级市	小城镇	其他
外出农民工总量（万人）	16 821	1 359	3 774	5 752	5 864	72
其中：跨省流动	7 867	1 107	1 783	3 163	1 742	72
省内乡外流动	8 954	252	1 991	2 589	4 122	0
外出农民工构成（%）	100.0	8.1	22.4	34.2	34.9	0.4
其中：跨省流动	100.0	14.1	22.7	40.2	22.1	0.9
省内乡外流动	100.0	2.8	22.2	28.9	46.1	0.0

2. 积分落户的作用仍然非常有限

这是因为，积分落户制度的本质还是要吸引所谓“三高”人群落户，即高收入、高学历、高资产，而对于大多数技能和收入水平相对较低的外来人口而言则机会渺茫。统计数据显示，在广州市 2014 年积分制入户的人员中，七成为 35 岁以下，90.6%具有大专（高职）以上学历，其中大学本科、硕士研究生学历约占七成；入户人员缴纳社会医疗保险时间均在 84 个月以上，最高为 147 个月。上海市实行的居住证积分制度中，把教育水平、财富高低作为主要的积分指标，这会让很多人丧失提高积分进而享受更多公共服务的机会（见表 8 - 2）。

表 8 - 2　　现有积分制度的显著特征（以上海为例）

特征	具体表现
高资产、高收入者更受欢迎	持证人在本市投资创办企业，按照个人投资份额计算，最近连续 3 年平均每年纳税额在 10 万元人民币及以上或平均每年聘用本市户籍人员在 10 人及以上，每纳税 10 万元人民币或每聘用本市户籍人员 10 人积 10 分，最高 100 分。持证人最近连续 3 年在本市缴纳职工社会保险费基数等于以及高于本市上年度职工社会平均工资的 0.8～1 倍、1～2 倍、2 倍以上的，分别积 25、50、100 分
高学历者更受欢迎	持证人取得大专学历、大学本科学历、大学本科学历和学士学位、硕士研究生学历学位、博士研究生学历学位分别积 50、60、90、100、110 分
高技能者更受欢迎	持证人取得技能类国家职业资格五级、四级、三级、二级、一级，分别积 15、30、60、100、140 分；取得中级专业技术职务任职资格、高级专业技术职务任职资格，分别积 100、140 分

积分落户政策的局限性还体现在积分标准过高，供给与需求严重失衡。例如，在中山市 312 万常住人口中，外来流动人口占 160 万。而 2013 年积分入户分配总指标数仅为 3 600 个，流动人口子女入读公办学校指标总量也只有 8 800 个。虽然 2013 年计划分配的指标较 2012 年有所增加（2012 年入户指标为 3 000 个，入学指标为 8 000 个），但相比 160 万流动人口，似乎还远不能满足需求，因此，流动人口积分入户、入学政策被认为“缺乏诚意”。

此外，目前的积分落户政策大多解决的是户籍所在地问题，而不是户口的性质问题，因为多数积分落户人口都已经是城市户口。近年来，国内名校录取的农村学生比例大幅减少，不足 15%，这就使得作为积分落户主要受益者的大学生人群多是城市户口。因此，积分落户政策无法起到提高我国户籍人口城镇化率的作用。例如，在深圳积分入户达到 100 分值的人员中，城镇户籍占了 86%，农村户籍只占 14%，近九成的人员都是城镇户籍，农民工数量的确很少。

3. 户籍制度改革未能完全遵循农民的意愿

这主要表现在政府不了解农民的意愿上。有些政府官员的思想观念还停留在过去“一旦拥有城镇户籍，就意味着拥有了铁饭碗”的年代，想当然地认为农民应当迫切希望摆脱农村，进入到高收入、高福利的城市当中去。然而，现实情况并非如此。国家发展和改革委员会经济体制与管理研究所社会调查课题组的报告显示，愿意在城镇定居但不愿意转户的占 66.1%，不愿意放弃承包地的更是高达 97.5%。尤其是政府在制定户籍制度的时候，缺乏对农民参与权的必要保障，地方政府杀鸡取卵的做法违背了农民的意愿，损害了农民的利益。这不但表现在地方政府要求农民以土地换户籍的制度上，而且表现在地方政府以城镇化之名强行征收农民的土地、将农民“赶上楼”的行为上。

从不同省市的农民落户意愿调查中可以发现，真正愿意落户城市的农民工只有 40%左右。例如，国家统计局中山调查队以问卷

调查和实地走访的形式对农民工进行了调查，发现受访农民工落户城镇的意愿较低，其中，买不起房子、没有归属感等是存在的主要阻碍因素。当被问及“您是否希望在城镇落户”时，大部分农民工表现平淡，市民化意愿较低。其中，只有41.5%的人表示希望在城镇落户，20.7%的人明确表示不希望在城镇落户，37.8%的人表示暂时没有考虑过要在城镇落户①。广东省人力资源和社会保障厅表示，60%的受访农民工不愿或没考虑好是否入户城镇，这主要有四方面原因：一是担心入户城镇后会被收回宅基地、承包地，失去现有的农村集体经济等权益，而预期的权益又难以保障；二是担心生活压力大，50.8%的受访农民工不愿入户是担心买不起、租不起房子，18.3%是因为收入不高，觉得生活没保障；三是担心工作不稳定，11.4%的受访农民工因担心就业不稳定而不敢入户；四是农村环境逐年变好，农民工认为在城市定居没有明显优势，返乡工作还可以兼顾家庭②。

2014年国家发展和改革委员会经济体制与管理研究所社会调查课题组也对农民的落户意愿做了调查，结果与上述发现类似，表示愿意转为城镇户口的占31.2%，不愿意的占39.9%，还有28.9%的人表示说不清。可以发现，明确表示不愿意转户的比例达到了四成，高于愿意转户的比例，还有相当一部分人倾向不明确。这表明目前城镇户口的吸引力并不突出③。

分地区看，表示愿意转为城镇户口的比例最高的是东部人群，为36.8%，最低是西部人群，仅18.5%。分城市看，愿意的比例最高的是特大型城市人群，为39.9%，最低是中小城市人群，为23.7%。可见，即使是公共服务水平最高的特大型城市、东部发达

① 2014年中山农民工市民化意愿调查显示：多数农民工不想落户城镇. 中山网. http：//www. zsnews. cn/News/2014/06/05/2635072. shtml.

② 广东省人社厅最新调查表明：六成农民工对入户持观望态度. 中工网. http：//media. workercn. cn/grrb/2011_12/29/GR0506. htm.

③ 一项城镇非户籍常住人口全国性问卷调查显示：城镇户口的吸引力并不突出. 北京日报. http：//bjrb. bjd. com. cn/html/2014-04/21/content_171834. htm.

地区，对农村进城人口也没有表现出非常强大的吸引力，愿意转户的比例也没有超过四成。为了深入了解一些农村进城人口不愿意转为城镇户口的原因，调查者结合实际列出了一些可能的原因供选择。分析结果显示，最主要的原因包括喜欢农村的生活环境（74.5）、将失去自己的土地（68.5%）、城镇生活成本太高（68.4%）、在城镇没有稳定工作（59.8%）。实际上可以将这些原因归纳为农村的拉力和城镇的推力，前者即农村生活环境、土地利益的吸引，后者即城镇生活成本高、缺乏稳定性的拒斥。

本轮户籍制度改革提出，支持引导农民依法自愿有偿转让土地承包权、宅基地使用权、集体收益分配权。那么，究竟有多少农民愿意有偿转让这些权益？国家发改委的调查显示，在农村户口样本中，如果自己及家人进城定居，希望承包地由自己耕种的占15.2%，希望委托亲友代种的占38.2%，希望出租的占21.5%，希望入股分红的占13.8%，希望给城镇户口、无偿放弃的占2.5%，希望给城镇户口、有偿放弃的占2.5%，无法选择的占5.6%[①]。可见，愿意有偿或无偿放弃承包地的仅占5%，希望以委托代种、出租、入股分红的形式进行流转的占73.5%。这表明，进城农民中极少有人愿意以获得城镇户口为前提，有偿或无偿放弃承包地，他们最希望的是保留土地承包权。

8.3 户籍制度改革的难点分析

进入21世纪以来，越来越多的学者认识到城市中外来人口无法享受迁移地的公共服务，是对社会公平的严重损害，是制约我国城镇化进程的主要因素。户籍制度改革似乎已经成了包括学界、政

① 有极少部分选择其他。

界、媒体界等社会各界的共识。然而，户籍制度改革的步伐雷声大、雨点小。迄今为止，农民工和外来人口的主要迁移地仍然设立严格的入户门槛，对外来人口的公共服务歧视并没有改变。究竟是什么原因制约着户籍制度改革？公共服务均等化为何如此之难？新一轮户籍制度改革会面临哪些挑战？

8.3.1　地方政府利益格局致使异地落户改革难

我国户籍管理上严重分权，权力主要集中在地方政府，而地方政府并没有很强的改革动力。地方政府会从当地的切身利益出发，给那些高学历、高收入、高资产的群体当地户籍，因为这些人能给当地带来更大的经济贡献。而向农民工提供公共服务，或者允许大量农民工落户当地，并不符合地方政府的自身利益。出于自身利益考虑，地方政府只想要外来“劳动力”而不想要“人口”。城市户籍政策中的种种“嫌贫爱富”“条件苛刻”皆由当前的地方政府的社会角色所决定。

同样出于地方自身利益的考量，相较于异地迁入的外来人群，地方政府更愿意将有限的城镇人口承载力为本地农民预留，但本地农民积极性并不高。无论是浙江嘉兴的“两分两换”还是江苏苏州“三集中、三置换”，效果都很一般。有的地方在学习效仿过程中演变为“赶农民上楼”“拉农民进城”，甚至产生了负面的影响。总体上，要吸引本地农民脱离土地融入城市还存在制度层面的障碍（俞云峰，2015）。这种现象造成的结果是，有落户意愿的外地农民工无法落户，而允许落户的本地农民却不愿落户。

8.3.2　人口过度集中致使大中城市户籍制度改革难

《国务院关于进一步推进户籍制度改革的意见》明确指出，对于不同规模的城镇，要确定不同的落户条件并分阶段推进，即“全面放开建制镇和小城市落户限制，有序放开中等城市落户限制，合理确定大城市落户条件，严格控制特大城市人口规模”。对于除小城镇以外的各等级规模城市，稳定就业、合法住房、参加城镇社会保险，以及拥有技能是基本的落户指标，通过设定不同标准，分别确定具体的落户条件。尤其是对大城市和特大城市，明确提出实施积分落户制度，即将各指标量化为积分分值，在总量控制范围内按照积分分值准予落户。应该说，这一政策导向的出发点是要解决加快城镇化所面临的难题，但是，不可忽视的是，《意见》的上述政策导向，与我国农业转移人口流向和流动人口分布的现实状况是相悖的，那么，对于现阶段户籍制度改革要解决已经在城市的1亿农业转移人口和其他常住人口落户的目标，能否通过这一新的政策实现，是不确定的。数据显示，现有外出农民工中，跨省外出打工的农民工主要集中在大城市和特大城市；全部农民工中，有一半集中于前十大城市，其中1/4集中于前四大城市（郭晋晖，王子约，2014）。像北京、上海这样的特大城市，40%左右为流动人口（见表8-3)。然而，大城市环境承载能力相对饱和，放开户籍可能会引发更严重的“大城市病”。大城市的人口相对集中，生活和生产中会产生大量的垃圾和污染物。目前我国大多数大城市的环境承载能力已经相对饱和，有的甚至已经超过极限。如果外来人口大量涌入，必然会进一步加剧城市环境的恶化和交通的拥堵。这就导致大城市政府在户籍制度改革问题上有更多的顾虑，在户籍制度改革问题上采取非常审慎的态度（宋扬，2014)。

表8-3　　2010年人口流动的主要省份排名

	跨省人口流入省份排名				跨省人口流出省份排名	
	省份	流入人口（万人）	全省人口（万人）	流动人口占比（%）	省份	流出人口（万人）
1	广东	2 150	10 432	20.6	安徽	962
2	浙江	1 182	5 442	21.7	四川	891

续前表

	跨省人口流入省份排名				跨省人口流出省份排名	
	省份	流入人口（万人）	全省人口（万人）	流动人口占比（%）	省份	流出人口（万人）
3	上海	898	2 302	39.0	河南	863
4	江苏	738	7 866	9.4	湖南	723
5	北京	704	1 961	35.9	湖北	589
6	福建	431	3 689	11.7	江西	579
7	天津	299	1 294	23.1	广西	418
8	山东	212	9 579	2.2	贵州	404

资料来源：第六次全国人口普查资料。

相反，中小城市和建制镇不仅就业机会少、收入低，所能提供的基本公共服务和社会福利也十分有限，对流动人口缺乏吸引力，因此，尽管全面放开中小城镇的落户限制，也难以吸引人口。现实情况也表明，2000—2010 年，不仅小城市的数量减少了近 100 个，其所吸纳的人口比重也下降了 8 个百分点。可见，按城市规模确定落户条件难以推动改革目标的有效落实（侯力，2014）。

8.3.3　巨额的改革成本对各级政府的财力是一个巨大的挑战

人口的市民化需要巨大的财政投入。2011 年国务院发展研究中心课题组在重庆、嘉兴、武汉和郑州四个城市进行了实地调研，对农民工融入城市的具体成本做过测算，包括各类社保投入、公共服务投入、住房保障投入等，一个典型的农民工（包括相应的抚养人口）市民化所需的公共支出成本总共约 8 万元。表 8－4 反映了农民工市民化的具体成本分布情况。

表 8-4　　农民工市民化的成本测算　　单位：元

项目		重庆市	嘉兴市	武汉市	郑州市
义务教育	小学生	3 021.0	5 807.6	7 898.3	3 252.2
	中学生	3 077.6	7 321.9	10 067.7	4 931.3
	校舍	2 773.3	2 659.3	2 919.3	3 016.8
医疗保险		62.4	118.0	52.0	31.2
养老保险		35 816.3	36 089.0	29 753.9	42 049.3
民政部门提供的其他社会保障和救助	意外伤害保险	—	—	5	—
	低保	85.9	76.5	80.7	59.0
	医疗救助	9.0	8.2	49.4	15.9
	妇幼保健	13.5	46.1	6.3	—
	孤寡老人	—	14.2	—	8.0
城市管理费用		490.7	338.0	401.0	259.8
住房		8 570.1	10 284.0	9 975.6	8 696.9
合计		80 408	83 690	85 087	77 361

资料来源：国务院发展研究中心课题组，2011. 农民工市民化：制度创新与顶层政策设计. 北京：中国发展出版社.

此外，据重庆市测算，为了在两年内实现 300 多万人口转为城镇居民，政府在转户农民养老保险补助、吸纳就业企业社保缴费补差以及公租房、学校等配套设施建设方面需要投入 316 亿元，每年所需财政投入接近全市地方财政收入的 1/10①。如此巨大的财政投入对政府的财政供给能力提出了巨大挑战。

实现基本公共服务均等化，需要有效的财政转移支付制度作为支撑。然而，我国现行财政转移支付制度存在着设计上的问题。我

① 重庆农民进城成本每人 6.7 万元. 新浪网新闻频道. http：//news.sina.com.cn，2010-09-14.

国现行的转移支付大体包括四类，即税收返还、一般性转移支付、专项转移支付和其他转移支付。其中，只有一般性转移支付是属于均等化转移支付，而这一形式在全部财政转移支付中所占比重最小，因此难以对均等化发挥更大的效用；相反，专项转移支付在我国财政转移支付中所占比重过大，但在使用中极不规范。从现实情况看，针对转移支付制度的改革较为复杂，一方面在于财政转移支付制度本身所存在的复杂性，进一步改革的重点应是使之简单化；另一方面，党的十八届五中全会提出"健全财政转移支付同农业转移人口市民化挂钩机制"，如果在财政转移支付制度设计上过分强调与户籍制度的匹配，那么很可能会鼓励一些地方政府将大量农村户口集中转为城镇户口以冒领或骗取国家财政转移支付资金，这类问题更容易产生于城镇化水平相对较低的地区，结果将可能导致落户人口长期处于失业状态，造成生活困难甚至引发社会问题。

8.3.4　户籍制度改革与其他政策协调难

户籍制度改革的目标，不仅是实现居民身份上的统一，更是实现基本公共服务的均等化。这需要教育、就业、医疗、养老、住房保障、农村产权、财力保障等相关领域的综合配套改革，旨在实现各相关政策的协调统一。政策间如果缺乏协调性，则会直接影响政策的实施效果，甚至难以达到政策目标。为推进新型城镇化以及户籍制度改革，2014 年 7 月，国务院已经批准由国家发改委牵头联合发改委、中央编办、教育部、公安部、民政部、财政部、人力资源社会保障部、国土资源部、环境保护部、住房城乡建设部、交通运输部、农业部、卫生计生委、人民银行、统计局等 15 个部门建立推进新型城镇化工作部际联席会议制度，其重要任务之一即协调户籍制度改革与其他领域制度改革的配套问题。

从目前来看，虽然部际联席会议为户籍制度改革提供顶层设计，但个别政策之间却出现了矛盾。例如，2014 年 7 月 24 日国务

院印发的《国务院关于进一步推进户籍制度改革的意见》规定，拥有合法住房（含租住）是大中城市落户的条件之一，而对于随迁子女接受义务教育来说，按规定是由拥有所有权的住房所在位置划定学区，这就导致租房者虽符合落户条件，但仍面临子女上学的问题。广州市实行的“租购同权”规定是解决这一矛盾的政策探索，但在教育资源稀缺的环境下实施效果还有待进一步观察。另外，伴随着经济的发展和经济结构的调整，人口的跨省、跨地区流动将更加频繁，那么，对于社会保障和医疗保障的跨地区对接，一方面，面临如何解决各地现行政策标准不统一的问题，另一方面，人口跨地区流动，不考虑以往在流出地参加社保情况而仅以在本地参加社保年限为依据确定落户条件也欠缺合理性。因此，对于制度的政策设计，要充分考虑政策协调性问题，同时也要考虑地区差异性，在实施过程中，则要重视地方政府的配合与各部门之间的合作。

附录

表 A8－1　各省份户籍改革具体方案

省份	改革目标	落户条件			
		小城市	中等城市	大城市	特大城市
		50 万人以下	50 万～100 万人	100 万～500 万人	500 万人以上
河北	到 2020 年，力争实现 600 万城中村居民和 400 万农业转移人口及其他常住人口在城镇落户，全省户籍人口城镇化率达到 45%	有合法稳定住所的人员，可以申请办理当地常住户口		在城区人口 100 万人以上的石家庄、唐山、保定、邯郸市市区，符合下列条件之一的，可以申请办理当地常住户口：(1) 具有合法固定住所的人员。(2) 具有合法稳定职业并有其他合法稳定住所的人员。石家庄市在上述条件的基础上进一步限制条件	

续前表

省份	改革目标	落户条件			
		小城市	中等城市	大城市	特大城市
		50 万人以下	50 万～100 万人	100 万～500 万人	500 万人以上
山西	到 2020 年，基本建立新型户籍制度，努力实现 360 万左右农业转移人口和其他常住人口在城镇落户	有合法稳定住所（含租赁）的，可以在当地申请登记常住户口	在太原市具备合法稳定就业并有合法稳定住所（含租赁），同时按照国家规定参加城镇社会保险满 1 年的，可以在当地申请登记常住户口		
内蒙古	到 2020 年，努力实现 400 万左右农牧业转移人口和其他常住人口落户城镇。基本形成新型户籍制度	有合法稳定住所（含租赁）的可以在当地申请登记常住户口。对于租赁房屋落户，城市承载压力大的设区市，可以设置连续租赁时间条件，但不得超过 2 年	在呼和浩特市、包头市市区有合法稳定住所；或租赁合法稳定住所并合法稳定就业，同时按照国家规定参加城镇社会保险达到一定年限的可以在当地申请登记常住户口。对参加城镇社会保险限定年限的要求不得超过 5 年		

续前表

省份	改革目标	落户条件			
		小城市	中等城市	大城市	特大城市
		50万人以下	50万～100万人	100万～500万人	500万人以上
辽宁	全面实施居住证制度，稳步推进城镇基本公共服务覆盖全部常住人口。努力实现全省农业转移人口就近就地在城镇落户	有合法稳定住所（含租赁）的，可以在当地申请登记常住户口	有合法稳定住所（含租赁），同时按照国家规定参加城镇社会保险的，可以在当地申请登记常住户口	在鞍山、抚顺、本溪等市的城区合法稳定就业并有合法稳定住所（含租赁），同时按照国家规定参加城镇社会保险的可以在当地申请登记常住户口	改进沈阳、大连两市现行落户政策，建立积分落户制度
吉林	到2020年，全省基本建立新型户籍制度。努力实现全省200万左右的农业转移人口和其他常住人口在城镇落户	有合法稳定住所（含租赁房屋）的可以在当地申请登记常住户口	在四平市、白山市具有合法稳定住所（含租赁房屋1年以上）、合法稳定职业，并按照国家规定在当地参加社会保险1年以上的准予落户	在长春市、吉林市具有合法稳定住所（含租赁房屋2年以上）、合法稳定职业，并按照国家规定在当地参加社会保险（同时参加养老保险、医疗保险、失业保险）2年以上的准予落户	

续前表

省份	改革目标	落户条件			
		小城市	中等城市	大城市	特大城市
		50万人以下	50万～100万人	100万～500万人	500万人以上
黑龙江	未详细提及	牡丹江市、佳木斯市、鸡西市、鹤岗市、双鸭山市、伊春市、七台河市、绥化市、黑河市9个城市合法签订半年以上劳动合同且有合法稳定住所，参加城镇社会保险满1年的可以在当地申请登记常住户口		大庆市、齐齐哈尔市合法稳定就业（签订1年以上劳动合同）且有合法稳定住所（含租赁，在同一地址租住2年以上），参加城镇社会保险满2年的，可以在当地申请登记常住户口	哈尔滨市实行“双轨制”落户政策。非主城区适当放宽落户条件；积极建立和完善积分落户制度
江苏	到2020年，基本建立新型户籍制度，实现城乡基本公共服务均等化全覆盖，常住人口城镇化率达到72%，户籍人口城镇化率与常住人口城镇化率差距缩小到5个百分点	有合法稳定住所（含租赁）的人员，可以在当地申请登记常住户口。其中，城市综合承载能力压力小的，可以凭合法稳定就业并参加城镇社会保险落户	合法稳定就业并有合法稳定住所（含租赁），同时按照国家规定参加城镇社会保险达到一定年限的人员，可以在当地申请登记常住户口。对参加城镇社会保险年限的要求不得超过3年	合法稳定就业达到一定年限并有合法稳定住所（含租赁），同时按照国家规定参加城镇社会保险达到一定年限的可以在当地申请登记常住户口。城区人口300万以上的地方积极推动积分落户政策；城市综合承载能力压力大的地方，可以对合法稳定就业的范围、年限和合法稳定住所（含租赁）的范围、条件等做出较严格的规定，对参加城镇社会保险年限的要求不得超过5年	

续前表

省份	改革目标	落户条件			
		小城市	中等城市	大城市	特大城市
		50万人以下	50万～100万人	100万～500万人	500万人以上
安徽	到2020年，基本建立新型户籍制度，实现常住人口城镇化率达到58%	有合法稳定住所（含租赁）的可以在当地申请登记常住户口	合法稳定就业并有合法稳定住所（含租赁），同时按照国家规定参加城镇社会保险达到一定年限的可以在当地申请登记常住户口	合法稳定就业的范围、年限和合法稳定住所（含租赁）的范围、条件等做出较严格的规定。对合法稳定就业年限和参加城镇社会保险年限的要求不得超过3年	具体条件由所在地人民政府确定
河南	到2020年，努力实现1 100万左右农业转移人口和其他常住人口在城镇落户，全省常住人口城镇化率达到56%	有合法稳定住所（含租赁）的可在当地申请登记常住户口	合法稳定就业并有合法稳定住所（含租赁），同时按照国家规定参加城镇社会保险	合法稳定就业达到一定年限并有合法稳定住所（含租赁），同时按照国家规定参加城镇社会保险达到一定年限的可在当地申请登记常住户口。对参加城镇社会保险的年限要求不得超过2年	省会城市要建立完善积分落户制度

续前表

<table>
<tr><th rowspan="3">省份</th><th rowspan="3">改革目标</th><th colspan="4">落户条件</th></tr>
<tr><th>小城市</th><th>中等城市</th><th>大城市</th><th>特大城市</th></tr>
<tr><th>50 万人以下</th><th>50 万～100 万人</th><th>100 万～500 万人</th><th>500 万人以上</th></tr>
<tr><td>福建</td><td>未详细提及</td><td>有合法稳定住所（含租赁）的均可将户口迁入居住地</td><td colspan="2">福州市辖区、厦门市、平潭综合实验区之外的其他设区市的城区，有合法稳定住所（含租赁），与居住地用人单位依法签订劳动（聘用）合同或者依法持有工商营业执照的均可将户口迁入居住地</td><td>福州市辖区和平潭综合实验区要建立积分落户制度，具体办法报省政府批准后实施。厦门市要进一步完善落户政策，建立积分落户制度</td></tr>
<tr><td>江西</td><td>到 2020 年，基本建立新型户籍制度</td><td>凡有合法稳定住所（含租赁）的可在当地申请登记常住户口</td><td colspan="2">积极放开其他设区市中心城区落户限制。(1) 投靠类、购房类、投资经商类、人才类：落户条件与南昌市中心城区一致。(2) 务工类：凡有合法稳定住所（含租赁）和合法稳定职业的，可在当地申请登记常住户口</td><td>有序放开南昌市中心投靠、购房、投资经商、人才、务工类的城区落户限制</td></tr>
<tr><td>山东</td><td>未详细提及</td><td>有合法稳定住所（含租赁）或合法稳定就业的可以在当地申请登记常住户口</td><td colspan="2">设区市（不含济南、青岛）范围内的本市户籍人口，在市区内有合法稳定住所（含租赁）或合法稳定就业，同时按规定参加当地社会保险 1 年以上的，可以在当地申请登记常住户口；本市以外人员，在本市市区有合法稳定住所（含租赁）和合法稳定就业，同时按规定参加当地社会保险 1 年以上的，可以在当地申请登记常住户口</td><td>济南、青岛两市全面放开普通高校毕业生（含往届毕业生）落户限制。实施积分落户制度</td></tr>
</table>

续前表

省份	改革目标	落户条件			
		小城市	中等城市	大城市	特大城市
		50万人以下	50万～100万人	100万～500万人	500万人以上
湖北	到2020年基本建立新型户籍制度，全省常住人口城镇化率达到61%	有合法稳定住所（含租赁）的，可在居住地申请登记常住户口	有合法稳定就业并有合法稳定住所（含租赁），同时按照国家规定参加城镇社会保险达到一定年限（最高不超过2年）的，可在居住地申请登记常住户口		改进现行落户政策，合理设置落户积分分值，建立积分落户制度
湖南	到2020年，基本建立新型户籍制度	有合法稳定住所（含租赁）的人员，本人及其共同居住生活的配偶、未婚子女、父母等，可以在当地申请登记常住户口	合法稳定就业并有合法稳定住所（含租赁），同时按照国家规定在当地参加城镇社会保险的人员，可以在当地申请登记常住户口	对合法稳定就业的范围、年限和合法稳定住所（含租赁）的范围、条件等做出较严格的规定；也可结合本地实际，建立积分落户制度	
广东	到2020年，基本建立新型户籍制度，努力实现1 300万左右的农业转移人口和其他常住人口在广东省城镇落户	有合法稳定住所（含租赁）的可以在当地申请登记常住户口	合法稳定就业满3年并有合法稳定住所，同时按照有关规定参加社会保险满3年的可以在当地申请登记常住户口	在珠海市、佛山市、东莞市、中山市合法稳定就业满5年并有合法稳定住所，参加社会保险满5年的，可以在当地申请登记常住户口；其中珠海市采用较严格的积分落户条件	广州市、深圳市重点吸纳本地经济社会发展急需的各类型专业人才落户

续前表

省份	改革目标	落户条件			
		小城市	中等城市	大城市	特大城市
		50 万人以下	50 万～100 万人	100 万～500 万人	500 万人以上
广西	到 2020 年，基本建立新型户籍制度，努力实现 600 万左右农业转移人口和其他常住人口在城镇落户	有合法稳定住所（含租赁）的人员，可以在当地申请登记常住户口	在桂林市、玉林市城区合法稳定就业并有合法稳定住所（含租赁），同时按照国家规定参加城镇社会保险达到一定年限的可以在当地申请登记常住户口		在南宁市、柳州市城区合法稳定就业达到一定年限并有合法稳定住所（含租赁），同时按照国家规定参加城镇社会保险达到一定年限的可以在当地申请登记常住户口。其中，对参加城镇社会保险具体年限的要求不得超过 3 年
四川	有序推进农业转移人口市民化。基本建立新型户籍制度	全面放开大中小城市和建制镇落户限制。在除成都市外的大中小城市和建制镇有合法稳定住所（含租赁）的，可以在当地申请登记常住户口			严格控制成都市人口规模。建立居住证积分入户制度
重庆	到 2020 年，全市常住人口城镇化率达到 65%以上，户籍人口城镇化率达到 50%左右	有合法稳定住所（含租赁）且具有一定就业能力的本市籍农业转移人口，可在当地申请登记常住户口	对与市级及以上工业园区企业签订 1 年及以上劳动合同的，可不受务工经商年限限制	本市籍转移人口，在城市发展新区城区务工经商 2 年，具有合法稳定住所的，可申请登记城市发展新区城区常住户口	本市籍转移人口，在都市功能核心区与都市功能拓展区务工经商 5 年，具有合法稳定住所的，可申请登记主城区常住户口

续前表

省份	改革目标	落户条件			
		小城市	中等城市	大城市	特大城市
		50万人以下	50万～100万人	100万～500万人	500万人以上
贵州	到2020年，基本建立新型户籍制度，努力促进300万农业转移人口和其他常住人口落户城镇	在全省中小城市和建制镇有合法稳定住所（含租赁）的，可以在当地申请登记常住户口	在贵阳市南明区、云岩区合法稳定就业并有合法稳定住所（含租赁）3年及以上，同时参加城镇社会保险5年及以上的，可以在当地申请登记常住户口。达不到上述条件的，实行积分入户		
云南	到2020年，基本建立新型户籍制度，户籍人口城镇化率达到38%左右，常住人口城镇化率达到50%左右	有合法稳定住所（含租赁）的，可在当地申请登记常住户口	有合法稳定就业并有合法稳定住所（含租赁），同时按照国家规定参加城镇社会保险和办理《居住证》分别满1年的，可以在当地申请登记常住户口	在昆明市主城区具备合法稳定住所（不含租赁）和合法稳定就业或其他生活来源，且实际居住的，本人可申请落户；在昆明市主城区具备合法稳定住所（不含租赁）并实际居住，合法稳定就业并缴纳城镇社会保险满2年的，可申请接迁共同居住的配偶、未成年子女和父母（含配偶父母）落户，但人均住房面积不得低于当地对住房困难家庭规定的标准；原户籍地不在昆明市主城区，在昆明市主城区租住公租房、廉租房和其他租赁性质合法稳定住所的，按照昆明市主城区的积分落户制度办理落户	

续前表

省份	改革目标	落户条件			
		小城市	中等城市	大城市	特大城市
		50 万人以下	50 万～100 万人	100 万～500 万人	500 万人以上
陕西	到 2020 年，实现累计 1 000 万农业转移人口和其他常住人口在城镇落户，全省城镇化水平达到 62%，基本建立新型户籍制度	有合法稳定住所（含租赁）的可在当地申请登记常住户口	除西安市市辖区外符合下列条件之一的可在当地申请登记常住户口。（1）有合法产权住所；（2）有合法稳定住所（含租赁、租借、寄住）并连续居住 1 年以上；（3）有合法稳定就业并缴纳城镇企业职工基本养老保险		西安市建立积分落户制度。具体户籍制度改革实施办法由西安市政府制定，并报省政府备案
青海	到 2020 年，基本建立新型户籍管理制度。努力实现 40 万左右农牧业转移人口和其他常住人口在城镇落户，全省户籍人口城镇化率达到 50%以上	有合法稳定住所（含租赁）的可以在当地申请登记常住户口	凡在西宁市市区内有合法房产的；或者合法稳定就业达到一定年限，有合法稳定住所（含租赁），同时按照国家规定参加城镇社会保险达到一定年限的人，可以在当地申请登记常住户口		
新疆	到 2020 年，基本建立新型户籍管理制度	连续居住满 1 年和参加社会保险满 1 年	控制乌鲁木齐市和适度控制克拉玛依市的人口规模		

续前表

省份	改革目标	落户条件			
		小城市	中等城市	大城市	特大城市
		50 万人以下	50 万～100 万人	100 万～500 万人	500 万人以上
甘肃	2020 年努力实现 240 万左右农业转移人口和其他常住人口在城镇落户	全面放开建制镇和小城市落户限制。在县级市市区、县人民政府驻地镇和其他建制镇有合法稳定住所（含租赁）的人员，本人及其共同居住生活的配偶、未成年子女、父母等，可以向当地公安派出所提出申请，凭本人房产证或房屋租赁证明、居民身份证等合法有效的证明，经审核后办理迁移落户手续	有序放开中等城市落户限制。在城区人口 50 万至 100 万的城市合法稳定就业并有合法稳定住所（含租赁），同时按照国家规定参加城镇社会保险达到一定年限的人员，本人及其共同居住生活的配偶、未成年子女、父母等，可以向当地公安派出所提出申请，凭本人合法稳定就业和合法稳定住所（含租赁），居民身份证等合法有效的证明，同时提供 2 年以内参加城镇社会保险的有效证明，经县级公安机关审核同意后，办理迁移落户手续	合理确定兰州市落户条件。兰州市城关、七里河、西固、安宁四城区常住人口接近 200 万人，已达到大城市标准，可由兰州市政府根据城市规划和城市综合承载能力，适度控制落户规模和节奏，可以对合法稳定就业、年限和合法稳定住所（含租赁）的范围、条件等做出规定。兰州市城关区人口密度过大，城市综合承载力超负荷，对城关区落户实行严格控制	

续前表

省份	改革目标	落户条件			
		小城市	中等城市	大城市	特大城市
		50万人以下	50万～100万人	100万～500万人	500万人以上
浙江	到2020年，基本建立与高水平全面建成小康社会相适应，有效支撑社会管理和公共服务，依法保障公民权利，以人为本、科学高效、规范有序的新型户籍制度，为全面提高全省新型城镇化水平提供有力保障	全面放开县（市）落户限制。在县级市市区、县人民政府驻地镇（街道）和其他建制镇（街道）有合法稳定住所（含租赁）的人员可以在当地申请登记常住户口	有序放开大中城市落户限制。城市综合承载能力压力小的设区市城区，可以参照实行县（市）的具体落户标准。其他设区市（除杭州市以外）城区，可以按照有合法稳定住所人员、有合法稳定就业人员、引进人才、投资人员和有突出贡献人员等类别，分别设定进一步放宽现行的住所条件、就业类型、学历（职称、技能）等级、投资规模、居住年限和按照国家规定参加城镇社会保险年限等具体落户标准		合理控制特大城市人口规模。杭州市根据综合承载能力和经济社会发展需要，调整完善城区的现行落户政策，控制落户规模和节奏。具体政策由杭州市人民政府研究制定，报省政府同意后实施
上海	到2020年，本市基本建立与全面建成小康社会相适应，规范有序的新型户籍制度。全市常住人口规模控制在2 500万以内，人口结构更加合理，人口素质进一步提升，人口布局进一步优化	（1）完善人才落户政策。聚焦城市功能提升和转型发展需要，以“合法稳定就业、合法稳定居住”为基本条件，以能力和贡献为导向，做好非上海生源应届毕业生落户和留学生落户政策的平衡衔接。 （2）统一平衡投靠落户政策。加强投靠落户政策的统筹平衡，建立统一的投靠落户政策，稳妥解决历史遗留户口问题。 （3）深化完善积分落户政策。完善居住证、居住证转办常住户口、直接落户政策，在此基础上，逐步建立积分落户政策。根据综合承载能力和经济社会发展需要，以具有合法稳定就业和合法稳定住所、参加城镇社会保险年限、连续居住年限等为主要指标，合理设置积分分值。按照总量控制、公开透明、有序办理、公平公正的原则，达到规定标准条件的人员，可以申请本市常住户口			

续前表

省份	改革目标	落户条件			
		小城市	中等城市	大城市	特大城市
		50万人以下	50万～100万人	100万～500万人	500万人以上
天津	到2020年，基本建立与全面建成小康社会相适应，有效支撑社会管理和公共服务，依法保障公民权利，以人为本、科学高效、规范有序的新型户籍制度	（1）建立城乡统一的户口登记制度：实现城乡户籍登记“一元化”并建立与户籍登记“一元化”相适应的社会服务管理制度。 （2）调整完善户口迁移政策：逐步放开市内户口迁移限制。在全市范围内实现全市户籍人口的自由迁移流动；调整完善迁津落户政策。落实人才集聚战略，健全人才标准，完善人才落户政策，优化引进人才“绿卡”制度；适度放宽落户条件；合理引导、控制人口迁移；不断提高技能型人才城镇落户率。重点解决来津时间长、就业能力强、可以适应城镇产业转型升级和市场竞争环境的人员落户。 （3）完善居住证管理和积分落户制度：全面深化居住证制度，完善居住证积分落户制度，健全人口信息管理制度			
海南	到2020年，基本建立与全面建成小康社会、海南国际旅游岛建设发展相适应，规范有序的新型户籍制度，努力实现80万左右农业转移人口和其他常住人口在城镇落户	全面放开建制镇和小城市落户限制。在县级市市区、县人民政府驻地镇或其他建制镇有合法稳定住所（含租赁）的本省居民，本人及其共同居住生活的配偶、未成年子女、父母等，可在当地申请登记常住户口	合理确定海口市、三亚市的落户条件。在海口市、三亚市有合法稳定住所（含租赁），合法稳定就业且参加城镇社会保险满5年的本省居民，本人及其共同居住生活的配偶、未成年子女、父母等，可在当地申请登记常住户口		

续前表

省份	改革目标	落户条件			
		小城市	中等城市	大城市	特大城市
		50万人以下	50万～100万人	100万～500万人	500万人以上
西藏	到2020年，基本建立与全面建成小康社会相适应，有效支撑社会管理和公共服务，依法保障公民权利，以人为本、科学高效、规范有序的户籍制度	在县城区及建制镇有合法稳定住所（含租赁）的人员，本人及其共同居住生活的配偶、未成年子女、父母等，可根据本人意愿在当地申请登记常住户口	具有合法稳定就业和合法稳定住所（含租赁）的，并按照国家和自治区规定在当地连续缴纳城镇社会保险满3年的人员，本人及其共同居住生活的配偶、未成年子女、父母，可在当地申请登记常住户口		
北京	到2020年，全市常住人口控制在2 300万人以内，城六区常住人口在2014年基础上下降15个百分点左右	(1) 贯彻执行好本市积分落户政策，建立政策实施会商和联动审核机制，规范操作流程，按照总量控制、公开透明、有序办理、公平公正的原则，有序推进长期在京稳定就业和生活的常住人口落户工作。 (2) 适应构建“高精尖”经济结构需要，实施更加开放的人才引进政策，健全高层次人才、紧缺急需人才落户制度，吸引海内外高层次人才在京创新创业。 (3) 贯彻执行好本市居住证制度，符合条件的外地户籍来京人员，可以到居住地公安派出所或者公安机关委托的来京人员社区登记服务机构申领《北京市居住证》。建立健全以居住证为载体的基本公共服务和便利提供机制。进一步健全基本公共服务体系，不断优化基本公共服务布局，提升基本公共服务保障能力和水平。居住证持有人依法享有劳动就业、参加社会保险、缴存提取和使用住房公积金等权利，按照规定享有义务教育、基本公共就业、基本公共卫生和计划生育、公共文化体育、法律援助等基本公共服务。积极创造条件，稳步扩大居住证持有人享有的公共服务范围，并逐步提高服务标准			

续前表

<table>
<tr><th rowspan="3">省份</th><th rowspan="3">改革目标</th><th colspan="4">落户条件</th></tr>
<tr><th>小城市</th><th>中等城市</th><th>大城市</th><th>特大城市</th></tr>
<tr><th>50 万人以下</th><th>50 万～100 万人</th><th>100 万～500 万人</th><th>500 万人以上</th></tr>
<tr><td>宁夏</td><td>有序推进农民工在城镇落户。进一步推进户籍制度改革，实施差别化落户政策，促进有条件有意愿、在城镇有稳定就业和住所（含租赁）的农民工及其随迁家属在城镇有序落户并依法平等享受城镇基本公共服务。到 2020 年，努力实现 60 万农业转移人口和其他常住人口在城镇落户</td><td colspan="4">银川市进一步推进户籍制度改革实施意见：
（1）实行城乡统一的户口登记制度，在全市范围内取消农业户口与非农业户口的性质区分，统一登记为居民户口。同时，全面建立与统一城乡户口相适应的就业、住房、教育、卫生计生、社保、土地及人口统计制度。
（2）在本市拥有合法、固定职业的，可在本市入户。
（3）在本市拥有合法房产的人员，可在本市入户。
（4）凡取得中专以上学历或国家职业资格证书的人员，可在本市入户</td></tr>
</table>

说明：2017 年，宁夏的户籍改革政策虽已经出台，但尚没有对媒体和公众公开，官方网站上无法找到相应的政策。所以，表中列出了宁夏的改革目标以及省会银川市公布的具体改革措施。

参考文献

陈柳钦，2013. 新型城镇化赋予房地产业新活力. 改革与开放（3）：7－9.

都阳，蔡昉，屈小博，等，2014. 延续中国奇迹：从户籍制度改革中收获红利. 经济研究（8）：4－13.

郭晋晖，王子约. 户籍制度改革方案解读：城市越大落户门槛越高. http：//news. sohu. com/20140731/n402937941. shtml.

国务院发展研究中心课题组，2010. 农民工市民化对扩大内需和经济增长的影响. 经济研究（6）：4－16.

侯力，2014. 户籍制度改革的新突破与新课题. 人口学刊（6）：22－29.

胡雪，2014. 户籍制度改革与农业转移人口市民化路径. 长沙理工大学学报（3）：95－99.

李芙蓉，麻晓刚，2013. 新型城镇化背景下农民工市民化的制度性障碍因素研究. 改革与战略（9）：50－53.

李克强，2013. 问路城镇化：协调推进城镇化是实现现代化的重大战略选择. 中国报道（3）：18－25.

邵光学，2015. 新型城镇化背景下户籍制度改革探析. 上海经济研究（2）：42－45.

邵宇，2014. 也谈户籍改革. 上海经济（8）：11－11.

宋扬，2014. 新型城镇化背景下户籍制度改革的难点与思路分析. 人文杂志（10）.

天津经济课题组，2013. 提升城镇化质量的经验借鉴. 天津经济（1）：17－24.

俞云峰，2015. 基于人口流动趋势的户籍制度改革思考. 山东行政学院学报（1）：1－6.

张兴华，2013. 中国农村剩余劳动力的重新估算. 中国农村经

济（8）：49－54.

张志萍，2014. 新型城镇化进程中关于户籍制度改革的思考. 改革与战略（1）：90－92.

Fields，G. S.，Song，Y.，2013. A theoretical model of the Chinese labor market. IZA Discussion Paper Series，No. 7278.

Meng，X.，2012. Labor market outcomes and reforms in China. The Journal of Economic Perspectives，26（4）：75－101.

第9章 户籍制度改革究竟划算吗——基于劳动力市场模型的模拟分析

9.1 引言

改革开放以来，伴随着市场化进程的加速，我国的劳动力市场经历了翻天覆地的变化，从计划经济时期的政府主导逐渐演变为市场主导，劳动力的流动也更加自由。尽管如此，在当前我国的劳动力市场上，户籍制度仍然扮演着重要角色，附着在户口上的公共服务依然很多，农民工面临的户籍歧视屡见不鲜，户籍制度依旧在一定程度上阻碍着劳动力的跨地区流动（Fields and Song，2013；Song，2014）。

1958年，以《中华人民共和国户口登记条例》为标志，政府明确将中国出生的公民区分为农业户

口和非农业户口。在文献中，人们常把农业户口和非农业户口称为农村户口和城镇户口（Knight，et al.，2011）。在户籍制度建立之初，城乡间的劳动力流动受到严格限制。21 世纪初，很多城市开始探索推进户籍制度改革，试图打破城乡之间的流动壁垒（Chan，2012）。过去的 10 年里，我国出现了空前的大规模人口流动，成千上万的农村户籍人口到城市中工作，被称为农民工。根据《2018 年全国农民工监测调查报告》，我国农民工总数已达到 2.88 亿。

尽管户籍制度改革已经推行了很多年，但是户籍制度时至今日仍然扮演着重要角色，主要体现在以下两个方面：首先，我国的户籍制度改革在小城市率先放开，但是小城市的就业机会和公共服务都相对有限，并不能起到吸引农民工的作用，而作为农民工主要迁移目的地的大中城市仍然保留着严格的落户政策，向农民工提供的公共服务非常有限（Afridi，et al.，2014）。其次，很多实证研究文献表明农民工在城市中依然面临着就业歧视。在控制人力资本等相关因素后，城市户籍劳动者的工资和就业机会都显著高于农民工（余向华，陈雪娟，2012；Lee，2012；Song，et al.，2016）。

造成户籍制度改革缓慢的重要原因之一就是巨额的改革成本。人口的市民化需要巨大的财政投入。2011 年国务院发展研究中心课题组在重庆、嘉兴、武汉和郑州四个城市进行了实地调研，对农民工融入城市的具体成本做过测算，包括各类社保投入、公共服务投入、住房保障投入等，一个典型的农民工（包括相应的抚养人口）市民化所需的公共支出成本总共约 8 万元（邵光学，2015）。

那么，在高额的改革成本条件下，我国的户籍制度改革是否划算？改革所带来的社会总收益是否大于改革总成本？我国应该在多大程度上进行户籍制度改革？对于这些问题，已有文献尚未给出令人满意的答案，主要体现为以下两点局限性：首先，测算户籍制度改革的收益需要根据当前户籍制度的特征构建劳动力市场的理论模型，而已有文献构建的理论模型并不能充分体现当前户籍制度的特征。其次，已有文献缺乏在劳动力市场分割模型的基础上全面准确

测算户籍制度改革的成本。

本章试图填补以上空白，把当前户籍制度的特征融入到劳动力市场分割模型中，构建较为完整的理论模型，并在该模型的基础上以我国当前的实证数据为基础进行政策模拟分析，全面测量户籍制度改革的经济收益与成本，进而分析户籍制度改革的最优方案，为我国进一步推进户籍制度改革提供理论支持。当然，户籍制度改革不仅涉及经济收益和成本，还涉及其他诸多因素，如政治因素、社会因素等等。本章的侧重点是衡量户籍制度改革的经济影响，其对非经济领域的影响则不在本章的研究范围之内。

当前户籍制度的一个重要影响是限制农民工子女在迁入地入学，这在很大程度上使得低龄农村户籍劳动力和高龄农村户籍劳动力呈现出不同的迁移模式（Golley and Meng，2011）。前者大都已到城市打工，而后者仍有很大比例留在农村，构成了农村剩余劳动力。Lee 和 Meng（2010）认为户籍制度改革的一项重要目标就是使农民工的家庭在城市获得同等的生活权利，包括子女入学、养老等基本保障。他们认为，如果户籍制度改革能够降低高龄、有子女的农民工在城市生活的成本，会有更多的农村劳动力愿意迁移到城市，更多的家庭愿意举家进城。为了能够反映出低龄与高龄农村户籍劳动力迁移模式的不同，本章构建的模型首次按照年龄把农村户籍劳动力分为两类，简称低龄和高龄劳动力[①]。

在考虑年龄的异质性基础上，本章的模型把劳动力分为三类，第一类是拥有城市户口的居民，第二类和第三类分别是持有农村户口的低龄和高龄劳动力。此外，模型中有两个地理区域所对应的就业部门，分别是城市地区的城市就业部门和农村地区的农业就业部门。为了强调城乡的市场分割，本章并没有考虑城市内部和农村内部的异质性问题。户籍制度在本模型中的主要影响有两个：一是农

① 这里的低龄和高龄并没有严格的年龄界限，二者的区别主要是由于所承担的家庭责任差异带来的在城市生活成本不同（比如高龄的一般有子女，所以需要承担较高的子女入学成本）。

村户籍劳动者在城市面临着一定程度的劳动力市场歧视；二是高龄农村户籍劳动力在城市有各种生活的不便，如子女上学、医疗、住房保障等方面的不便。我们把这种生活的不便用额外的生活成本来刻画①。

在本章构建的理论模型的基础上，我们分别模拟了全面放开户籍以及以居住证制度为依托向农民工提供部分公共服务等政策的社会成本收益。结果显示，如果户籍全面放开，即迁移到城市的农村户籍劳动者与城市户籍劳动者享受完全相同的待遇，会有1.74亿新增的农民工进入城市，全国的人均收入会从每年2.9万元提高到3.3万元，全国总的GDP增加2万亿元左右。此外，全面的户籍制度改革会大幅度缩小收入差距，全国劳动力年收入的基尼系数从改革前的0.277降低到0.088，降低68%。当然，向所有农民工及其家庭提供与城市户籍劳动者相同的公共服务将需要5万亿元的改革成本。如果仅用GDP的变化衡量改革收益，显然总收益是小于总成本的，二者之差达近3万亿元。但是，多支出的3万亿元会带来基尼系数降低68%，会大幅度缩小城乡差距，会实现完全的公共服务均等化，促进社会公平。因此，全面的户籍制度改革是否值得取决于我们赋予不同改革目标的权重。如果我们认为实现公平是当前的首要政策目标，则全面的户籍制度改革是划算的。

此外，本章还计算了部分提供公共服务制度的成本收益。如果用新增GDP衡量改革收益，那么改革净收益（收益减去成本）将存在一个最大值。当农民工公共服务的覆盖比例为16%时，改革的净收益最大。这在一定程度上解释了为什么本轮户籍制度改革中各地都愿意向外来人口提供基本的公共服务，但是在子女入学等需要支付更多财政支出的方面却非常谨慎。如上所述，新增GDP只是衡量改革收益的一个指标。随着公共服务覆盖比例的提高，收入差距也会逐步缩小。如果政府对公平、收入差距等方面更看重，应

① 为了简便起见，我们把低龄农民工在城市的生活成本标准化为0。

该更大幅度地推进户籍制度改革，尽早实现公共服务均等化。

本章接下来的结构如下：9.2 节对现有关于户籍制度的理论模型进行综述分析，并指出本章在已有文献基础上的主要贡献；9.3 节根据当前户籍制度的特点构建二元劳动力市场理论模型；9.4 节根据理论模型进行政策模拟，全面测算户籍制度改革的社会收益与改革成本，并分析户籍制度改革的最优方案；9.5 节总结本章的主要结论。

9.2 文献综述与本章贡献

迄今为止，只有为数不多的学者试图针对中国的户籍制度构建理论模型。本节将对这些模型进行综述分析，指出这些文献的局限性并提出本章的主要贡献。

9.2.1 已有的户籍制度理论模型

最早的较为完整的理论模型由孟欣教授（Meng Xin）在其《中国劳动力市场的改革》（*Labour Market Reform in China*）（于 2000 年出版）一书中提出。Meng（2000）构建了一个三部门理论模型，并详细阐述了中国农村和城市的劳动力迁移、雇佣以及工资水平间的关系。三部门包括农业部门、城市正规部门与城市非正规部门。该模型假设所有的农民工都只能在非正式部门工作，而正规部门的工作完全由城市户籍劳动者承担。在 20 世纪 90 年代多数城市都规定了允许农民工工作的行业和职业，农民工遭受政策歧视非常严重，才造成了这种几乎完全的就业隔离。但是，这种极为严格的政策到 2004 年几乎全被废除，加上民营部门的快速发展，使得农民工的就业选择更多，就业歧视的类型也逐渐从政策型转变为市场型。因此，Meng 的模型更符合 20 世纪 90 年代中国户籍制度的

特点，对当今户籍制度的现状并不完全适用。

与上述模型类似，Laing 等（2005）将哈里斯-拖拉罗模型（Harris-Todaro）进行拓展并应用于中国的劳动力市场。该模型中的农民工包含合法与非法的迁移者。文章的结论是户籍制度的执行愈严格，城市的失业率便可能愈低。但是，这一模型同样仅适用于20世纪90年代以前的中国劳动力市场，当时的劳动力流动由公安部门严格控制，且没有官方批准的劳动力迁移是非法的。事实上，自21世纪以来对劳动力流动性的严格限制在中国已经被放宽，户籍制度的角色也在发生着改变，需要新的理论模型来加以分析。

在过去的十年间，陆续有几篇文章构建了以户籍制度为基础的新的劳动力市场模型，试图分析当前户籍制度改革的经济影响。例如，Whalley 和 Zhang（2007）构建了多部门的一般均衡模型，并认为户籍制度改革会消除各地区间的工资差距。Ito（2008）运用了动态可度量的一般均衡模型（dynamic computable general equilibrium）和政策模拟的方法分析了取消户籍制度对中国收入分配的影响。该文的假设是在没有户籍制度的情况下，中国的劳动力市场与哈里斯-拖拉罗模型是完全吻合的。因此，该文基于哈里斯-拖拉罗模型计算了在没有户籍制度的情况下反事实的收入分配情况，并把其与中国实际的收入分配情况进行比较，进而模拟得出取消户籍制度的影响。模拟结果显示，取消户籍制度会带来更多的劳动力从农村流向城市，并减小城乡差距。都阳等（2014）沿用了 Peri 分析美国各州移民对州生产率影响时使用的理论框架推算出深化户籍制度改革将带来巨大的经济收益。Ngai、Pissarides 和 Wang（2015）构建了城乡二元的劳动力市场模型，并假设农民工在城市中获得与城市本地户籍劳动者相比更少的公共服务，认为在均衡状态下农民在城市和农村两部门的净收益应该相等。该文认为取消户籍制度将能增加城乡移民并且提高社会福利。Zhao（2016）认为农民进城的动力之一在于获得当地的户口，并假设获得户口的概率为 ρ，均衡状态则是进城的预期收益（等于获得户口时的工资与未获得户口时

工资的加权平均值）等于留在农村的预期收益。文章的结论是允许更多的农民工落户（即增加 ρ）能够缩小收入差距，增加移民数量。

以上介绍的研究大都采用了较为简单的劳动力市场模型来刻画中国的情况，并不能反映中国目前分割劳动力市场的复杂情况。例如，上述研究中的理论模型大都把户籍制度看成一个黑箱，是制约劳动力流动的因素，但却没有说明该制度如何影响劳动力流动，比如没有模型准确刻画由户籍带来的就业歧视。此外，目前关于分析户籍制度改革的研究多数把劳动力从农村迁移到城市的数量作为评价政策好坏的标准，却没有充分考虑到这种流动所带来的全面经济收益，包括对城市和农村经济总产出的影响，对收入分配的影响，对城乡就业、工资的影响，等等（Hertel and Zhai，2006；Ito，2008；Bao，et al.，2011）。最后，如前文所说，目前尚没有文献考虑农民工年龄结构的异质性以及户籍制度改革的成本，这正是本章的主要创新所在。

9.2.2 本章的主要贡献

本章建立了包含户籍制度当前特征的劳动力市场分割模型，并用此模型全面考察了户籍制度改革的经济收益与经济成本，为户籍制度改革提供了科学依据和理论支持。在已有文献的基础上，本章至少做出了以下三点贡献。

首先，本章建立的劳动力市场理论模型更加准确地刻画了当前户籍制度的特征。基于已有实证文献的结论，我们总结出当前户籍制度的三个重要影响。第一，农村户籍劳动者在城市中面临着一定程度的户籍歧视，这在很多实证文献中都有体现（王美艳，2005；邓曲恒，2007；Demurger，et al.，2012；Lee，2012；Song，et al.，2016）。第二，农村户籍劳动者的平均人力资本水平低于城市户籍劳动者。也就是说，不同户籍劳动者的工资差距来自两部分，

即人力资本的差异以及劳动者市场的歧视，以上的实证文献大都采用分解方法证实了这一点。第三，为了能够反映出低龄与高龄农村户籍劳动力迁移情况的不同，本章构建的模型首次按照年龄把农村户籍劳动力分为两类，简称低龄和高龄劳动力。高龄农村户籍劳动力在城市有各种生活的不便，如子女上学、医疗、住房保障等方面的不便。我们把这种生活的不便用额外的生活成本来刻画。

其次，本章利用构建的理论模型进行政策模拟，全面衡量户籍制度改革的经济收益，包括彻底的或部分的户籍制度改革对总体GDP、城市和农村各自的产出、移民数量、城乡收入差距、不同群体的收入等诸多指标的定量影响。已有文献只是考察了户籍制度改革对少数几个结果变量的影响，而且大多是定性分析，像本章这样全面考察户籍制度改革定量影响的文章非常少见。

最后，由于本章打开了户籍制度的黑箱，全面刻画了户籍制度对劳动力市场的影响，所以我们可以衡量户籍制度改革的成本，并采用数据模拟的方法对不同程度户籍制度改革的总成本进行量化，进而进行全面的政策成本收益分析，并且找到社会净收益最大化的最优改革方案。这种采用量化成本收益分析法研究政策的有效性的方式不仅在研究我国户籍制度改革方面具有独创性，在国际上也具有一定的创新价值。

9.3　中国劳动力市场理论模型的构建

本节构建包含户籍制度在内的劳动力市场分割模型，即通过多个数学方程的形式构造完整的我国劳动力市场理论模型，力求更加准确地刻画我国劳动力市场运行规律。

在模型所描述的经济体中有两个经济部门，即城市部门和农村部门，它们分别分布在城市和农村两个地理区域内。由于本章侧重

于研究城乡移民，所以我们并没有考察城乡内部的异质性。模型中的城市部门可以认为是东部地区的大城市，农村部门则是中西部地区的农村，本章所刻画的劳动力迁移模式是中国目前最为典型的，即从中西部农村向东部大城市迁移（Fields and Song，2013）。

在该经济体中，每个劳动者或者拥有城市户口，或者拥有农村户口。设 L 代表经济体中劳动力的总人数。在这些劳动力中，有 L^U 城市户口的劳动者，L^R 农村户口的劳动者。由于户籍的类型主要取决于出生时父母的户籍类型，农民工在东部的大城市很难获得当地城市户口，所以我们认为以上两个数字是外生给定的，而且在没有政策干预的情况下是保持不变的。如前所述，为了分析不同年龄的农村户籍劳动者在迁移行为上的异质性，我们把该群体再分为高龄农村户籍劳动者（older rural hukou workers）和低龄农村户籍劳动者（younger rural hukou workers），分别用 L^{OR} 和 L^{YR} 表示。因此，经济体中劳动力的总人数满足如下方程：

$$L^U + L^{OR} + L^{YR} = L \tag{9-1}$$

如上文所述，城市户籍居民平均而言比农村户籍居民的受教育年限更多（Song，2012），因此我们假设其在城市工作的生产率比农村户籍劳动者更高。根据以往理论文献的方法，我们采用劳动的效率单位（efficiency unit of labor）来反映这种生产率的差异（Saint-Paul，1994；Razin and Sadka，1995）。假设每位城市户籍劳动者在城市部门工作拥有一个劳动的效率单位。对于农村户籍劳动者来说，如果在城市工作，则只能提供 $\beta<1$ 的劳动效率单位[①]。劳动效率单位是唯一的生产要素。

① 我们假定无论户籍属性如何，只要在农村工作都可以提供一个劳动效率单位。当然，一个更合理的假设是农村户籍劳动者在农村工作的生产率比城市户籍劳动者高，但是这个假设并不影响本章的研究结论，所以为了简化起见，我们没有采用这个假设。

9.3.1　城市劳动力市场

城市和农村部门具有不同的生产函数。设 E_U^U 为在城市工作的城市户籍劳动者数量，上标表示户籍属性，下标表示工作地。类似地，我们用 E_M^{OR} 和 E_M^{YR} 表示在城市中工作的高龄和低龄农民工数量（下标 M 表示移民，上标 O 和 Y 代表高龄和低龄，R 代表农村户籍劳动力）。与之前的文献类似，我们假设城市和农村部门为不同参数的柯布-道格拉斯生产函数（Whalley and Zhang，2007）。根据上述对劳动效率单位的定义，城市的生产函数如下：

$$Y_U = A_U \left(E_U^U + \beta E_M^{OR} + \beta E_M^{YR}\right)^{\alpha} \tag{9-2}$$

式中，A_U 和 α 都是大于 0 的参数。由于城市劳动力市场是竞争的，城市户籍劳动力的工资等于其边际产品的价值。上式对 E_U^U 求一阶导数，可得如下结果：

$$W^U = \frac{\partial Y_U}{\partial E_U^U} = \alpha A_U \left(E_U^U + \beta E_M^{OR} + \beta E_M^{YR}\right)^{\alpha-1} \tag{9-3}$$

户籍制度使得农民工在城市中面临着劳动力市场的歧视，按照 Becker（1971）提出的市场歧视理论，我们假设企业对农民工有负面的偏好，使得在生产率相同的情况下其支付给农民工较低水平的工资。设 W^U 和 W_M^R 分别代表在城市中城市户籍和农村户籍劳动力的工资。由于每个城市户籍劳动力有 1 个劳动效率单位，而每个农民工只有 $\beta<1$ 个效率单位，上述的工资歧视意味着每个城市户籍的效率单位收获着比每个农村户籍效率单位更高的工资，即

$$W^U > \frac{W_M^R}{\beta} \tag{9-4}$$

上式左边为 1 个城市户籍劳动效率单位所获得的工资，右边为 1 个农村户籍劳动效率单位的工资。按照 Becker 的市场歧视理论，

我们假设歧视参数为 d，则有如下等式：

$$W^U=\frac{W_M^R+d}{\beta} \tag{9-5}$$

9.3.2 农村劳动力市场

农村的就业人数用 E_R 表示，农村部门的生产函数为如下形式：

$$Y_R=A_R\ (E_R)^{\gamma} \tag{9-6}$$

式中，A_R和γ 都是大于 0 的参数。

农村劳动力市场也是竞争的，农村部门劳动力的工资等于其边际产品的价值，有如下关系：

$$W_R=\frac{\partial Y_R}{\partial E_R}=\gamma A_R\ (E_R)^{\gamma-1} \tag{9-7}$$

9.3.3 模型均衡状态

在均衡状态下，由于假设没有非市场力量的工资干预，城市和农村劳动力市场都达到出清状态。在出清工资的条件下，每一类型的劳动力都满足供给量和需求量相等。具体而言，设 L_U^U 为在城市中求职的城市户籍劳动者数量（有一部分会找不到工作），L_M^{OR} 和 L_M^{YR} 为在城市中求职的高龄和低龄农民工数量，市场出清意味着如下等式成立：

$$L_U^U=E_U^U \tag{9-8}$$

$$L_M^{OR}=E_M^{OR} \tag{9-9}$$

$$L_M^{YR}=E_M^{YR} \tag{9-10}$$

$$L^{OR}+L^{YR}-E_M^{YR}-E_M^{OR}=E_R \tag{9-11}$$

在该经济体中，每位劳动者都有选择城市或农村作为工作地的权利。我们假设每位劳动者追求可支配收入的最大化。所谓可支配收入，就是当地的工资减去必要的生活成本（Fields and Song，2013）。我们把农村的生活成本标准化为0，所以在农村的可支配收入即等于农业工资。如前文所述，由于户籍制度的存在，高龄农村户籍劳动力在城市有各种生活的不便，如子女上学、医疗、住房保障等方面的不便。我们把这种生活的不便用额外的生活成本来刻画。为了模型的简便起见，我们把低龄农民工和城市户籍劳动者在城市的基本生活成本标准化为0，然后用 C^R 表示高龄农民工在城市中工作所要承担的额外生活成本。这个成本完全是由于政府没有向高龄农民工提供必要的公共服务（如子女入学）所带来的附加成本。

目前，我国有2.6亿农民工，但却仍然有很多在农村的高龄剩余劳动力（丁守海，2011；Fields and Song，2013；孙三百，2015）。由于上述额外生活成本的存在，我们认为高龄农村户籍劳动者目前面临着内部解（interior solution），即在均衡条件下这个群体在城市和农村工作的可支配收入相等，这意味着如下等式成立：

$$W_R = W_M^R - C^R \tag{9-12}$$

在此条件下，我们很容易推导出如下结论：城市户籍劳动者和低龄农村户籍劳动者都面临着边界解（corner solution），他们在城市的可支配收入要大于在农村工作的可支配收入。这是因为，对城市户籍劳动者而言，他们留在城市的可支配收入为 W^U ，由式（9-4）可得其大于 W_M^R ，而由式（9-12）可得 W_M^R 又大于农村的可支配收入 W_R 。同理，对低龄农村户籍劳动者而言，他们不必承担 C^R ，所以到城市工作也是最划算的。换言之，在均衡状态下，所有城市户籍劳动者都会留在城市工作，所有年轻的农村户籍劳动者都会到城市中打工，而留在农村的都是高龄农村户籍劳动者，这

非常符合我国的现实情况（Zhang，et al.，2011）。

以上 12 个式子构成了包含当前户籍制度特征的劳动力市场两部门分割模型。如果已知模型的参数，我们可以解出每一户籍属性劳动者在城市、农村部门各自的工资和就业水平，进而计算出很多宏观经济变量，如总产出、基尼系数等。总结起来，本模型在现有研究我国户籍制度改革的文献基础上做出了以下几点贡献：

首先，本模型详细阐述了户籍制度对当下中国劳动力市场的影响机制。几乎所有试图用理论模型刻画我国户籍制度的文章都认为户籍制度仍然是对劳动力流动最主要的制度性限制，但却没有解释其作用机制。本章详细刻画了户籍制度带来的劳动力市场歧视以及给高龄农民工在城市中带来的额外生活成本，进而打开了户籍这一制度黑箱，并把制度特征准确嵌入了分割模型，更加符合我国的现实。

其次，本模型从户籍制度的视角解释了城市劳动力短缺与农村剩余劳动力共存的谜题。众所周知，早在 2004 年，农民工短缺已经发生在中国沿海地区的很多城市。当时的起因是，2004 年 2 月的春节之后，来自农村的流动人口到城市找工作的人数减少了，很多企业面临着用工荒的问题。随着时间的推移，劳动力短缺的现象并没有消失，反而扩散到长江三角洲地区，甚至到达中部的一些省份（Cai and Wang，2010；Chan，2010）。相反，仍有证据表明在中国农村有大量的剩余劳动力可以利用，特别是女性和高龄劳动力（Kwan，2009；Knight，et al.，2011）。这些剩余劳动力在农村的工资很低。那么，我们如何解释城市劳动力短缺和农村劳动力剩余并存的现象呢？这个问题已经成为当前中国学术界和政策研究领域一个非常重要的议题。一些学者从结构性矛盾入手，认为这种现象主要是技能不匹配导致的。例如，一些调查表明，大量潜在的流动人口无法迁移到城市是因为他们不具备城镇工作所需要的技能或教育年限（De Brauw，et al.，2002；党夏宁，2010）。丁守海（2011）从劳动力供给函数不连续的角度提供了一种解释。除了上

述解释外，本章的模型从户籍制度的视角提供了更详细的分析。户籍制度带来了劳动力市场歧视，加上带给诸多高龄潜在迁移者额外的生活成本，这些都降低了迁移者的预期收益，使得他们宁愿在农村接受较低的工资，内部解的均衡就出现了。

再次，本模型在某种程度上解释了学界对于我国是否越过了刘易斯拐点的争议（汪进，钟笑寒，2011）。针对中国的城乡二元劳动力市场分析，很多学者采用刘易斯模型（Lewis，1954）。刘易斯模型包含两个经济部门，即高工资的城市部门与低工资的农业部门。该模型由两个阶段组成。在第一阶段，高工资的城市部门面临着无限劳动力供给。这是因为，由于两部门的工资差距，低工资部门的劳动力会逐渐涌入高工资部门，因此高工资的城市部门无须提高工资就可以雇用到更多的劳动力。也就是说，在第一阶段，城市的工资保持不变，而农村的工资由于劳动力供给减少而逐渐上升，城乡工资差距缩小，直至刘易斯拐点的到来。所谓刘易斯拐点，指的是当城乡工资水平相同或差距很小时的情况。在这个拐点上，无限劳动力供给将枯竭，接下来的经济增长将使得城乡部门的工资同步提高，这就是刘易斯模型的第二阶段。

相对于较为稀缺的资本与自然资源，中国仍然拥有着极为庞大的人口。于是许多学者在研究中国劳动力市场时，尤其面对城乡人口迁移问题时，习惯于用刘易斯模型作为基准模型来分析。一些学者认为，鉴于中国城市的实际工资在不断增加，中国已越过了刘易斯拐点。2010 年 4 月，中国经济研究中心（CCER）组织了“中国刘易斯拐点研讨会”。会上的大多数论文认为，既然在过去的数年中，城市的工资水平已经不断提高，那么中国的刘易斯拐点已然到达（蔡昉，2010；Song and Zhang，2010；Zhang，et al.，2011）。一些学者却持相反观点，认为中国劳动力市场并未到达刘易斯拐点。Lu 和 Jiang（2008）、丁守海（2011）都认为，由于中国仍有较大的城乡差距，并且农村仍有相当数量的剩余劳动力，刘易斯拐点并未到达。

本章认为，由于户籍制度的存在，刘易斯模型并不能准确反映中国的城乡二元市场结构，其在中国的应用具有局限性。事实上，上文有关中国已经到达刘易斯拐点的相反观点，其本身已经部分地反映出刘易斯模型的局限性。刘易斯模型认为，只要现代部门存在着劳动力剩余，那么经济增长必然会带来部门间的劳动力转移，城市地区的实际工资只会小幅增长，甚至保持不变。但是，当下的中国劳动力市场中，农村地区存在着剩余劳动力的同时，城市地区的实际工资却又在不断增长（Knight，et al.，2011；卢锋，2012；Ge and Yang，2014）。这两种现象在刘易斯模型中是相互矛盾的，却同时存在于当下的中国现实之中。本章的理论模型认为，户籍制度的存在使得农民工和城市户籍劳动者在城市获得的公共服务有差异，致使高龄农民工在城市要承担额外的生活成本。这才造成了中国目前的情况，即城市的工资更高，而且劳动力市场接近竞争市场，失业相对较低，但是却仍有不少高龄农民工愿意留在农村接受较低的工资，也就是农民工工资上涨和农村劳动力剩余同时存在。这样一种制度性特征便使得刘易斯模型无法完美地解释中国的劳动力市场，才有了刘易斯拐点是否真正到来的争论。如果户籍制度的限制被消除，中国劳动力的流动规模将进一步扩大，城乡差距也会缩小，中国劳动力市场才会更加接近刘易斯模型所描述的经济形态（陈钊，陆铭，2008）。本章也将在下一节用数值模拟的方法讨论户籍制度改革所带来的可能结果。

最后，由于本章构建的理论模型详细刻画了每一户籍属性劳动者、每一经济部门的就业和工资决定机制，我们能够利用数值模拟的方式得出参数的具体值，并且能够对不同政策的宏观和微观影响做出量化分析，这也正是下一节的研究重点。Fields（2008）提出，劳动力市场理论分析对于研究收入分配问题尤为重要，因为对绝大多数居民而言，劳动收入占其总收入的绝大部分，劳动收入的不平等是总收入不平等最主要的来源（Fields，2005）。本章构建的劳动力市场分割模型通过囊括当下户籍制度的主要特征，使得我

们能够分析劳动力市场中的政策对于整个国家收入分配的作用效果。

9.4　模型应用：户籍制度改革的社会成本收益分析

为了更加直观地展现本模型与当下中国劳动力市场的契合程度并利用该模型分析户籍制度改革的全面影响，下面我们使用数值校准的方法，将中国当前的一些劳动力市场数据代入模型，进而计算出模型中各参数的值，并以此为基准考察户籍制度改革的社会成本与收益。

9.4.1　模型的数值校准

我们力求用最现实的数据拟合上文构建的理论模型，进而计算出模型的参数值，作为下一步政策分析的基础。数值校准主要采用了《中国统计年鉴：2014》和《2014 年全国农民工监测调查报告》。按照报告的统计口径，我们把 40 岁以下农民工定义为低龄农民工，40 岁以上的定义为高龄农民工。表 9 - 1 为模型校准所采用的实证数据。

表 9 - 1　　模型校准所使用的实证数据

符号	含义	数字	单位
Y_U	城市 GDP	577 802.60	亿元
Y_R	农村 GDP	58 336.1	亿元
L^U	城市户籍人数	1.19	亿人
E_M^{OR}	高龄农民工数量	1.19	亿人

续前表

符号	含义	数字	单位
E_M^{YR}	低龄农民工数量	1.55	亿人
W^U	城市户籍平均工资	60 001.34	元/年
W_R	农村平均工资	17 130.91	元/年
W_M^R	农民工平均工资	34 368.00	元/年
E_R	农业就业人数	2.28	亿人

除了表 9-1 中列出的数据，我们还需要知道农民工和城市户籍劳动力在人力资本水平方面的差距，也就是 β 的值。也就是说，我们要把农民工和城市户籍劳动力的平均工资差异分解为人力资本因素导致的部分和歧视导致的部分。为此，本章采用实证文献中最常用的 Oaxaca-Blinder 分解方法。Oaxaca（1973）率先提出了这种分解方法。如果记组群 H 和 L 在劳动力市场上的平均工资分别为 $\boldsymbol{W}_H$ 和 $\boldsymbol{W}_L$（其中 H 为平均工资较高组，L 为平均工资较低组），这两个组群分别作为子样本的个体特征（个体禀赋）矩阵各为 $\boldsymbol{X}_H$ 和 $\boldsymbol{X}_L$，相应的回归系数向量（或称工资结构）分别为 $\boldsymbol{\beta}_H$ 和 $\boldsymbol{\beta}_L$，这两个组群的半对数形式的工资估计方程（通常以 *Mincer* 工资决定方程为基础）分别是 $\ln\boldsymbol{W}_H=\boldsymbol{X}_H{}'\boldsymbol{\beta}_H+\boldsymbol{u}_H$，$\ln\boldsymbol{W}_L=\boldsymbol{X}_L{}'\boldsymbol{\beta}_L+\boldsymbol{u}_L$。又记这两个组群的子样本个体特征向量的平均值分别为 $\overline{X}_H$ 和 $\overline{X}_L$，那么，根据最小二乘法（OLS）残差均值为零的性质，这两个组群的工资均值之差可表述成①

$$\overline{\ln\boldsymbol{W}_H}-\overline{\ln\boldsymbol{W}_L}=\overline{\boldsymbol{X}}_H{}'\boldsymbol{\beta}_H-\overline{\boldsymbol{X}}_L{}'\boldsymbol{\beta}_L \tag{9-13}$$

根据上式的特点，Oaxaca 把等式右边分解成如下形式：

① 此处的 $\boldsymbol{X}$ 是 $n\times k$ 的矩阵，$\overline{\boldsymbol{X}}$ 则是行向量；$\boldsymbol{\beta}$ 实际上是估计值 $\boldsymbol{U}_i^*$，此处为了表述的一致和简洁起见，将相关回归方程的估计参数中的“ˆ”（hat 符）去掉。

$$\overline{\ln \boldsymbol{W}_H}-\overline{\ln \boldsymbol{W}_L}=(\overline{\boldsymbol{X}}_H{}'-\overline{\boldsymbol{X}}_L{}')\boldsymbol{\beta}_H+\overline{\boldsymbol{X}}_L{}'(\boldsymbol{\beta}_H-\boldsymbol{\beta}_L) \qquad (9-14)$$

在上述分解中，等式右边的第一项表示即便不存在歧视组群 H 和 L 之间也存在的工资差异，亦即由组群 H 和 L 之间的个体特征（个体禀赋）差别引起的工资差异；第二项则是由两组的工资结构差别引起的工资差异，即在个体特征相同条件下由于对相同特征的回报不同引起的差异，Oaxaca 称之为歧视。

本章分别采用 RUMIC 2008 和 CGSS 2012 两个数据库做了上述分解①。两个数据库给出的结果类似，约 10%的工资差异来自歧视因素。根据分解方程，我们能够计算出生产率差异的值，即 $\beta=0.61$②。

利用以上数据，我们很容易计算出模型中参数的具体值。比如，把式（9-2）和式（9-3）相除，就可以得到 α 的值。再把求得的 α 代入式（9-2）中，可以求出参数 A_U 的值。类似地，我们可以利用式（9-6）和式（9-7）两个方程解出 γ 和 A_R 的值。此外，通过式（9-5）可以求出 d 的值，利用均衡条件式（9-12）可以求出参数的值 C^R，为每年 17 237 元，这也就是在本模型中农民工市民化的人均成本。至此，整个模型的参数值全部求出。我们将以此为基准考察户籍制度改革的全面影响。

9.4.2　户籍制度改革的社会成本收益分析

根据 Fields（2007）的定义，社会成本收益分析是指将某一政策产生的社会收益和成本进行比较，如果收益大于成本，则该政策对社会是有利的。收益与成本二者的差值越大，证明该政策效果越好。我们借助这一概念并利用前文构建的劳动力市场模型全面考量

---

① 关于两个数据库的详细介绍可以参见 Song 等（2016）和宋扬、赵君（2015）。由于篇幅的限制，本章略去了具体分解和回归结果的部分。

② 具体的计算方程如下：0.1 *（$\ln W^U - \ln W_M^R = \ln \beta_U^W - \ln W_M^R$）。把表 9-1 中的工资数据代入就可以求出 β。

户籍制度改革的社会成本收益。

需要指出的是，以往考量户籍制度改革效果的文章基本以 GDP 的变化、移民数量等指标来衡量社会收益，本书认为这是片面的（都阳，等，2014；Zhao，2016）。因为户籍制度改革的目标不仅是通过促进劳动力要素流动进而提高经济效率，更是要实现社会公平，缩小城乡差距。因此，本章在衡量社会收益时除了采用效率指标外，还要模拟计算户籍制度改革对收入差距的影响。

户籍制度改革的成本计算是本章的一大创新之处。已有研究由于缺乏对包含户籍制度特征的理论模型构建，所以无法准确度量户籍制度改革的成本。在上述构建的劳动力市场理论模型中，户籍制度改革的成本可以具体化为政府向改革后城市农民工提供公共服务的财政支出。因此，预算成本 B 的表达式可以写为如下形式，其中 $L_M^{OR\prime}$ 表示在户籍制度改革后城市中的高龄农民工数量。由于向每位高龄农民工提供公共服务的成本为 C^R ，该成本与改革后高龄农民工数量的乘积即为改革的总成本①。

$$B=L_M^{OR\prime}*C^R \tag{9-15}$$

1. 全面放开户籍的社会成本收益分析

按照上述衡量户籍制度改革社会收益与成本的方法，我们首先考察全面放开户籍、完全实现公共服务均等化的影响。从模型的角度来说，全面放开户籍是指迁移到城市的农村户籍劳动者与城市户籍劳动者享受完全相同的待遇。具体而言，在全面放开后，农民工在劳动力市场上与城市户籍劳动者被同等对待，即在相同生产率的情况下就业机会与工资水平完全相同。在模型中，这意味着 $d=0$。其次，农民工在城市中享有与当地城市户籍劳动者完全相同的公共服务，如其子女也可以像本地居民一样入学等，这意味着 $C^R=0$。在这两个变量都变为 0 以后，根据之前计算的模型参数值，我们可

① 本章的改革成本特指政府需要为改革投入的财政支出，并不包括由于新增城市农民工带来的外部性成本。

以模拟出户籍制度全面改革后的经济指标、基尼系数，以及改革的总成本，如表 9－2 所示。

表 9－2　　户籍制度全面改革的影响（$d=0$，$C^R=0$）

改革的成本收益	改革前	改革后
总 GDP	636 138.70（亿元）	656 822.16（亿元）
城市 GDP	577 802.60（亿元）	634 491.65（亿元）
农村 GDP	58 336.10（亿元）	22 330.51（亿元）
基尼系数	0.277	0.088
农民工总量	2.74 亿人	4.48 亿人
全国人均收入	29 650.41（元/年）	32 930.59（元/年）
农村务农工资	17 130.91（元/年）	29 332.19（元/年）
城市户籍劳动力工资	60 001.34（元/年）	48 085.56（元/年）
改革的财政成本	0	50 504.67（亿元）
改革的净经济收益（GDP 增加值减去改革成本 B）	0	－29 821.21（亿元）

结果显示，当户籍制度全面改革后，由于农民工进城工作的收益明显增加，所以更多的高龄农民工会选择迁移到城市。经模型计算，会有 1.74 亿新增的农民工进入城市，相应的务农劳动者也会随之减少。根据城市和农村的生产函数，可以发现城市 GDP 大幅度提高，农村 GDP 有所下降，但由于劳动力迁移到生产率更高的部门，所以总的 GDP 会明显提高，全国的人均收入也会从每年 3.0 万元提高到 3.3 万元。

当然，放开户籍会导致城市劳动力供给增加，进而在一定程度上降低了城市户籍劳动力工资，从每年 6 万元降低到每年 4.8 万元。劳动力供给增加带来的城市本地劳动力工资下降不仅是劳动力市场理论模型分析的结果，也在最近的实证分析中被证实。魏下海等（2016）基于 2005 年全国 1％人口抽样调查数据采用城市—职

业分组的经验研究支持了上述理论预期，结果显示：中国城市的外来移民对本地劳动者工资的影响显著为负，平均而言，移民每增加10%，本地劳动力工资就下降2.8%。

随着城市户籍劳动力工资的下降以及务农收入的上涨，收入差距明显缩小。全国劳动力年收入的基尼系数从改革前的0.277降低到0.088，降低了68%。由于本章构建的模型集中强调户籍在劳动力市场中的作用，并没有考察同一户籍下劳动者人力资本差异带来的收入差距，所以这里计算的基尼系数总体上小于国家统计局公布的基尼系数（0.47左右）。但这只是绝对数值上的差别，并不影响我们的核心结论，即户籍制度改革会大幅度地缩小收入差距，特别是不同户籍劳动者之间的收入差距。

下面我们考察改革的成本。运用之前介绍的式（9-15），我们可以计算出户籍制度全面改革需要政府提供的公共支出 B 为50 504.67亿元。也就是说，向所有农民工及其家庭提供与城市户籍劳动者相同的公共服务将需要每年5万亿元的财政支出。如果仅用GDP的变化衡量改革收益，显然总收益是小于总成本的，二者相差近3万亿元。但是，多支出的3万亿元会带来基尼系数降低68%，大幅度缩小城乡差距，实现完全的公共服务均等化，促进社会公平。因此，全面的户籍制度改革是否值得取决于我们赋予不同改革目标的权重。如果我们认为实现公平是当前的首要政策目标，则全面的户籍制度改革是划算的。

2. 以居住证为依托实现公共服务的部分覆盖

这也是政府在本轮户籍制度改革中所强调的要点，即并不是一次性允许所有农民工在就业地落户，而是根据社保缴费年限、居住年限、工作年限等条件向农民工逐步提供公共服务。根据各地户籍制度改革文件，目前大都选择向持有居住证的常住人口提供当地最基本的公共服务，如基本医疗卫生服务、计划生育服务、证照办理服务等权利。此外，以连续居住年限和参加社会保险年限等为条件，逐步享有与当地户籍人口同等的住房保障、养老服务、社会福

利、社会救助等权利，同时结合随迁子女在当地连续就学年限等情况，逐步享有随迁子女在当地参加中考和高考的资格。那么，这种居住证制度的社会成本收益如何？从本章的模型来看，部分提供公共服务的改革实际上是逐步降低 C^R 的过程，即

$$C^{R\prime}=(1-m)*C^R,0<m<1 \tag{9-16}$$

式中，m 代表公共服务覆盖的比例。我们用计算机模拟的方法计算了 m 取不同数值时所带来的改革成本与改革收益（此处收益用新增 GDP 来衡量），结果在图 9-1 中。可以看到，随着公共服务覆盖比例的增加，新增 GDP 和成本都会增加。当这一比例达到 0.4 时，政府可以实现收支的基本平衡，即新增的经济规模恰好等于改革成本。

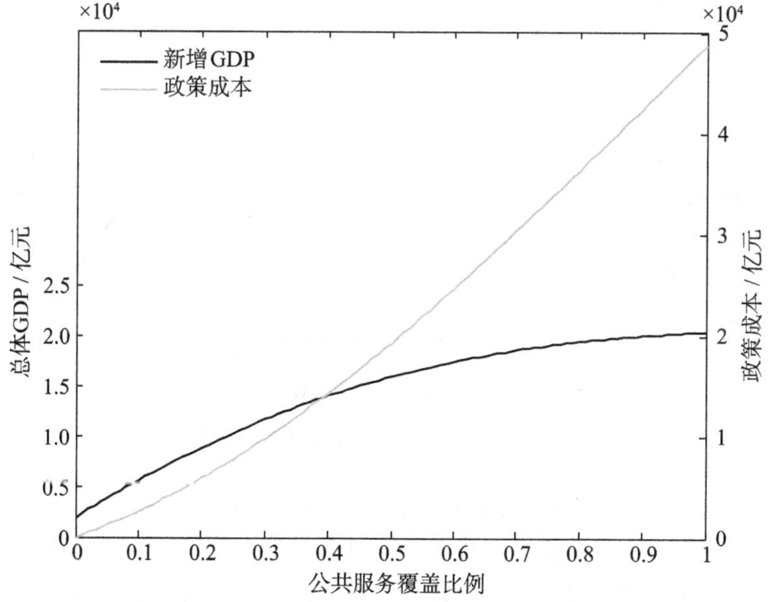

图 9-1　公共服务部分覆盖的成本收益分析

图 9-1 显示，如果用新增 GDP 作为改革收益，那么改革净收益（收益减去成本）将存在一个最大值。我们在图 9-2 中画出了净收益与公共服务覆盖比例的函数关系。计算发现，当覆盖比例为 0.16 时（$m=0.16$），改革的净收益最大。这在一定程度上解释了为什么本轮户籍制度改革中各地都愿意向外来人口提供基本的公共服务，但是在子女入学等需要支付更多财政支出的方面却非常谨慎。

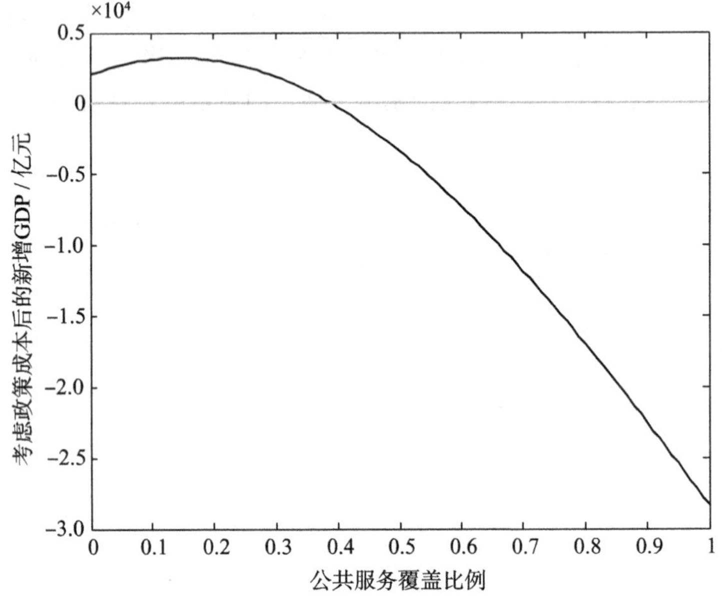

图 9-2　部分户籍制度改革的净经济收益

如上所述，新增 GDP 只是衡量改革收益的一个指标。随着公共服务覆盖比例的提高，收入差距也会逐步缩小。如果政府更看重公平、收入差距等方面，应该更大幅度地推进户籍制度改革，尽早实现公共服务均等化。

9.5 结论

本章建立了劳动力市场理论模型，准确地刻画了当前户籍制度的特征。具体而言，理论模型体现了当前户籍制度的三个重要特征。第一，农村户籍劳动者在城市中面临着一定程度的户籍歧视。第二，农村户籍劳动者的平均人力资本水平低于城市户籍劳动者。第三，高龄农村户籍劳动者在城市有各种生活的不便，如子女上学、医疗、住房保障等方面的不便。我们把这种生活的不便用额外的生活成本来刻画。根据以上三个特征，本章构建了两部门、三人群的劳动力市场理论模型。模型显示，由于农民工在城市面临的劳动力市场歧视以及公共服务方面的政策歧视，他们迁移到城市的预期收益降低了，进而限制了城市化的规模。这也在某种程度上解释了中国目前呈现的城市农民工短缺与农村剩余劳动力并存的现象。

基于上述理论模型，本章进行了政策模拟，全面衡量户籍制度改革的经济收益，包括彻底的或部分的户籍制度改革对总体 GDP、城市和农村各自的产出、移民数量、城乡收入差距、不同群体的收入等诸多因素的定量影响。结果显示，当户籍制度全面改革后，由于农民工进城工作的收益明显增加，所以更多的高龄农民工会选择迁移到城市。经模型计算，会有 1.74 亿新增的农民工进入城市，相应的务农劳动者会随之减少。根据城市和农村的生产函数，可以发现城市 GDP 大幅度提高，农村地区的 GDP 有所下降，但由于劳动力迁移到生产率更高的部门，所以总的 GDP 会明显提高，全国的人均收入也会从每年 3.0 万元提高到 3.3 万元。当然，全面的户籍制度改革需要政府提供的公共支出为 50 504.67 亿元。也就是说，向所有农民工及其家庭提供与城市户籍劳动者相同的公共服务将需要每年 5 万亿元的财政支出。如果仅用 GDP 的变化衡量改革

收益，显然总收益是小于总成本的，二者相差近 3 万亿元。但是，多支出的 3 万亿元会带来基尼系数降低 68%，大幅度缩小城乡差距，实现完全的公共服务均等化，促进社会公平。

本章同时考察了向农民工提供部分公共服务的成本收益。结果显示，如果用新增 GDP 作为改革收益，那么改革净收益（收益减去成本）将存在一个最大值。计算发现，当覆盖比例为 0.16 时，改革的净收益最大。这在一定程度上解释了为什么本轮户籍制度改革中各地都愿意向外来人口提供基本的公共服务，但是在子女入学等需要支付更多财政支出的方面却非常谨慎。

综上所述，如果仅以新增 GDP 作为衡量户籍制度改革收益的唯一标准，则向农民工提供最基本的公共服务是最优的政策选择。随着公共服务覆盖比例的提高，收入差距也会逐步缩小。如果政府更看重公平、收入差距等方面，应该更大幅度地推进户籍制度改革，尽早实现公共服务均等化。

参考文献

陈钊，陆铭，2008. 从分割到融合：城乡经济增长与社会和谐的政治经济学. 经济研究（1）：21－32.

蔡昉，2010. 刘易斯转折点与公共政策方向的转变：关于中国社会保护的若干特征性事实. 中国社会科学（6）：125－137.

都阳，蔡昉，屈小博，等，2014. 延续中国奇迹：从户籍制度改革中收获红利. 经济研究（8）.

丁守海，2011. 劳动剩余条件下的供给不足与工资上涨：基于家庭分工的视角. 中国社会科学（5）：4－21.

党夏宁，2010 . 我国的农业劳动力配置与农村经济发展. 西安交通大学学报（社会科学版）（3）：29－34.

邓曲恒，2007. 城镇居民与流动人口的收入差异：基于 Oaxaca-Blinder 和 Quantile 方法的分解. 中国人口科学（2）.

卢锋，2012. 中国农民工工资走势：1979—2010. 中国社会科学（7）：47 - 67.

邵光学，2015. 新型城镇化背景下户籍制度改革探析. 上海经济研究（2）：42 - 45。

宋扬，赵君，2015. 中国的贫困现状与特征：基于等值规模调整后的再分析. 管理世界（10）：65 - 77.

孙三百，2015. 城市移民的收入增长效应有多大：兼论新型城镇化与户籍制度改革. 财贸经济（9）：135 - 147.

王美艳，2005. 城市劳动力市场上的就业机会与工资差异. 中国社会科学（5）：36 - 46.

汪进，钟笑寒，2011. 中国的刘易斯转折点是否到来：理论辨析与国际经验. 中国社会科学（5）：22 - 37.

魏下海，董志强，林文炼，2016. 外来移民是否真的损害本地人工资报酬?：移民及其异质性影响的理论与实证研究. 劳动经济研究，4（1）：3 - 32.

余向华，陈雪娟，2012. 中国劳动力市场的户籍分割效应及其变迁：工资差异与机会差异双重视角下的实证研究. 经济研究（12）：97 - 110.

Afridi，F.，Li，S. X.，Ren，Y.，2014. Social identity and inequality：the impact of China's hukou system. Journal of Public Economics，123：17 - 29.

Becker，Gary S，1971. The Economics of Discrimination. 2nd ed. Chicago：University of Chicago.

Bao，S.，Bodvarsson，Ö. B.，Hou，J. W.，et al.，2011. The regulation of migration in a transition economy：China's hukou system. Contemporary Economic Policy，29（4）：564 - 579.

Cai，F.，Wang M. Y.，2010. Growth and structural changes in employment in transition China. Journal of Comparative Economics，38：71 - 81.

Chan，K. W.，2012. Crossing the 50 percent population Rubicon：can China urbanize to prosperity？. Eurasian Geography and Economics，53（1）：63－86.

Chan，Kam Wing，2010. The household registration system and migrant labor in China：notes on a debate. Population and Development Review，36（2）：357－364.

De Brauw Alan，Jikun Huang，Scott Rozelle，et al.，2002. The evolution of China's rural labor markets during the reforms. Journal of Comparative Economics，30（2）：329－353.

Demurger，S.，Li S.，Yang J.，2012. Earnings differentials between the public and private sectors in China：exploring changes for urban local residents in the 2000s. China Economic Review，23：138－153.

Fields，G. S.，Song，Y.，2013. A theoretical model of the Chinese labor market. IZA Discussion Paper Series，No. 7278.

Fields，G. S.，2008. Segmented labor market models in developing countries. //Kincaid，H.，Ross，D.，The Oxford handbook of the philosophy of economic science. Oxford：Oxford University Press.

Fields，G. S.，2007. Labor market policy in developing countries：a selective review of the literature and needs for the future. International Policy Center Working Paper Series 32.

Fields，G. S.，2005. A welfare economic analysis of labor market policies in the Harris-Todaro model. Journal of Development Economics，76（1）：127－146.

Ge，S.，Yang，D. T.，2014. Changes in China's wage structure. Journal of the European Economic Association，12（2）：300－336.

Golley，J.，Meng，X.，2011. Has China run out of surplus

labour? . China Economic Review, 22 (4): 555 - 572.

Harris, John, Michael Todaro. , 1970. Migration, unemployment, and development: a two sector analysis. American Economic Review, 60 (1): 126 - 142.

Hertel, Thomas, Fan Zhai. , 2006. Labor market distortions, rural-urban inequality and the opening of China's economy. Economic Modelling, 23 (1): 76 - 109.

Ito, Junichi. , 2008. The removal of institutional impediments to migration and its impact on employment, production and income distribution in China. Economic Change and Restructuring, 41 (3): 239 - 265.

Knight John, Deng Quheng, Li Shi. , 2011. The puzzle of migrant labor shortage and rural labor surplus in China. China Economic Review, 22 (4): 585 - 600.

Kwan Fung. , 2009. Agricultural labour and the incidence of surplus labour: experience from China during reform. Journal of Chinese Economic and Business Studies, 7 (3): 341 - 361.

Laing D., Park C. , Wang P., 2005. A modified Harris-Todaro model of rural-urban migration for China//Critical Issues in China's Growth and Development.

Lewis, W. Arthur. , 1954. Economic development with unlimited supplies of labour. Manchester School, 22: 139 - 191.

Lee, L. , 2012. Decomposing wage differentials between migrant workers and urban workers in urban China's labor markets. China Economic Review, 23 (2): 461 - 470.

Lee, L. , Meng, X. , 2010. Why don't more Chinese migrate from the countryside? Institutional constraints and the migration decision//Meng X. , Manning C. , Li S. , et al. Effendi (Eds.). The great migration: rural-urban migration in China and Indone-

sia. UK：Edward Elgar Publishing Ltd.

Lu，Ming，Shiqing Jiang.，2008. Labor market reform，income inequality and economic growth in China. China & World Economy，16（6）：63－80.

Meng，Xin.，2000. Labour market reform in China. Cambridge：Cambridge University Press.

Ngai，L. Rachel，Christopher A. Pissarides，Jin Wang，2015. China's mobility barriers and labor market outcomes. Presented at the Conference on Urbanization，Structural Change，and Development. Hong Kong.

Oaxaca，R.，1973. Male-female wage differentials in urban labour markets. International Economic Review，9（3）：693－709.

Razin，A.，Sadka E.，1995. Resisting migration：wage rigidity and income distribution. American Economic Review，85（2）：312－316.

Saint-Paul，Gilles.，1994. Unemployment，wage rigidity and returns to education. European Economic Review，38（3）：535－543.

Song，Y.，Yang，J.，Yang，Q.，2016. Do firms' political connections depress the union wage effect? evidence from China. China Economic Review，38：183－198.

Song，Yang.，2014. What should economists know about the current Chinese hukou system?. China Economic Review，29：200－212.

Song，Yang.，2012. Poverty reduction in China：the contribution of popularizing primary education. China & World Economy，20（1）：105－122.

Song，Ligang，Zhang Yongsheng，2010. Will Chinese growth slow after the Lewis turning point?. China Economic Journal，3（2）：209－219.

Whalley，John，Zhang Shunming，2007. A numerical simulation analysis of labor mobility restrictions in China. Journal of De-

velopment Economics，83 (2)：392－410.

Zhang，X.，Yang，J.，Wang，S.，2011. China has reached the Lewis turning point. China Economic Review，22 (4)：542－554.

Zhao，Laixun.，2016. A simple model of the Chinese hukou system and some ongoing reforms. Kobe University Discussion Paper.

第10章 户籍制度联动改革的政策分析

前几章的内容说明，户籍制度改革是一个系统工程，如果没有其他配套政策的落实，单凭户籍制度改革是很难达到预期效果的。举例来说，无锡新的落户政策规定只要在当地参加五年以上社保，租房即可入户。这是否意味着在无锡工作五年以上的农民工都可以落户无锡，享受当地的公共服务呢？事实恐怕并非如此。根据《2016年度人力资源和社会保障事业发展统计公报》提供的数据，农民工参加迁入地职工社会保险的比例非常低。例如，2016年末参加当地职工基本养老保险的农民工人数仅为5 940万人，参加当地职工基本医疗保险的农民工人数为4 825万人，这与2.8亿农民工的总量相去甚远。也就是说，大部分农民工都没有按照《劳动合同法》的规定在就业地缴纳社保，这将制约我国户籍制度改革的进程。再比如，如果没有中西部城市的发展和产业升级，城市放开户籍也不会

带来更多的劳动力愿意到中西部工作，劳动力转移的机制也不会发挥应有的作用。就公共服务均等化而言，如果社会保障政策不改革，城乡间的社保待遇、低保待遇等存在明显差距，那么取消城乡户口差别就无法达到期望效果。

总之，户籍制度改革是一个长期的系统工程，需要很多与户籍制度改革相配套的政策措施，如土地政策、社保政策、区域政策、财政政策等等。只有这些政策同步改革，户籍制度改革才能落地生根，取得实效，实现减贫的效果。否则户籍制度改革只是形式上的改革，换汤不换药，无法实现真正意义上的公共服务均等化，无法实现社会公平。为此，表 10－1 总结了几个重要的与户籍制度改革相配套的政策改革措施，并阐述了相应的政策逻辑，为户籍制度改革的顺利实施提供全面的制度保障。本章以土地政策和低保政策为例，分析户籍制度改革的联动措施。

表 10－1　　户籍制度改革的配套政策要求

政策类型	政策逻辑与具体措施
土地政策	加快农村土地流转制度改革，探索农民退出土地的机制，调动农民和地方政府的双重积极性。对农业转移人口在农村的承包地、宅基地、集体土地等各类资产全面颁证赋权，做到所有权清晰、使用权完整；允许宅基地在一定范围的交易、过户、抵押贷款，使农民能兑现退出宅基地的收益，获得进城落户的补充资金，在调动农民进城积极性的同时也调动地方政府的积极性
社保政策	社保政策的改革应该着重强调公平原则，实现社保待遇与户籍身份的逐步脱钩。促进城乡社保标准的统一，如最低生活保障标准、城乡居民养老保险、医疗保险的缴费比例、待遇的统一。同时，加快推进社保账户跨省流动、跨省结算，为流动人口解除社保方面的后顾之忧

续前表

政策类型	政策逻辑与具体措施
区域政策	东部与中西部城市在就业机会、公共服务等方面存在明显差距。这种反差导致的结果是农民愈想落户的城市，愈难落户；农民愈不想落户的城市，愈容易落户。因此，若要实现中西部城市分担东部大城市户籍制度改革的压力，就要致力于改善不同区域、不同规模城市经济社会发展水平的失衡，在中西部为劳动者提供更多的就业机会
财政政策	构建以城市实际承载人口为主要依据的政府间财政转移支付制度。中央财政应加大转移支付力度，建立更大覆盖面的社会保障制度，承担较大比例的社会保障、公共卫生、义务教育和就业扶持等费用。中央政府要对支出压力较大、外部性较强、跨省农民工在城市定居作用重要的领域进行补助，从财政上保障新型城镇化的顺利进行。在此基础上，建立由政府、企业、社会和个人共同参与的多元成本分担机制

10.1　户籍制度与土地制度的联动改革

户籍制度是我国计划经济时期二元经济社会结构的核心制度，是政府管理社会的重要手段。形成初期，户籍制度在提供公共产品和社会服务、消费品供应、土地管理、劳动就业、社会保障与教育等一系列制度方面起着重要的支撑作用。我国现行户籍制度变迁总体经历了三个阶段：第一阶段是新中国成立到1958年的自由迁徙阶段，此阶段建立起与当时我国经济社会发展相适应的全国统一的户籍登记制度，并以自由迁徙为基本特征；第二阶段是1958—1978年的二元结构建立与严控迁移阶段，以1958年颁布的《中华人民共和国户口登记条例》为标志，将人口分为农业人口和非农业人口进行分类管理，并逐步形成城乡分割的户口登记和与户籍挂钩

的社会分配与土地管理等制度，其特征为严格控制城乡之间的户口迁移与流动，这种二元的户籍制度在当时的确促进了国民经济发展与社会的稳定；第三阶段是 1979 年至今，随着改革开放的不断深化，大批农民工进城对当前的户籍制度产生了严重冲击，户籍制度也逐步开放，进入半开放期。

党的十八届五中全会提出了全面建成小康社会目标的总体安排和要求，其中明确提出了“户籍人口城镇化率加快提高”。习近平总书记在《关于〈中共中央关于制定国民经济和社会发展第十三个五年规划的建议〉的说明》中强调，户籍人口城镇化率直接反映城镇化的健康程度。加快提高我国户籍人口城镇化率，将是中国特色新型城镇化道路发展方向转向“以人为本”的重要标志。同时，《中共中央关于制定国民经济和社会发展第十三个五年规划的建议》明确指出了提高户籍人口城镇化率的改革路径和措施，即推进以人为核心的新型城镇化，深化户籍制度改革，促进有能力在城镇稳定就业和生活的农业转移人口举家进城落户，并与城镇居民有同等权利和义务。实施居住证制度，努力实现基本公共服务常住人口全覆盖。健全财政转移支付同农业转移人口市民化挂钩机制，建立城镇建设用地增加规模同吸纳农业转移人口落户数量挂钩机制。维护进城落户农民土地承包权、宅基地使用权、集体收益分配权，支持引导其依法自愿有偿转让上述权益。

从户籍制度附带土地权利的基本属性可以看出，土地制度改革和户籍制度改革具有天然的连带关系。我国历史上土地制度与户籍制度的关系可以总结如表 10 - 2 所示。

表 10 - 2　　　　土地制度与户籍制度的历史联系

历史阶段	具体特征
土地与户籍共同约束农业生产、限制人口流动（奴隶社会、封建社会）	国家依据户籍对有名者进行土地授予，把户籍与土地相结合，将农民束缚在土地上，限制农民流动

续前表

历史阶段	具体特征
土地脱离户籍的约束（民国时期）	由于户籍制度管理的缺失，土地开始脱离户籍的约束而日益集中，成为地主阶级、大官僚的私有物，不再按照户籍向各类人员进行土地授予，户籍与土地之间相互制约的关系被打破
土地分配依赖户籍（1949—1978 年）	特别是在 1958—1970 年城乡隔绝、人口基本不流动的时期，农村的户籍和土地高度重叠，甚至是合一的
土地与户籍相互制衡（1979 年至今）	户籍是分配土地的依据，拥有农业户口是获得农村土地的基本前提，也是政府发放农业补贴、基层收取相关费用的基础；当前中国现行的农村土地制度是以户籍制度为基础，农村的户籍决定着宅基地和承包的土地、山林等，城市的户籍则需用交纳土地出让金的方式获得土地的使用权

资料来源：整理自郭英（2011）。

在新一轮全面深化改革的政策实践中，户籍制度改革与土地制度改革相辅相成，户籍制度改革会推动土地流转，反过来土地制度创新会提高户籍制度改革的成效。只有二者建立有效的联动机制，才会最大限度地提高农民利益，实现农户、集体经济组织与各级政府间收益的帕累托最优。

10.1.1　户籍制度改革推动土地流转

户籍制度改革通过赋予农民工在城市更多的公共服务和就业机会为农民脱离土地提供更多保障，会降低土地流出的机会成本，进而促进土地流转的有序推进。张良悦（2011）认为土地流转必然包括农村劳动力转移、家庭农户经营、现代农业发展以及地方政府在

土地流转过程中的制度供给等多方面的内容。中国农村劳动力转移就业限于城乡分治的户籍制度，主要特点是职业与身份相分离。户籍制度不仅是一种居住的身份要求，同时也是一种社会福利品支取的凭证。如果不具有某一地域的户籍，将无法享受该地的公共产品和公共资源。

当前城市户籍制度的价值主要包括以城市最低生活保障为主的社会救助服务，以经济适用房和廉租房实物或租金补贴为主的政府补贴性住房安排，城市公立学校的平等就学权；而农村户籍制度的价值主要是农村居民获取的农村集体土地承包经营权。事实上，在现有制度体系下，由于土地的占有是没有成本的，所以农民的占优策略就是不流转，防止自己流离失所。可见，户籍制度使得劳动力向城市转移不完整，进而导致了土地经营权流转的困难。因此，户籍制度改革将通过赋予农业转移人口在城市更多的权益来增加农民进城的预期收益，激励农民愿意参与土地流转。

10.1.2　土地制度创新有助于提高户籍制度改革的成效

在我国的东部大城市周围，仍然有很大比例的人口属于农村户籍。根据《中国统计年鉴：2014》，截至 2013 年底，我国东部省份与直辖市中仍有相当比例的人口属于农村户籍，如表 10－3 所示。即使在北京、上海这样的特大城市，农村户口的比例仍超过 10％。就加快我国户籍人口城镇化率的政策目标而言，解决这部分人口的城镇化问题是难度最小但效果却可能最明显的。因为他们的土地价值最大，尤其是近郊的土地。

需要指出的是，尽管对地方政府而言解决近郊农民的户籍问题最符合它们的经济动机，但是这类人群的落户意愿也最低。国家发展和改革委员会经济体制与管理研究所社会调查课题组的报告显示，愿意在城镇定居但不愿意转户的占 66.1％，不愿意放弃承包地的更是高达 97.5％。

表 10-3　　分地区人口的城乡构成（2013 年）

地区	总人口（年末）（万人）	城镇人口		乡村人口	
		人口数（万人）	比重（%）	人口数（万人）	比重（%）
北京	2 115	1 825	86.30	290	13.70
天津	1 472	1 207	82.01	265	17.99
河北	7 333	3 528	48.12	3 804	51.88
辽宁	4 390	2 917	66.45	1 473	33.55
上海	2 415	2 164	89.60	251	10.40
江苏	7 939	5 090	64.11	2 849	35.89
浙江	5 498	3 519	64.00	1 979	36.00
福建	3 774	2 293	60.77	1 481	39.23
山东	9 733	5 232	53.75	4 502	46.25
广东	10 644	7 212	67.76	3 432	32.24
广西	4 719	2 115	44.81	2 604	55.19
海南	895	472	52.74	423	47.26

资料来源：中华人民共和国国家统计局，2014. 中国统计年鉴：2014. 北京：中国统计出版社.

为了加快郊区农民的户籍城镇化进程，应该以自愿为基本原则，不得为了城镇化而城镇化，这就要求创新农村土地管理制度，加快农村土地流转制度改革，探索农民退出土地的机制，调动农民和地方政府的双重积极性。现有的农村耕地承包制度与宅基地分配制度，造成大量长期进城定居的农村人口仍然保留农村户籍，形成对城市与农村土地的双重占用，一方面使农村土地闲置与浪费，另一方面又使城市建设用地和工业用地短缺。要改革现有的农村土地管理制度，对农业转移人口在农村的承包地、宅基地、集体土地等各类资产全面颁证赋权，做到所有权清晰、使用权完整，并与户籍

脱钩；要允许宅基地在一定范围的交易、过户、抵押贷款，使农民能兑现退出宅基地的收益，获得进城落户的补充资金；同时，要推进农村土地综合利用，在调动农民进城积极性的同时也调动地方政府的积极性。

此外，可以建立跨地区的城市建设用地交易机制，由宅基地整理和复耕而增加的建设用地指标可以在全国地区间重新配置，有利于实现全国范围耕地的占补平衡和加快推进城市化进程；建设用地指标的区域间交易要与户籍制度改革联动，按城市的户籍人口给予相应的建设用地指标交易权，把城市户籍人口密度作为城市新增建设用地指标审批的重要标准。这一创新方式一方面可以改变地方政府推进土地城市化积极性高于人口城市化的现状，有利于提升城市化率；另一方面也有利于促进新增城市建设用地指标的合理使用。

可见，通过土地制度的改革创新，只要本着有偿自愿的原则，相信地方政府和农业户籍人口一定能找到一种双赢的解决办法，加快提高我国的户籍人口城镇化率，进而实现户籍制度改革的目标。

10.1.3　户籍制度需要与土地制度联动改革

2014 年 7 月 24 日，国务院印发《国务院关于进一步推进户籍制度改革的意见》。《意见》指出，要建立城乡统一的户口登记制度，取消农业户口与非农业户口性质区分。户籍政策和农民的土地权益挂钩，就农业户口而言，其背后的权益主要包括土地承包经营权、宅基地使用权、集体收益分配权（简称“三权”）。如果取消农业户口和非农业户口的区分，附着在农业户口背后的农民土地权益怎么处理?

要想解决这个问题，户籍制度改革需要与土地制度改革联动进行。乔新生认为，“户籍制度改革只是标，而土地管理制度改革则是本。农村集体土地所有制是生产关系中最核心的组成部分，是关

系到中国未来改革方向的根本性制度”①。童大焕认为，“中国的第三次土改只有和全国统一的户籍制度改革、金融改革一起，才能从根本上获得成功。第三次土改必须坚持城市户籍完全对农民开放，允许农民拥有城市户口并保留农村土地的原则”②。陆铭认为，“土地与户籍制度联动改革是中国发展的新动力，土地制度一定要与户籍制度联动改革”③。胡星斗认为，“未来的户籍制度要随着土地制度的改革进一步改革，土地制度可以五花八门具有多样性，各个地方因地制宜，可以搞土地合作社、土地公司等”④。陶然、史晨、汪晖等（2011）提出以户籍—土地—财税联动改革探索公共服务的筹资创新——以此让“土地的城市化”为“人口的城市化”服务，进而释放劳动力供给的制度潜力来更好应对劳动力工资上涨，并在长期建立公平健全的公共服务、提升人力资本，实现产业升级和持续增长。

户籍制度与土地制度的联动改革需要解决两方面的问题：一是具有农业户籍身份的人转换为非农业户籍身份后，其原来基于农业户籍身份而享有的具有社会保障功能的土地权益如何处置的问题；二是原来城镇人口基于非农业户籍身份所享受的社会保障权益（福利）如何向具有农业户籍身份的农村人口配置，使农村居民也能够在一定程度上享受国家的基本公共服务，并与农村土地制度相协调的问题。

解决以上问题需要注意两点：一是坚持自愿、有偿的原则。农民如果愿意，可以选择有偿退出“三权”的方式进城落户。不能强

---

① 户籍制度的背后是土地改革 . http：//sh. people. com. cn/GB/134780/134795/8589719. html.

② “三足鼎立”才能支撑“第三次土改”. http：//www. caogen. com/blog/infor_detail. aspx? id=165&articleId=10631.

③ 土地与户籍制度联动改革：中国发展的新动力 . http：//style. sina. com. cn/news/2009—02—09/090733443. shtml.

④ 改革户籍和土地制度推进城乡统筹发展的建议 . http：//www. fzw66. com/show info. aspid=637&sorts=%D0%C2%CE%C5%D7%CA%D1%B6.

迫农民以放弃“三权”为代价换取城市户口。也就是说，有偿退出“三权”是农民可以额外做出的加法选择，而不是强制的减法选择。二是加快推进农村土地确权、登记、颁证试点和农村集体经济组织产权制度改革，建立健全农村土地承包经营权流转市场服务体系，推动农村产权流转交易规范运行，这样才能引导农业转移人口有序流转土地承包经营权。

事实上，重庆市已经在户籍与土地联动改革上做了探索，试图以自上而下的强制性制度变迁的方式，推动农村劳动力进一步向城镇非农部门转移，以提高城镇化发展的速度。重庆市在一定程度上建立了土地抵押风险规避机制，明确了农村“三权”（承包地、宅基地、林地）抵押的思路、方式和机制，推进农村土地确权登记，使转户农民可以自由选择各种自愿退出土地使用权的时机和方式，且不论以何种时机和方式退出土地，都能够享受均等化的城镇社会保障待遇。这种联动改革的模式值得推广和进一步完善。

10.2　户籍制度与社保制度的联动改革

作为社会保障体系中起兜底作用的一环，低保制度无疑扮演着重要角色。本节将以最低生活保障制度为例，分析社保制度如何与户籍制度联动改革。改革开放以来，我国经济发展迅速，国民收入快速增长，人民生活水平有了显著的提高，贫困人口数量大幅下降。《中国扶贫开发报告 2016》指出，“1981 年至 2012 年，我国贫困人口减少了 7.9 亿，占到全球减少全部贫困人口的 71.82%”。虽然我国已经在减少贫困人口方面取得了巨大的进展，但是不容忽视的是，受我国贫困问题成因杂、形态多样、贫困人口脱贫能力不足等因素的影响，我国现有的贫困人口数量仍然十分庞大。根据国家统计局发布的《2016 年国民经济和社会发展统计公报》，“按照

每人每年 2 300 元（2010 年不变价）的农村贫困标准计算，2016 年农村贫困人口 4 335 万人”。

为全面建成小康社会，我国各级政府一向十分重视扶贫工作。1999 年，国务院颁布了《城市居民最低生活保障条例》，用以保障城镇中的低收入者的基本生活。21 世纪以来，我国加大了对农村地区的扶贫开发和建设，逐步建立和完善了包括救灾、养老、医疗救助、未成年人教育等方面的社会保障制度。2007 年，在农村地区开发式扶贫的基础上，国务院发布《关于在全国建立农村最低生活保障制度的通知》，农村低保制度的建设步伐进一步加快。最低生活保障制度是我国社会救助体系的“最后一道安全网”，关系到社会稳定和公平正义。截至 2015 年底，全国有城市低保对象 957.4 万户，1 701.1 万人。2015 年全国城市低保平均标准 451.1 元/人·月，比上年增长 9.5%；全国城市低保月人均补助水平 316.6 元，比上年增长 10.9%。在农村地区，全国有农村低保对象 2 846.2 万户，4 903.6 万人。2015 年全国农村低保平均标准 3 177.6元/人· 年，比上年增长 14.4%；全国农村低保年人均补助水平为 1 766.5 元/年，比上年增长 13.8% ①。作为我国目前最为重要的一项针对城镇和农村贫困人口的政府无条件转移支付制度（unconditional cash transfer)，最低生活保障制度的实施效率受到了广泛关注。学者们普遍认为，能否准确地识别和瞄准贫困人口是最低生活保障制度有效实施的关键因素。

在精准扶贫的大背景下，我们将着重分析我国减贫的最后一道屏障——低保制度的瞄准效率和减贫效果，并研究低保制度如何与户籍制度联动配合。首先，我们根据课题组在北京、山西、河南三省（市）收集的问卷调查数据计算低保制度的瞄准效率与减贫效果；其次，我们运用计量分析考量影响家庭是否获得低保补助以及补助金额的因素；再次，本章将根据对当地政府工作人员访谈的情

---

① 参见民政部于 2016 年 7 月 11 日发布的《2015 年社会服务发展统计公报》。

况剖析低保制度在瞄准工作中存在的突出问题；最后，结合国际上对于福利制度瞄准方法的一些先进经验以及我们在调研中发现的问题，提出相关的政策建议。

10.2.1　低保制度运行情况简介

尽管最低生活保障制度是我国减贫领域中至关重要的制度安排，但从已有研究的结果看，我国低保制度的瞄准效率相对较差（李春根，应丽，2014；韩华为，徐月宾，2014；杜毅，2015；Wu and Ramesh，2014；Ravallion and Chen，2015）。最低生活保障本来应该保障最贫困群体的基本生活，但事实上，该制度并没有准确地覆盖到应保群体。2013 年，中国社会科学院发布的《社会保障绿皮书》显示，受调查的低保家庭中，六成不是贫困家庭，而近八成的贫困户没有享受低保救助。在文献中，通常有两个指标来衡量瞄准效率，一是漏保率（under-coverage rate），二是错保率（leakage rate）。前者是指所有贫困人口中未享受低保救助的比例，而后者是指所有实保人口中非贫困人口的比例。

表 10－4 展示了几篇主要文献对于漏保率和错保率测算的结果。尽管不同文献在贫困线确定、样本选取等方面存在差异，但是所有的结果都显示低保制度的错保率和漏保率都很高，而漏保率达到了近七成。这说明我国的低保制度在瞄准环节精准性很差，没有覆盖到真正贫困的人群。这也在一定程度上弱化了低保制度的减贫效果（Solinger and Hu，2012；卢盛峰，卢洪友，2013）。

表 10－4　　主要文献关于低保瞄准效率的发现

瞄准指标	韩华为，徐月宾，2014	Gao，et al.，2015	Wang，2007
漏保率	72%	76%	61%
错保率	73%	42%	40%

注：三篇文献的具体出处信息见参考文献。

很多学者分析了低保制度瞄准效率较低的原因。凌文豪和梁金刚（2009）认为，由于家庭纯收入核算方法不经济，瞄准程序不完善，监督机制不健全等原因，我国农村低保制度存在较大的瞄准偏误，错保率较高，“人情保”“关系保”“骗保”等状况多发，降低了低保制度的有效性。李春根和应丽（2014）提出低保程序复杂，操作不规范，公正性低，家庭收入核算困难以及基层工作人员水平不足等因素导致低保制度错保率和漏保率高。Lu（2010）通过对四种不同的贫困评估方法的比较研究发现，不同贫困评估方法的侧重点不同，将具有不同特征的家庭识别为贫困户，彼此差异较大，这将对政策的实行产生影响，因此需要建立多维社会经济指标来衡量贫困。

低保资金的稀缺性与应保人群的高数量之间的固有矛盾十分突出，是造成低保漏保率偏高以及减贫效果不佳的重要原因。李小云等（2006）在对福建沙县农村最低生活保障制度进行实地调研后指出，由于此类矛盾难以解决，加之低保制度的标准不清晰，某些乡镇采取了变通的措施，造成了瞄准混乱的状况，导致了严重的漏保现象，影响了低保的实施效果。赵福昌（2007）的研究指出我国中西部地区特别是经济落后地区，由于低保资金的约束，农村低保标准较低，部分地区存在“以钱定人”的现象。何大贵（2008）在对延庆县低保状况进行分析后得出，农村低保资金主要来源于各省及省以下地方财政支出，在贫困地区，地方经济较为落后，而贫困人口数量较多，此类矛盾尤为突出且短时间之内无法从根本上解决。徐月宾和张秀兰（2009）认为在农村低保的实施过程中，很多地区由于低保资金缺乏，采取了分类分档的保障方法，此外，由于我国农村地区贫困人口较多而保障能力有限，多数地区采取了“低标准、广覆盖”的策略以便更多的贫困人口能够享受低保。黄瑞芹（2013）重点研究了湖南民族贫困地区的低保瞄准效率，指出中西部地区的不少贫困地区由于地方低保资金短缺的问题十分严重，低保的覆盖范围较小。这种做法使得能够获得低保救助的贫困家庭数

量有限，很多经济上困难的家庭本应享受低保待遇，但由于低保资金和名额的限制未被纳入保障范围，造成了较高的漏保率（易红梅，张林秀，2011）。Ravallion 和 Chen（2007）指出一个扶贫项目的瞄准失误可能是由有缺陷的衡量指标导致的，许多反贫困项目所采用的贫困概念超过了“收入”的范畴。

在影响贫困户获得低保的因素方面，国内许多学者认为收入只能反映贫困的一个方面，不能反映贫困的全貌，准确识别贫困户需要综合不同的维度。邓大松和王增文（2008）认为残疾人和家庭中有 60 岁以上老人的住户被识别为农村低保户的概率明显高于一般普通家庭。张伟宾（2010）采用重庆市某县两村的数据，通过对比分析注册低保户和收入低保户两类不同的家庭，发现政府转移收入、户主的受教育程度、家中是否有残疾人等可以作为识别低保对象的关键指标，而户主的年龄、家庭人口数、家庭消费等指标在判别低保群体时有效性不足。李艳军（2013）对宁夏 690 个低保家庭的数据进行分析后得出，在我国目前缺乏严格有效的财富审查机制的背景下，采用由户主特征、家庭特征、住房特征和耐用消费品特征等代表家庭收入和支出的核心指标构建代理家计调查体系（proxy mcans-test）可以较好地识别低保家庭。韩华为和徐月宾（2013）通过实地调查发现，低保资格的确定并不是仅仅依靠家庭人均收入与低保线的数值大小比较。除家庭收入这一关键指标外，家庭人口结构、人力资本拥有量、家庭财产拥有量均对农村居民能否获得低保产生影响，因此在衡量低保瞄准效率时，如果仅采用家庭人均收入作为衡量指标而忽略其他维度很可能会产生贫困测量误差。刘凤芹和徐月宾（2016）关注了社区瞄准的问题，通过对东中西部五个省区的调查，重点分析了低保资源由哪些类型的贫困人口享有，研究发现除收入型贫困人口外，支出型贫困人口、人力资本贫困人口、急难型贫困人口也获得了低保救助。

在低保的减贫效果方面，曹艳春（2007）分析了我国 36 个城市的最低生活保障标准，发现东部地区低保标准持续高于中西部地

区，且差异呈增大趋势，绝大部分地区城市低保标准能够满足低保对象必要的食品支出需求，但难以满足其全部的消费需求，若低保对象存在医疗及教育需求，依然难以摆脱贫困。王增文（2009）通过对 31 个省市自治区农村低保的对比分析指出，我国各地的农村低保标准相差较大，经济落后地区低保标准低于经济发达地区，部分地区低保政策的救助效果较差，没有解决农村贫困人口的生存需求。

10.2.2 不同户籍人群的低保情况分析

1. 调研概况与方法

本次调研采用问卷调查和政府访谈相结合的方法。本章所采用的数据来源于课题组 2015 年、2016 年在北京、河南、山西三省（市）进行的关于最低生活保障制度实施情况的简单随机调查，调查共收回问卷 630 份，其中有效问卷 623 份，问卷回收有效率为 98.9%。课题组对问卷调查的过程进行全程监督，被访问对象对于问卷问题有着正确的理解，并有充足的时间回答问卷，问卷结果真实可信。问卷共分为五个部分：第一部分是关于被调查对象的户口类型、家庭户籍人口数、家庭有劳动收入的人口数和户主信息等家庭基本信息；第二部分是关于住房状况和财产拥有量等的家庭经济状况的调查；第三部分是针对家庭各类收入、支出和负债情况的调查；第四部分考察健康行为和支出；第五部分是关于低保状况的调查。

2. 数据描述及分析

本部分对调查数据进行基本的描述性统计分析，结果如下。

（1）样本的基本情况。

本章所采用的问卷中，河南某县的样本数为 247 个，占总数的 39.65%，北京某区的样本数为 302 个，占总数的 48.48%，山西某县的样本数为 74 个，占总数的 11.88%（见表 10-5）。

表 10-5　　样本家庭的基本情况

	河南		北京		山西	
	样本量（个）	百分比	样本量（个）	百分比	样本量（个）	百分比
非农业户口	139	56.28%	301	99.67%	3	4.05%
农业户口	108	43.72%	1	0.33%	71	95.95%
低保户	182	73.68%	260	86.09%	10	13.51%
非低保户	65	26.32%	42	13.91%	64	86.49%

由表 10-5 可以看出三地样本中各类家庭的数量及其所占比例。河南某县的样本中，非农业户口的家庭相对较多，占比 56.28%。北京某区的样本中，由于调查选取了市区内的某区进行，因此受访家庭主要为非农业户口，农业户口的家庭只有 1 户，而山西某县的样本中，由于选取的调查地点在农村地区，因此主要为农业户口的家庭，非农业户口的家庭只有 3 户。对于低保家庭数量，河南和北京的样本中低保户较多，而山西的样本中非低保户数量更多。需要指出的是，为了在抽样中获取更多的低保家庭以更准确地评价低保制度的效果，我们在抽样过程中主要针对的样本框是贫困群体，因此样本中低保家庭的比例要高于基于全样本人口的完全随机抽样结果。这也是本章与已有文献相比的一点贡献，已有研究中低保样本数量非常有限，导致低保效果的量化分析可能存在误差。

表 10-6 列出了样本中主要变量的描述性统计结果。可以看到，样本中农村家庭的户籍人口数、有劳动收入的人口数、户主过去一个月的工作小时数、人均住房面积等指标均超过城镇家庭，且农村家庭的户主为男性的比例高于城镇家庭，而城镇家庭具有户主年龄较大、户主教育水平较高、人均年收入较高、个人自付医疗支出较大等特征。

表 10－6　　　　主要变量的描述性统计

	城镇		农村	
	平均数	标准差	平均数	标准差
户籍人口数	2.93	1.61	3.34	1.60
有劳动收入的人口数	0.71	0.89	1.41	1.03
户主的性别	0.64	0.48	0.77	0.42
户主的年龄	59.17	13.66	58.36	12.45
户主的教育水平	3.05	1.18	2.16	0.95
户主过去一个月的工作小时数	29.80	71.89	80.01	113.98
人均住房面积（平方米）	20.07	23.13	40.42	31.70
人均年收入（元）	6 183.79	11 568.83	5 198.35	6 704.80
个人自付医疗支出（元/年）	7 471.97	16 191.80	5 010.24	11 037.01

注：户主教育水平的赋值如下：没有正规教育经历赋值 1，小学赋值 2，初中赋值 3，高中（包括中专、职高）赋值 4，大专赋值 5，大学本科赋值 6，硕士研究生赋值 7，博士研究生赋值 8。

（2）样本家庭生活状况的深入分析。

下面我们对主要经济变量做频数分析，以期深入了解样本家庭的生活状况。

由表 10－7 可得，样本中独自生活的人口占 16.9%，包含核心家庭在内的人口为 2～3 人的家庭占到 50.1%，包含主干家庭在内的人口规模在 4～5 人的家庭占比 24.1%，多于 7 人（含 7 人）的联合家庭占比仅 2.8%。

表 10－8 列出了有劳动收入的人口数情况。样本中家中无劳动力的家庭占比最大，达到 43.9%，凸显了调研是针对贫困群体的抽样，无劳动力的家庭比例很大。家中只有一个劳动力的占比 28%，家中有 2 个劳动力的占比 21.7%，家中劳动力数量大于 3 个（含 3 个）的占比仅 6.5%。

表 10-7　家庭户籍人口数

		频数	百分比（%）	有效百分比（%）	累计百分比（%）
有效	1	105	16.9	16.9	16.9
	2	155	24.9	25.0	41.9
	3	156	25.0	25.1	67.0
	4	99	15.9	15.9	82.9
	5	51	8.2	8.2	91.1
有效	6	38	6.1	6.1	97.3
	7	12	1.9	1.9	99.2
	8	3	0.5	0.5	99.7
	10	1	0.2	0.2	99.8
	11	1	0.2	0.2	100
	小计	621	99.7	100	
缺失		2	0.3		
合计		623	100		

表 10-8　家庭有劳动收入的人口数

		频数	百分比（%）	有效百分比（%）	累计百分比（%）
有效	0	267	42.9	43.9	43.9
	1	170	27.3	28.0	71.9
	2	132	21.2	21.7	93.6
	3	32	5.1	5.3	98.8
有效	4	6	1.0	1.0	99.8
	5	1	0.2	0.2	100
	小计	608	97.6	100	
缺失		15	2.4		
合计		623	100		

下面我们分析一下户主的基本特征。由表 10-9 可知，从户主的性别分布来看，户主为男性的比例高于户主为女性的比例。从户

主的年龄分布来看，户主为青壮年（即年龄在 18～44 岁的）占比 11.3%，户主为中年（即年龄在 45～59 之间的）占比 44.9%，户主为老年（即年龄大于等于 60 岁的）占比 43.8%。从户主的教育水平来看，样本中户主的教育水平主要集中在高中及以下，其中具有初中学历的户主占比最大，为 34.3%。从工作情况来看，大部分户主为非全职工作。

表 10－9　　户主的统计特征描述

统计量	分类	频数	有效百分比（%）
性别	男	420	67.9
	女	199	32.1
年龄	18～44 岁	70	11.3
	45～59 岁	278	44.9
	>60 岁	271	43.8
教育水平	从未上过学	105	17.1
	小学	130	21.1
	初中	211	34.3
	高中，中专，职高	140	22.8
	大专	13	2.1
	大学本科	16	2.6
工作情况	非全职工作	404	64.8
	全职工作	47	7.5

表 10－10 和表 10－11 分析了家庭的经济情况和贫困状况。由表 10－10 可以看出，河南和山西的家庭人均年收入明显低于北京。但相同的是，三地的收入差距都很大。

表 10－10　　家庭人均年收入的描述性统计　　单位：元

地区	平均数	标准差	中位数
河南	6 528	7 855	4 578
北京	11 454	12 294	8 693
山西	4 875	5 288	2 500

表 10－11 分别考察了样本中低于当地低保线水平的比例以及低于国家扶贫标准（人均 2 800 元/年）的比例。三个省市在调查时间的低保线分别为：河南某县的城镇低保线为人均 3 600 元/年，农村低保线为人均 1 800 元/年；北京某区的低保线为人均 800 元/月，城镇和农村相同；山西某县的城镇低保线为人均 4 764 元/年，农村低保线为人均 2 616 元/年。由表 10－11 可知，三个样本地区家庭人均收入低于当地低保线的比例均较高，均高于 30%，北京某区和山西某县的比例甚至高于 50%。而从人均收入低于国家贫困线（即人均 2 800元/年）的家庭比例来看，河南和山西的样本比例较高，而北京的比例较低，这主要是由于北京市制定的低保线高于其他两地。

表 10－11　　家庭贫困情况统计结果

地区	低于当地低保线				低于人均 2 800 元/年	
	城镇	农村	合计	比例	数量	比例
河南	53	24	77	30.92%	85	34.14%
北京	168	1	169	55.23%	27	8.82%
山西	2	36	38	50.67%	40	53.33%

（3）低保户与非低保户的对比分析。

为了了解低保家庭与非低保家庭在经济状况、人口特征等方面的差异，我们把样本分成低保户和非低保户，并在表 10－12 中给出了对比结果。

表 10－12　　低保户与非低保户各主要变量的对比情况

变量名		低保户	非低保户	总体
样本量（户）		452	171	623
家庭人口特征	家庭户籍人口数	2.93	3.36	3.05
	有劳动收入的人数	0.69	1.46	0.91

续前表

变量名		低保户	非低保户	总体
户主特征	男性	0.63	0.80	0.68
	年龄	59.33	57.66	58.93
	教育水平	2.79	2.82	2.79
	过去一个月的工作小时数	36.84	59.74	43.75
家庭经济特征	人均年收入（元）	7 904.47	10 820.83	8 723.83
	家庭住房面积（平方米）	51.25	102.18	65.24
家庭财产拥有状况	冰箱数量	0.74	0.79	0.75
	洗衣机	0.60	0.69	0.62
	自行车数量	0.53	0.45	0.51
	电动车（含摩托车）	0.22	0.53	0.31
	汽车	0.01	0.10	0.04
	手机	1.29	1.97	1.48
	电视机	0.88	1.04	0.92
	电脑	0.20	0.32	0.24
医疗支出	个人自付医疗支出（元）	7 937.72	3 741.04	6 637

注：户主教育水平的赋值如下：没有正规教育经历赋值 1，小学赋值 2，初中赋值 3，高中（包括中专、职高）赋值 4，大专赋值 5，大学本科赋值 6，硕士研究生赋值 7，博士研究生赋值 8。

表 10-12 的描述性统计显示，623 户样本中，低保户为 452 户，非低保户为 171 户，样本的低保覆盖率为 72.55%。从表中可以得出低保家庭与非低保家庭在各种家庭指标上的差别。第一，从家庭人口特征上来看，低保家庭人口规模较小，其中有劳动收入的人数更是明显少于非低保家庭，不到后者的一半，这再次印证了已有文献的观点，即劳动收入对家庭脱贫的重要性（宋扬，赵君，2015）。第二，从户主特征上来看，相较于非低保户的户主，低保户户主的性别为男性的比例更低，年龄更大，教育水平更低，过去一个月的工作小时数也更少，说明低保户所拥有的人力资本水平低

于非低保户。第三，从家庭经济特征和家庭财产拥有状况上来看，低保户的人均年收入和家庭住房面积均明显低于非低保户，在冰箱、洗衣机、手机、电视机、电脑等生活耐用品的拥有量上均少于非低保户，在电动车（含摩托车）和汽车等交通工具的拥有量上也远少于非低保家庭，而在相对价格更低的自行车的拥有量上则超过了非低保家庭，以上经济和财产状况对比均显示出低保家庭生活水平低于非低保家庭。在家庭成员的医疗支出方面，低保家庭上一年的医疗支出明显高于非低保家庭，是后者的两倍以上，反映出有相当一部分低保家庭家庭成员受疾病影响的可能性更大。

3. 最低生活保障制度的瞄准效率

在相关文献中，通常采用漏保率和错保率衡量低保制度的瞄准效率，前者是指所有贫困人口中未享受低保救助的比例，后者是指所有实保人口中非贫困人口的比例。本章对样本数据的漏保率和错保率进行计算。我们分别采用当地低保线标准以及国家扶贫标准（人均 2 800 元/年）作为贫困线考察各地低保制度的瞄准效率。其中，河南某县的城镇低保线为人均 3 600 元/年，农村低保线为人均 1 800 元/年，北京某区的低保线为人均 800 元/月，山西某县的城镇低保线为人均 4 764 元/年，农村低保线为人均 2 616 元/年。计算结果如表 10－13 所示。

表 10－13　　　　低保的瞄准效率

地区	河南		北京		山西	
贫困标准	当地低保标准	人均 2 800 元/年	当地低保标准	人均 2 800 元/年	当地低保标准	人均 2 800 元/年
漏保率	17%	22%	10%	22%	82%	83%
错保率	64%	64%	35%	92%	30%	30%

从表 10－13 可以看出，无论采取全国统一的贫困线（即人均 2 800 元/年）还是将各地根据当地情况自行制定的低保线作为贫

困标准，三个样本地区低保的错保率和漏保率都很高。从错保率上来看，三个样本地区的错保率都较高，均超过 30%，将部分不应领取低保补助的人群纳入了低保体系。而从漏保率上来看，三个地区的瞄准效率不尽相同，相较于错保率，河南某县和北京某区的漏保率较低，在以当地低保标准衡量时均不超过 20%，说明多数贫困家庭领到了低保金，而山西某县的漏保率很高，超过 80%，很多贫困家庭没有得到低保的救助。根据课题组在山西调研的情况，高漏保率可能是由于山西省于 2016 年大力整治在扶贫领域发生的违纪问题和腐败问题，并对整改的效果进行了“回头看”的检查行动，进而影响到了当地的漏保率。

4. 最低生活保障制度的减贫效果

在上述的瞄准效率下，三个样本地区的低保制度究竟在多大程度上降低了贫困？本章根据当地的低保标准计算了低保制度在样本地区的减贫效果，结果如表 10－14 所示。

表 10－14　　低保的减贫效果（贫困线设定为当地低保标准）

地区	河南		北京		山西	
贫困指标	贫困数	贫困率	贫困数	贫困率	贫困数	贫困率
救助前	77	31%	169	56%	38	51%
救助后	51	21%	98	32%	37	50%
降低幅度	26	10%	71	24%	1	1%

从表 10－14 可以看出，三个样本地区低保降低的贫困率均不超过 30%，说明低保制度的减贫效果十分有限。相比而言，北京的减贫效果最好，贫困率降低了 24%。总体减贫效果不佳既是因为低保的瞄准效率不高（漏保率和错保率都较高），也是因为瞄准正确的家庭获得的补助金额较低，不足以使他们彻底摆脱贫困。也就是说，即使错保率和漏保率都为 0，如果补助水平不够，也无法有效降低贫困率。以河南某县为例，当地有 182 户家庭得

到了低保救助，但是根据表 10－14 的计算结果，只有 26 户通过低保补助脱贫，其他获得补助的低保家庭或者本身并不是贫困家庭，或者在救助后仍然处于贫困之中。事实上，政府在实施低保的过程中并没有严格执行人均补差标准，致使很多家庭在享受低保后依旧贫困。

考虑到低保制度在实施的过程中，不仅向低保对象提供了直接的低保补助，还会向他们提供包括米面油、超市代金券或优惠券、年节红包、子女教育补助、医疗补助等其他福利，我们将考察这些低保附加值对低保制度减贫效果的影响。例如，河南低保户平均享有 147.5 元的米面油补助，500 元的年节红包以及不同额度的子女教育补助和医疗补助；北京低保户享有 200 元的米面油补助，500 元的超市代金券或优惠券，平均 1 033 元的取暖补助以及不同额度的子女教育补助和医疗补助；山西由于样本数量较少，只有 4 户受访低保户表示获得了米面油、年节红包、子女教育补助或医疗补助。由表 10－15 可得，在计入低保户获得的其他福利后，低保制度的减贫效果略有增强，其中北京某区减贫效果增强幅度最大，达到了 30%，说明北京的低保附加值最高。河南某县略有好转，山西某县则未出现变化。可见，经济较发达的地区不仅低保金补助水平高，低保相关的福利也更多，加剧各地区最低生活保障水平的不平等。

表 10－15　　包含附加福利后低保制度的总体减贫效果

地区	河南		北京		山西	
贫困指标	贫困数	贫困率	贫困数	贫困率	贫困数	贫困率
救助前	77	31%	169	56%	38	51%
救助后	50	20%	79	26%	37	50%
降低幅度	27	11%	90	30%	1	1%

10.2.3 户籍属性对低保救助的影响

1. 影响家庭是否获得低保救助的因素分析

通过前文的文献综述和数据的描述性统计，可以发现对贫困户是否能获得低保制度救助的影响因素主要集中在3个方面，即家庭人口特征、户主特征和家庭经济因素。因此，结合本次调查数据的基本情况，本章将借鉴已有的相关理论，探究上述因素对一个家庭是否能获得低保救助的影响。

对于能否获得低保救助的影响因素，假设：

H1：能否获得低保救助受家庭人口特征的影响。

H2：能否获得低保救助受户主特征的影响。

H3：能否获得低保救助受家庭经济因素的影响。

下面将运用回归分析方法对以上三个假设进行验证。在对获得低保救助的影响因素的研究中，非线性模型的效果优于线性概率模型。我们选择二元 Logistic 模型进行回归分析。因变量为该家庭是否获得低保救助，1表示在去年获得低保救助，0代表未获得低保救助。对数据进行 Logistic 回归的总体结果如下：在模型分数的综合检验中，Sig. 小于0.05，说明所有回归系数不同时为0，自变量的全体与 Logit P 的线性关系显著，采用该模型是合理的。−2倍的对数似然函数值（−2 Log likelihood）为285.823，相对较小，且 Nagelkerke R^2 为0.613，说明模型的拟合优度较好。表10-16列出了回归结果。

表10-16　　Logistic 回归结果

变量	系数	p 值
地区分类—北京	0.363***	0.000
地区分类—河南	3.257***	0.000
城市户口	1.352***	0.004

续前表

变量	系数	p 值
家庭劳动力成员数	−0.306*	0.080
户主的教育水平	−0.259	0.106
户主过去一个月的工作小时数	0.001	0.607
人均住房面积	−0.005	0.491
家用电器数量	−0.121**	0.034
log 人均年收入	−1.412***	0.000
常数	3.997***	0.000
样本数	623	

注：因变量为该家庭是否获得低保救助。*** 表示在 1%水平上显著，** 表示在 5%水平上显著，* 表示在 10%水平上显著。在计算人均年收入对数时，因为有些值为 0，所以采用收入加 1 的方法计算。家庭劳动力成员数为家庭中有劳动收入的成员个数。户主的教育水平的赋值如下：没有正规教育经历赋值 1，小学赋值 2，初中赋值 3，高中（包括中专、职高）赋值 4，大专赋值 5，大学本科赋值 6，硕士研究生赋值 7，博士研究生赋值 8。

在家庭人口特征变量中，城市户口对是否获得低保有显著正向影响。在家庭收入、经济特征等相同的情况下，城市户口的家庭获得低保救助的概率更大，显示户籍在低保制度运行中扮演着重要角色。此外，家庭有劳动收入的人口数对于能否获得低保则产生了显著的负向影响，家中有劳动收入的人口数越少，例如家中没有劳动力或者只有一个劳动力，该家庭更可能获得低保。这是因为家庭有劳动收入的人口数直接影响家庭收入，如果家中没有劳动力，则该家庭的收入只能来源于非劳动收入（如财产性收入、经营性收入、转移性收入等），而贫困人口正是由于在没有劳动的同时难以获得除政府补助外的其他类型的收入，才会陷于贫困之中。

在户主特征变量中，户主的教育水平对于能否获得低保并没有明显的影响。这可能是因为户主的教育水平不能代表整个家庭的教育水平，即不能代表整个家庭的人力资本状况。户主在过去一个月

的工作小时数对于能否获得低保并没有显著的影响，这可能是由于仅凭户主在过去一个月的工作小时数并不能全面地反映出家庭的收入状况。一种可能的情况是，户主在过去一个月的工作小时数越大，家庭收入较高。但同样存在另一种可能，户主由于自身文化水平和劳动技能的限制，难以获得报酬较高的工作，因此为了养家糊口，不得不从事繁重但收入较低的体力劳动。因此，本章采用的户主在过去一个月的工作小时数并不是一个很好的用以判断能否获得低保救助的指标。

在家庭经济特征中，家庭拥有的家用电器数量对于能否获得低保产生了显著的负向影响。家用电器的数量越多，获得低保的概率越小。家用电器数量在一定程度上可以反映出家庭的资产拥有量，而且调查员在进行家计调查时很容易看到家用电器的情况，这一容易量化的指标对家庭能否获得低保有重要影响。最后，按照低保制度本身的预期，家庭人均年收入对于能否获得低保产生了显著的负向影响。家庭人均年收入越高，获得低保资助的可能性就越低。

2. 影响家庭获得低保金数额的因素分析

我们的数据中不仅含有家庭是否获得低保的信息，还有每个家庭获得的低保金数额，因此我们采用 Tobit 模型分析影响家庭获得低保金数额的因素。因为未获得低保的家庭该因变量指标为 0，属于断尾数据，所以 Tobit 模型更适合。表 10－17 给出了 Tobit 模型的结果。该结果与表 10－16 大体相似，城市户口不仅对是否获得低保有显著影响，对低保金数额也有显著的正向影响。在家庭收入、经济特征等相同的情况下，城市户口的家庭获得低保救助的金额比农村户籍每年多 3 863.490 元。

表 10－17　　Tobit 回归结果

变量	系数	p 值
地区分类—北京	13 164.880***	0.000
地区分类—河南	6 453.780***	0.000

续前表

变量	系数	p 值
城市户口	3 863.490***	0.010
家庭劳动力成员数	−1 227.173**	0.016
户主的教育水平	−235.467	0.510
户主过去一个月的工作小时数	−1.287	0.813
人均住房面积	−50.178 3**	0.017
家用电器数量	212.200	0.131
人均年收入	−0.326***	0.000
常数	−3 157.669**	0.084
样本数	623	

注：因变量为该家庭获得的低保金总额，未获得低保则值为 0。*** 表示在 1%水平上显著，** 表示在 5%水平上显著，* 表示在 10%水平上显著。家庭劳动力成员数为家庭中有劳动收入的成员个数。户主的教育水平的赋值如下：没有正规教育经历赋值 1，小学赋值 2，初中赋值 3，高中（包括中专、职高）赋值 4，大专赋值 5，大学本科赋值 6，硕士研究生赋值 7，博士研究生赋值 8。

10.2.4 户籍制度改革与低保制度的衔接

从上面的实证分析可以看出，即使在同一地点，不同户籍人群的低保水平也存在差异。如果只有户籍制度的改革，没有低保制度的衔接，户籍制度改革就无法实现减贫的效果。换句话说，即使一些人群的户籍变成了城市户口，但是如果低保待遇还保持原有的农村低保水平，户口的变化就将失去作用。只有二者联动改革，才能帮助农村困难群众摆脱贫困。

另外，户籍制度改革后，低保的瞄准效率也有望提高。低保政策规定，家庭人均收入低于当地低保标准的可以申请领取低保补助。但是，家庭的概念在政策规定上并不清晰，使得执行中存在概念分歧。我国当前流动人口众多，家庭成员未必在一起生活，在一起生活的也未必是家庭成员（有可能是合租户或亲戚朋友）。这就使得低保在核准家庭收入时模糊。例如，我们在实地调研中发现，很多家庭都是丈夫外出打工，妻子和孩子留守。此时丈夫是否算作家庭成员，在计算家庭总收入时是否应该包含丈夫全部的打工收入抑或丈夫每年带回老家的收入？对这个问题的回答仁者见仁，智者见智，这就导致对低保家庭收入的核算口径出现差异，影响了政策的瞄准效率。户籍制度改革后，政府可以明确使用户口本上的人数作为核准家庭人数的依据，并根据城乡统一的低保标准发放相应的低保金，瞄准效率将会明显提高。

参考文献

崔树义，刘朝立，2009. 山东农村低保：问题与建议. 经济与管理评论（4）：114－120.

曹艳春，2007. 我国城市居民最低生活保障标准的影响因素与效应研究. 当代经济科学（2）：15－20.

杜毅，2015. 我国农村低保和扶贫对象识别与瞄准研究综述. 安徽农业科学（30）：286－289.

邓大松，王增文，2008. “硬制度”与“软环境”下的农村低保对象的识别. 中国人口科学（5）：18－25.

郭英，2011. 中国土地制度与户籍制度联动改革的对策研究. 经济研究导刊（4）：31－32.

何大贵，2008. 农村最低生活保障政策瞄准机制研究. 劳动保障世界（6）：43－45.

韩华为，徐月宾，2013. 农村最低生活保障制度的瞄准效果研究:来自河南、陕西省的调查. 中国人口科学（4）：117－125.

韩华为，徐月宾，2014. 中国农村低保制度的反贫困效应研究:来自中西部五省的经验证据. 经济评论（6）：63－77.

黄瑞芹，2013. 民族贫困地区农村最低生活保障目标瞄准效率研

究：基于两个贫困民族自治县的农户调查. 江汉论坛（3）：61-65.

江治强，2015. 农村低保对象的收入核定及其治理优化. 浙江学刊（4）：208-223.

刘凤芹，徐月宾，2016. 谁在享有公共救助资源?：中国农村低保制度的瞄准效果研究. 公共管理学报（1）：141-150.

李艳军，2013. 农村最低生活保障目标瞄准研究：基于代理财富审查（PMT）的方法. 经济问题（2）：80-84.

李小云，董强，刘启明，等，2006. 农村最低生活保障政策实施过程及瞄准分析. 农业经济问题（11）：29-33.

李春根，应丽，2014. 指标代理法：农村低保对象瞄准新机制. 社会保障研究（1）：60-66.

李倩，张开云，2014. 低保制度运行中的福利欺诈与消解路径. 贵州社会科学（10）：145-148.

凌文豪，梁金刚，2009. 农村最低生活保障对象瞄准机制研究：基于对河南省安阳市某村的实证研究. 社会保障研究（6）：69-74.

卢盛峰，卢洪友，2013. 政府救助能够帮助低收入群体走出贫困吗?：基于 1989—2009 年 CHNS 数据的实证研究. 财经研究（1）：4-16.

宋扬，赵君，2015. 中国的贫困现状与特征：基于等值规模调整后的再分析. 管理世界（10）：65-77。

陶然，史晨，汪晖，等，2011. "刘易斯转折点悖论"与中国户籍—土地—财税制度联动改革. 国际经济评论（3）：120-147.

王增文，2009. 农村最低生活保障制度的济贫效果实证分析：基于中国 31 个省市自治区的农村低保状况比较的研究. 贵州社会科学（12）：107-111.

徐月宾，张秀兰，2009. 我国城乡最低生活保障制度若干问题探讨. 东岳论丛（2）：32-37.

易红梅，张林秀，2011. 农村最低生活保障政策在实施过程中的瞄准分析. 中国人口．资源与环境（6）：67-73.

张良悦，2011. 户籍对价、劳动力迁移与土地流转. 财经科学(1)：117 - 124.

张伟宾，2010. 贫困农村低保对象的瞄准与识别. 科学对社会的影响（3）：36 - 39.

赵福昌，2007. 农村低保制度研究. 经济研究参考（15）：46 - 56.

周丽，林远明，2013. 农村低保准家计调查研究：基于肇庆农村部分地区的调查数据. 价值工程（25）：314 - 316.

Castaneda，T.，Lindert，K.，Briere，B. D. L.，et al.，2005 Designing and implementing household targeting systems：lessons from Latin American and The United States. Social Protection & Labor Policy & Technical Notes，14（12）：1613 - 1620.

Gao，Q.，Yang，S.，Li，S.，2015. Welfare，targeting，and anti-poverty effectiveness：the case of urban China. Quarterly Review of Economics & Finance，56：30 - 42.

Lu，C. Z.，2010. Who is poor in China? A comparison of alternative approaches to poverty assessment in rural Yunnan. Journal of Peasant Studies，37（2）：407 - 428.

Ravallion，M.，Chen，S.，2015. Benefit incidence with incentive effects，measurement errors and latent heterogeneity. Journal of Public Economics，128：124 - 132.

Ravallion，Martin，Shaohua Chen，2007. China's（uneven）progress against poverty. Journal of Development Economics（82）：1 - 42.

Solinger，D. J.，Hu，Y.，2012. Welfare，wealth and poverty in urban China：the dibao and its differential disbursement. China Quarterly，211：741 - 764.

Wang，Meiyan，2007. Emerging urban poverty and effects of the dibao program on alleviating poverty in China. China & World

Economy，15 (2)：74-88.

Wu，A. M.，Ramesh，M.，2014. Poverty reduction in urban China：the impact of cash transfers. Social Policy & Society，13 (2)：285-299.

第11章 户籍制度改革的政策建议

《中共中央关于制定国民经济和社会发展第十三个五年规划的建议》明确提出了到2020年户籍制度改革的目标，即“户籍人口城镇化率加快提高”。为了实现这一目标，考虑到我国当前户籍制度的复杂性、涉及人群的多元化以及不同规模城市的异质性特征，本书认为，户籍制度改革必须遵循分类原则。本章按照不同地域、不同学历技能、不同户籍属性等特征将人群分类，下文分别讨论针对每一类人群的户籍改革政策建议，以期为我国户籍制度提供更加明确的改革路径。为了更好地展示我们提出的改革方案，我们绘制了一张户籍制度改革图，对不同人群应该采用的政策给出了明确的说明（见图11-1）。

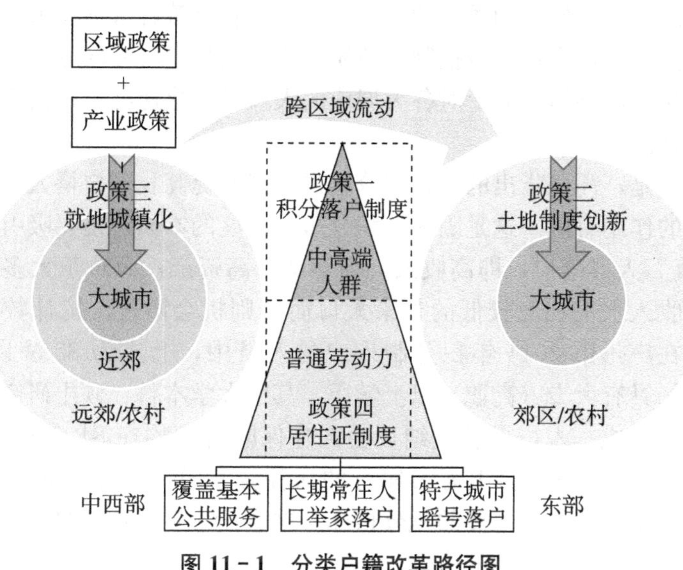

图 11-1　分类户籍改革路径图

11.1　大城市中的高学历高技能人群采用积分落户制度

目前，很多地方实行的户籍制度改革均提出在大城市实施积分落户制度。对于高学历、高技能人才来说，积分落户制度是解决他们在工作地落户的重要途径。值得总结和进一步完善推广的是广州市试行的积分落户政策（俞云峰，2015）。积分落户模式的优点如下：一是便于落实人口增长的规划，明确地设定城市每年新增人口的数量指标，按照确定的数量指标公开、透明、有序地接纳外来人口的户籍迁入；二是有利于将各类落户条件的指标量化，并使把居住年限作为重要指标的要求变得更具有操作性，通过调整居住年限

指标的权重，使长期居住的普通劳动者更容易符合落户要求；三是方便实行城市人口总量控制，使城市化速度处于可控区域，也便于中央从全国整体层面上对各大城市的人口城市化速度进行指标调控与监督。

但是，需要指出的是，积分落户制度对提高我国户籍人口城镇化率的作用有限。这是因为，积分落户制度的本质还是要吸引所谓“三高”人群落户，即高收入、高学历、高资产，而对于大多数技能和收入水平相对较低的外来人口而言则机会渺茫。统计数据显示，在广州市 2014 年积分制入户的人员中，七成为 35 岁以下，90.6%具有大专（高职）以上学历，其中大学本科、硕士研究生学历约占七成；入户人员缴纳社会医疗保险时间均在 84 个月以上，最高为 147 个月①。上海市实行的居住证积分制度中，把教育水平、财富高低作为主要的积分指标，这会让很多人丧失提高积分进而享受更多公共服务的机会。

积分落户政策的局限性还体现在目前的积分落户政策大多解决的是户籍所在地问题，而不是户口的性质问题，因为多数积分落户人群都已经是城市户口。近年来，国内名校录取的农村学生比例大幅减少，不足 15%，这就使得作为积分落户主要受益者的大学生人群多是城市户口。因此，积分落户政策并无法起到提高我国户籍人口城镇化率的作用。例如，在深圳积分入户达到 100 分值的人员中，城镇户籍占了 86%，农业户籍只占 14%，近九成的人员都是城镇户籍，农民工数量的确很少②。

可见，尽管城市中的中高端人群可以通过积分落户政策解决他们的户口问题，但积分落户制度似乎也只能解决这一特定人群的问题，对于提高户籍城镇化率的作用相当有限。

---

① 广州积分入户者 7 成高学历且 35 岁以下. 广州日报大洋网. http://news.dayoo.com/guangzhou/201509/27/139995_44066300.htm.

② 积分入户？农民工感觉“太难了”!. http://wb.sznews.com/html/2010-11/11/content_1307150.htm.

11.2　户籍在东部大城市郊区或农村的人群应该通过土地制度的创新加快城镇化

在我国的东部大城市周围，仍然有很大比例的人口属于农村户籍。根据《中国统计年鉴：2014》，截至 2013 年底，我国东部省份与直辖市中仍有相当比例的人口属于农村户籍，如表 11-1 所示。即使在北京、上海这样的特大城市，农村户口的比例仍超过 10%。事实上，就加快我国户籍人口城镇化率的政策目标而言，解决这部分人口的城镇化问题是难度最小但效果可能最明显的。因为他们的土地价值最大，尤其是近郊的土地。

表 11-1　　分地区人口的城乡构成（2013 年）

地区	总人口（年末）（万人）	城镇人口		乡村人口	
		人口数（万人）	比重（%）	人口数（万人）	比重（%）
北京	2 115	1 825	86.30	290	13.70
天津	1 472	1 207	82.01	265	17.99
河北	7 333	3 528	48.12	3 804	51.88
辽宁	4 390	2 917	66.45	1473	33.55
上海	2 415	2 164	89.60	251	10.40
江苏	7 939	5 090	64.11	2 849	35.89
浙江	5 498	3 519	64.00	1 979	36.00
福建	3 774	2 293	60.77	1 481	39.23
山东	9 733	5 232	53.75	4 502	46.25
广东	10 644	7 212	67.76	3 432	32.24

续前表

地区	总人口（年末）（万人）	城镇人口		乡村人口	
		人口数（万人）	比重（%）	人口数（万人）	比重（%）
广西	4 719	2 115	44.81	2 604	55.19
海南	895	472	52.74	423	47.26

资料来源：中华人民共和国国家统计局，2014. 中国统计年鉴：2014. 北京：中国统计出版社.

需要指出的是，尽管对地方政府而言解决近郊农民的户籍问题最符合它们的经济动机，但是这类人群的落户意愿也最低。中国社会科学院在 2010 年完成的调查显示，对全国 103 个城市 106 031 个农民工测算发现，如果要交回承包地才能够转户口，则 90%的农民工不愿意转变为非农户口①。

为了加快郊区农民的户籍城镇化进程，应该以自愿为基本原则，不得为了城镇化而城镇化，这就要求创新农村土地管理制度，加快农村土地流转制度改革，探索农民退出土地的机制，调动农民和地方政府的双重积极性。现有的农村耕地承包制度与宅基地分配制度，造成大量长期进城定居的农村人口仍然保留农村户籍，形成对城市与农村土地的双重占用，一方面使农村土地闲置与浪费，另一方面又使城市建设用地和工业用地短缺。要改革现有的农村土地管理制度，对农业转移人口在农村的承包地、宅基地、集体土地等各类资产全面颁证赋权，做到所有权清晰、使用权完整，并与户籍脱钩；要允许宅基地在一定范围的交易、过户、抵押贷款，使农民能兑现退出宅基地的收益，获得进城落户的补充资金；同时，要推进农村土地综合利用，在调动农民进城积极性的同时也调动地方政府的积极性。

① 户籍改革的最新政策：9 成农民工不愿要城市户口 . http：//www. kuaiji. com/news/1693040.

此外，可以建立跨地区的城市建设用地交易机制，由宅基地整理和复耕而增加的建设用地指标可以在全国地区间重新配置，有利于实现全国范围耕地的占补平衡和加快推进城市化进程；建设用地指标的区域间交易要与户籍制度改革联动，按城市的户籍人口给予相应的建设用地指标交易权，把城市户籍人口密度作为城市新增建设用地指标审批的重要标准。这一创新方式一方面可以改变地方政府推进土地城市化积极性高于人口城市化的现状，有利于提升城市化率；另一方面也有利于促进新增城市建设用地指标的合理使用。

本章认为，上述实践可先在近郊进行试点，然后逐渐推广到远郊以及农村地区。远郊地区的土地价值相对小一些，因此农民的意愿可能更高。只要本着有偿自愿的原则，相信地方政府和农业户籍人口一定能找到一种双赢的解决办法，客观上加快我国的户籍人口城镇化进程。

11.3　户籍在中西部近郊的农民可通过产业政策和区域政策的支持促进就地城镇化

在中西部近郊的农业户籍人口拥有一定的土地价值，但是价值不大，所以仅通过土地制度的改革是很难帮助这类人群落户城市的，需要其他政策的配合。众所周知，推进城镇化必然受到资源环境约束，把所有农民集中到东部大中城市，这是不可能也是不现实的。当前很多大中城市出现的“城市病”导致的效率低下也证明了这一点。不单如此，一系列诸如留守人群、农村土地资源浪费等问题阻碍着中国新型城镇化迈进的步伐，那么就地城镇化或许是一条新的道路。就地城镇化模式创新，就是中西部的农村人口不向东部大城市迁移，而以中西部的大城市为依托，通过发展生产、增加收入、发展社会事业、提高自身素质、改变生活方式，过上和城市人

一样的生活。

但是，只要中西部与东部相比存在较大的资源配置差异和公共福利落差，大部分人口就会向东部大城市流动。由于我国区域发展的极度不平衡，东部大中城市不仅就业机会多，而且公共福利质量高，深受农民的喜爱（许经勇，2013）。与之相反，中西部地区就业机会少，工资相对低。因此，若要实现中西部城市分担东部大城市户籍制度改革的压力，就要致力于缩小不同区域、不同规模城市经济社会发展水平的差距，在中西部为劳动者提供更多的就业机会。

李克强总理在 2016 年《政府工作报告》中提出了三个“1 亿人”的目标，即实现 1 亿左右农业转移人口和其他常住人口在城镇落户，完成约 1 亿人居住的棚户区和城中村改造，引导约 1 亿人在中西部地区就近城镇化。这个目标表明了中央政府要发展中西部城市以缓解东部大城市户籍制度改革压力的决心和思路。近些年，产业集群抱团转移到中西部地区的情况越来越多，进城务工人员返乡创业、工作也成了一个潮流。虽然中西部地区人口城镇化速度较快，但水平较低，各地区人口规模相差也比较大，城镇体系结构并不合理，城镇化的区域差异明显。在上述背景下，区域间的产业转移及城市自身的产业发展是市场经济规律作用下优化产业分工格局的必然要求。在当前东部地区“推力”与中西部地区“拉力”的双重作用力下，中西部地区的城市应该抓住这个历史机遇，利用“一带一路”倡议，有效积累高质量的人力资源，提高城市自身的“内生”能力。这样不仅有利于带动当地农业人口向城市转移，加速城镇化进程，而且有利于减少大规模的“非家庭式”异地流动所造成的巨大社会代价①。

当然，在中西部大城市远郊或农村的居民也可以进入邻近的大

① 蒋阿简. 三个“一亿人”考验着谁. 城市中国网. http：//www.ccud.org.cn/2013-12-26/113740584.html.

城市就业。但是，中西部很多地区受地理条件的限制，城市承载能力有限，必然会导致一些农民无法在当地或邻近地区找到合适的工作，这就产生了最后一类人群，即跨区域流动的人口，具体政策方案见11.4节。

11.4　对跨省流动的农民工建议以居住证制度为依托，向他们提供基本的公共服务，并给予长期居住在城市的农业转移人口举家落户的机会和希望

跨省流动农民工的户籍改革是本轮户籍制度改革最难啃的一块骨头，是整个户籍制度改革的难点。这是因为，我国的户籍管理严重分权，权力主要集中在地方政府。这样一来，地方政府会从当地的切身利益出发，而向农民工提供公共服务或者允许大量农民工落户当地，并不符合地方政府的自身利益。换言之，尽管社会各界对户籍制度改革的愿望很强烈，但是真正有权力改革的地方政府并没有改革的动力。那么，这类人群的户籍改革如何进行？

小城镇的户籍放开很难解决大部分跨省迁移人口的城镇化问题。自2001年公安部发布《关于推进小城镇户籍管理制度改革的意见》以来，小城镇的户籍大幅放开。在一些小城镇，只要公民在本地有收入稳定的工作或住房，或者具备一定的职业技能，就可以将户口迁入当地。但是，尽管政府采取了这样的激励措施，选择迁居中小城市的人数还是不多，这主要是因为中小城市在提供就业机会、公共服务和社会福利等方面相对薄弱。例如，中国大多数好的学校和医院都分布在东部大城市。另外，中西部的小城市提供的社会保障也不及大城市，例如住房补助、最低生活保障水平等都较低。从前文的表8-1可以看出，跨省流动的人口中流入地级市以

上大城市的占比在80%左右，流入小城镇的只有20%左右。此外，从国际经验看，由于小城镇的就业数量有限，各国的城镇化进程都是通过发展大城市推进的。

那么，如何推进跨省流动人口的户籍化进程？本书认为应该以居住证为依托，公民离开常住户口所在地到其他设区的市级以上城市居住半年以上的，就可以在居住地申领居住证。居住证的功能应该随着领取年限的延长逐渐增加。

首先，所有领取居住证的常住人口都应该享受当地最基本的公共服务。居住证持有人应当享有与当地户籍人口同等的劳动就业、基本公共教育、基本医疗卫生服务、计划生育服务、公共文化服务、证照办理服务等权利。我国目前有2亿多劳动者生活、工作在城市，但由于户籍制度的限制，这些人却没有享受到城市带来的各项社会福利与公共服务。新型城镇化的本质特征就是以人为本，充分尊重城乡居民自主定居的意愿，切实保障农业转移人口合法权益，加快推进城镇基本公共服务常住人口全覆盖，在制度安排上为各类社会群体提供更多选择，最大限度地释放改革红利。

其次，以连续居住年限和参加社会保险年限等为条件，逐步享有与当地户籍人口同等的中等职业教育资助、就业扶持、住房保障、养老服务、社会福利、社会救助等权利，同时结合随迁子女在当地连续就学年限等情况，逐步享有随迁子女在当地参加中考和高考的资格。也就是说，为防止人口膨胀过快给城市发展造成压力，大城市和特大城市可以学习上海市的做法试行居住证制度，对农业转移人口的合法地位予以承认和保障，再逐步使其在城市落户。这充分体现了改革的渐进性，特别是为暂时不能落户的流动人口提供了逐步享受公共服务的权利，相当于缩小了居住证人口与当地户籍人口之间的福利差距。

最后，在居住证制度的基础上，大城市和特大城市探索积分落户与摇号落户制度并举的落户政策。笔者认为，除了积分落户以外，可以探索对在当地工作、居住时间较长或领取长时间居住证的

人口实行摇号落户制度。这是因为，积分落户制度的本质还是要吸引所谓“三高”人群落户，即高收入、高学历、高资产，而对于大多数技能和收入水平相对较低的外来人口而言则机会渺茫。例如，上海市实行的居住证积分制度中，把教育水平、财富高低作为主要的积分指标，这会让很多人丧失提高积分进而享受更多公共服务的机会。

如果在常住的外地人口中采用摇号落户政策，可以让很多收入较低的外来人口看到希望，提高社会的机会均等化程度，促进公平正义。这实际上与很多大城市实行的车牌摇号制度类似，尽管不是有效率的市场手段（没有让支付意愿最高的群体得到商品），但却让每个人都有相同的摇号机会，是一种典型的偏向公平的政策选择。著名发展经济学家 Ravallion 和 Lokshin（2000）提出过“隧道效应”（tunnel effect），指出如果每个穷人都能看到变富有的希望，这个社会就构造了一种社会阶梯（social ladder），使得每个人都充满希望进而努力工作，就比如那些在隧道中等火车的人，也许没赶上这班车，但是相信自己能赶上下一班列车。因此，在大中城市实行积分落户与摇号落户并举的制度，是一种效率和公平的权衡结果，让一位户口在中西部地区却在北京工作很多年的普通工人也能有落户北京的希望和机会，对中国来说也就构造了一种“社会阶梯”，促进了社会公平。

需要特别指出的是，摇号政策必须与居住证制度有效结合起来才能发挥最大作用，以避免某些人并不在大城市工作或常住却参与摇号的行为出现。也就是说，户籍摇号要在长期于城市工作、有稳定工作和住所、落户意愿强烈的外来人口中实施。这就要求以居住证为载体，记录外来人口在当地的工作年限、社保缴费年限等，并在达到一定标准的群体中实施部分户籍摇号制度。

上述四点基本囊括了我国的绝大部分流动人口和非城市户籍人口。针对不同的人群应该用不同的政策加快户籍城镇化。四箭齐发，才能形成合力，促使我国户籍人口城镇化率的目标更快、更好

地实现。当然，要想更好地执行上述的改革措施，应该充分认识到改革中的困难，在改革中把握如下的几点准则：

（1）“以人为本”是户籍制度改革的宗旨。提高户籍城镇化率，体现了新型城镇化“以人为本”的本质特征。与传统的土地城镇化相比，新型城镇化的核心任务就是人的城镇化。城镇化的真正标志是进城农民有充分的就业和完全的城镇居民权益。农民工在城镇落户后，能够解除他们在就业、养老、医疗、教育、住房等方面的顾虑，他们才会更好地融入城市，才能为城市的建设贡献更大的力量。各级政府在工作中始终把握“以人为本”的宗旨，才能更好地推进户籍制度改革。

（2）转移支付是户籍制度改革的保障。要构建以城市实际承载人口为主要依据的政府间财政转移支付制度。中央财政应加大转移支付力度，建立更大覆盖面的社会保障制度，承担较大比例的社会保障、公共卫生、义务教育和就业扶持等费用。中央政府要对支出压力较大、外部性较强、跨省农民工在城市定居作用重要的领域进行补助，从财政上保障新型城镇化的顺利进行（李振京，张林山，2014）。在此基础上，建立由政府、企业、社会和个人共同参与的多元成本分担机制。充分发挥企业和农民工本人的支付能力，支付相应的市民化成本。农民工就业的企业应分担职工在就业培训、社会保障和权益维护等方面的部分成本。企业应严格遵守相关规定和政策，保障农民工正常的工资待遇，加强对农民工的技能培训，为农民工提供必要的劳动保护条件、职业病防治措施，缴纳相应的社会保险费用和住房公积金等。此外，可以通过建立土地流转市场为农民工进城积累启动资本，使农民工个人也有能力承担一部分市民化的私人成本，包括城镇定居家庭生活消费支出、子女和自身的教育培训等费用。

（3）完全自愿是户籍制度改革的原则。国家发展和改革委员会经济体制与管理研究所社会调查课题组的报告显示，愿意在城镇定居但不愿意转户的占 66.1%，不愿意放弃承包地的更是高达

97.5%。可见，并不是所有的农民都愿意落户城市。这就要求政府在制定户籍制度的时候，要充分尊重个体的意愿，不能以城镇化之名强行征收农民的土地。就农业户口而言，其背后的权益主要包括土地承包经营权、宅基地使用权、集体收益分配权（简称“三权”）。在已经出台的“地方版”户改意见中，对于农民原有的土地承包经营权、宅基地使用权该如何保障，各地目前还没有统一的解决方案。我们认为解决这个问题需要注意两点：一是坚持自愿、有偿的原则。如果农民愿意，可以选择有偿退出“三权”的方式进城落户，不能强迫农民以放弃“三权”为代价换取城市户口。也就是说，有偿退出“三权”是农民可以额外做出的加法选择，而不是强制的减法选择。二是加快推进农村土地确权、登记、颁证试点和农村集体经济组织产权制度改革，建立健全农村土地承包经营权流转市场服务体系，推动农村产权流转交易规范运行，这样才能引导农业转移人口有序流转土地承包经营权。

11.5　结语

本书认为，户籍制度改革的核心是公共服务的逐步均等化，使无论何种户籍属性的居民在同一地区内都能享受到同等的公共服务与各种社会福利。在户籍制度改革的具体方案中，本节提出了按照不同地域、不同学历技能、不同户籍属性等特征将人群分类，并采取分类的改革措施。具体而言，在大城市中的高学历高技能人群采用积分落户制度；户籍在东部大城市郊区或农村的人群应该通过土地制度的创新加快城镇化；户籍在中西部近郊的农民可通过产业政策和区域政策的支持促进就地城镇化；对跨省流动的农民工建议以居住证制度为依托，向他们提供基本的公共服务，并通过摇号落户的方式给予长期居住在城市的农业转移人口举家落户的机会和

希望。

最后，需要认识到户籍制度改革是一个长期的系统工程，需要中央政府的顶层设计和政策激励，还需要很多与户籍制度改革相配套的政策措施，如区域政策、产业政策、财政政策、土地政策、社保政策等等。只有这些政策同步改革，户籍制度改革才能落地生根，取得实效，才能真正推进“人的城镇化”，进而促进我国经济的持续健康发展。

参考文献

李振京，张林山，2014. 我国户籍制度改革的主要问题与总体思路. 宏观经济管理（3），23－26.

许经勇，2013. 推进户籍制度改革面临的深层次问题. 吉首大学学报（社会科学版）（6）.

俞云峰，2015. 基于人口流动趋势的户籍制度改革思考. 山东行政学院学报（1）：1－6.

Ravallion，M.，Lokshin，M.，2000. Who wants to redistribute?：the tunnel effect in 1990s Russia. Journal of Public Economics，76（1）：87－104.

图书在版编目（CIP）数据

中国户籍制度的深入解析：现状、影响与改革路径/宋扬著.—北京：中国人民大学出版社，2019.5

ISBN 978-7-300-26912-2

Ⅰ.①中… Ⅱ.①宋… Ⅲ.①户籍制度-体制改革-研究-中国 Ⅳ.①D631.42

中国版本图书馆 CIP 数据核字（2019）第 075739 号

中国户籍制度的深入解析：现状、影响与改革路径

宋 扬 著

Zhongguo Huji Zhidu de Shenru Jiexi：Xianzhuang，Yingxiang yu Gaige Lujing

出版发行	中国人民大学出版社		
社　　址	北京中关村大街 31 号	**邮政编码**	100080
电　　话	010－62511242（总编室）		010－62511770（质管部）
	010－82501766（邮购部）		010－62514148（门市部）
	010－62515195（发行公司）		010－62515275（盗版举报）
网　　址	http://www.crup.com.cn		
经　　销	新华书店		
印　　刷	固安县铭成印刷有限公司		
开　　本	890 mm×1240 mm　1/32	**版　　次**	2019 年 5 月第 1 版
印　　张	8.875　插页 1	**印　　次**	2024 年 5 月第 2 次印刷
字　　数	232 000	**定　　价**	76.00 元